Christa Wolf in feministischer Sicht
Referate eines am 7. und 8. Dezember 1989 an der "Vrije Universiteit Brussel" veranstalteten Kolloquiums

Europäische Hochschulschriften
Publications Universitaires Européennes
European University Studies

Reihe I
Deutsche Sprache und Literatur

Série I Series I
Langue et littérature allemandes
German Language and Literature

Bd./Vol. 1301

PETER LANG
Frankfurt am Main · Berlin · Bern · New York · Paris · Wien

Michel Vanhelleputte (Hrsg.)

Christa Wolf in feministischer Sicht

Referate eines am 7. und 8. Dezember 1989 an der "Vrije Universiteit Brussel" veranstalteten Kolloquiums

PETER LANG
Frankfurt am Main · Berlin · Bern · New York · Paris · Wien

Die Deutsche Bibliothek - CIP-Einheitsaufnahme

Christa Wolf in feministischer Sicht : Referate eines am 7. und 8. Dezember 1989 an der "Vrije Universiteit Brussel" veranstalteten Kolloquiums / Michel Vanhelleputte (Hrsg.). - Frankfurt am Main ; Berlin ; Bern ; New York ; Paris ; Wien : Lang, 1992

(Europäische Hochschulschriften : Reihe 1, Deutsche Sprache und Literatur ; Bd. 1301)
ISBN 3-631-44600-4

NE: Vanhelleputte, Michel [Hrsg.]; Vrije Universiteit <Bruxelles>
Europäische Hochschulschriften / 01

ISBN 3-631-44600-4

Printed in Germany 1 3 4 5 6 7

Inhaltsverzeichnis

Dankesworte

Im Namen des organisierenden Ausschusses des internationalen Kolloquiums *Christa Wolf in feministischer Sicht*, das am 7. und 8. Dezember 1989 auf Initiative des "Centrum voor Taal- en Literatuurwetenschap" in Räumen der "Vrije Universiteit Brussel" stattfand, möchte ich mich bei allen Stellen, die diese wissenschaftliche Konferenz durch ihre finanzielle Unterstützung ermöglichten, wärmstens bedanken. In erster Linie gilt mein Dank dem "Nationaal Fonds voor Wetenschappelijk Onderzoek", der belgischen Forschungsstiftung, ohne deren grundlegenden Beistand die Veranstaltung überhaupt nicht möglich gewesen wäre. Sehr schätzenswert war auch die Hilfe der Kunstverwaltung des "Ministerie van de Vlaamse Gemeenschap", sowie eine Subvention der "Faculteit der Letteren en Wijsbegeerte" der "Vrije Universiteit Brussel". Schließlich möchte ich die Finanzierung des Plakats durch die "Algemene Spaar- en Lijfrentekas" und eine Büchergabe der Botschaft der ehemaligen Deutschen Demokratischen Republik nicht vergessen.

Der organisierende Ausschuß umfaßte außer mir folgende Wissenschaftler: Prof. Dr. Monique Boussart (Brüssel, U.L.B.), Dr. Sonja Hilzinger (Mainz), Prof. Dr. Eva Kaufmann (Berlin, Humboldt-Universität), Dr. Magda Michielsens (Nijmegen), Prof. em. Dr. Henri Plard (Brüssel, U.L.B.), Prof. Dr. Alexander Stephan (Gainesville), Prof. Dr. Sigrid Weigel (Hamburg) und Prof. Dr. Hans-Georg Werner (Halle-Wittenberg).

Prof. Dr. Michel Vanhelleputte,
Vrije Universiteit Brussel

Vorwort

Als im Winter 1988-1989 der Gedanke in mir reifte, ein internationales Kolloquium über die feministischen Aspekte von Christa Wolfs literarischem Schaffen zu veranstalten, war die politische Geographie der Erde noch die aus der deutschen Niederlage von 1945 und dem darauffolgenden kalten Krieg hervorgegangene. Seit fast vierzig Jahren gab es einen westdeutschen und einen ostdeutschen Staat, und ihre Eigenständigkeit war mit der Zeit in Ost und West voll anerkannt worden. Nach langjährigen Reibungen und sogar schroffen Konfrontationen, die sich aus der Zugehörigkeit der zwei Staaten zu zwei politisch entgegengesetzten Militärblocks unvermeidlich ergaben, schien sich eine gewisse Annäherung, wenn auch zunächst hauptsächlich auf wirtschaftlichem Gebiet, zwischen den beiden anzubahnen. Immerhin war im kulturellen Bereich, zumal in dem der Literatur, vorläufig noch wenig von dieser Entwicklung zu spüren. Seit der Ausbürgerung Wolf Biermanns im Jahre 1976 hatten mehrere namhafte ostdeutsche Dichter – etwa Sarah Kirsch – ihr Land, die D.D.R., aus tiefer Enttäuschung über das menschliche Scheitern des dortigen Sozialismus verlassen, und es sah nicht danach aus, daß sie je in diesen Staat zurückkehren würden. Dennoch gelang es einigen D.D.R.-Schriftstellern, von denen man wußte, daß sie seit langer Zeit in einer zwar getarnten, aber immer entschlosseneren Opposition zum herrschenden Dogmatismus der verantwortlichen Stellen ihrer Republik standen, ihre Stimme in der westlichen Welthälfte hören zu lassen, ohne dafür den direkten Kontakt zu ihren Landsleuten aufgeben zu müssen. Dies war nicht zuletzt der Fall für Christa Wolf, deren Lizenzausgaben in deutscher Sprache (im Luchterhand Verlag) und in übersetzten Fassungen (man denke etwa an die im Amsterdamer van Gennep Verlag erscheinenden niederländischen Übersetzungen) die westliche Welt eroberten und dort der Autorin immer mehr Ehrungen einbrachten. Diesen Erfolg verdankte sie sowohl einer selten gewordenen Universalität ihrer Thematik als auch einer bald verkappten, bald offensichtlichen Aktualität ihrer literarischen Botschaften, die sowohl essayistischer als auch erzählerischer Art sein konnten. Dabei fiel ihr unentwegter Pazifismus auf, der mit einer Aufwertung herkömmlich weiblicher Werte und einer wachsenden Kritik an der männlichen Eroberungs- und Zerstörungswut verbunden war. Diese aus rein humanistischer Sicht durchaus begrüßenswerte Haltung war der eigentliche Ausgangspunkt meines Plans, ein umfassendes Kolloquium über Christa Wolf zu organisieren.

Schon aus dem Vorausgehenden erhellt, daß die Wahl einer feministischen Perspektive im Hinblick auf dieses Unternehmen nicht schwer zu verantworten war. Sie wurde zunächst durch die Bedeutung weiblicher Gestalten sowohl im essayistischen als auch im erzählerischen Werk Christa Wolfs nahegelegt. Zudem konnte man sich dabei auf symptomatische Äußerungen der Autorin berufen. Im Laufe des Gesprächs mit Brigitte Zimmermann und Ursula Fröhlich zum Erscheinen des Buches *Kassandra* im November 1983 hatte sie etwa erklärt[1]: "Für die letzten Jahre ist mir wichtig geworden die Traditionslinie weiblichen Schreibens. Dies auszuführen wäre ein Thema für sich, in den Vorlesungen zu 'Kassandra' steht manches darüber. Ich nenne hier nur einige Namen: Ingeborg Bachmann, Virginia Woolf, Marie-Luise Fleißer". Und in bezug auf die D.D.R.-Literatur sagte sie im weiteren Verlauf des gleichen Interviews[2]: "Ich lese möglichst viele der von Frauen geschriebenen Bücher. Daraus erfährt man etwas über das Alltagsleben in diesem Land." Ein zweiter Grund für die Wahl des Themas des Kolloquiums war allerdings eher diplomatischer Art. Die Chancen einer Tiefenwirkung hätte man sich nämlich von vornherein großenteils verscherzt, wenn man Christa Wolf auf die bloße Dimension einer literarischen Vertreterin der Friedensbewegung hätte reduzieren wollen. Überflüssige Schwierigkeiten politischer Färbung hätten sich daraus ergeben können, und außerdem hätte man dabei den Kern der Sache verpaßt. Denn Christa Wolf ist unendlich viel mehr als eine beredte Pazifistin: Schließlich entwirft sie nichts weniger als ein umfassendes Programm zur irdischen Rettung der Menschheit und zur harmonischen Entfaltung des Individuums innerhalb einer endlich menschenwürdigen Gesellschaft. Doch dies tut sie gerade im Namen von Werten, die sie als typisch weiblich darstellt. Und hiermit wäre der dritte Grund für die Wahl der in diesem Band behandelten Thematik genannt.

Das Brüsseler Christa-Wolf-Kolloquium war für belgische Verhältnisse ein Erfolg. Es wurde nicht nur von zahlreichen belgischen Studenten und Dozenten der deutschen Sprache und Literatur besucht, sondern lockte auch nach Brüssel Germanisten aus den benachbarten Ländern, insbesondere aus Westdeutschland und aus den Niederlanden. Auch die Teilnahme eines nicht spezialisierten Publikums war beträchtlich. Alle Referate bewirkten Fragen und Betrachtungen, aus denen sich längere Diskussionen oft entspannen. Es würde sich lohnen, über sie ausführlich zu berichten, wenn hinreichende menschliche und materielle Mittel zu diesem Zweck verfügbar wären. Das Ausbleiben ihrer Wiedergabe wird immerhin durch die große Verschiedenheit der in den einzelnen Referaten verwendeten Ansätze irgendwie ausgeglichen. Übrigens wurde diese Vielseitigkeit durch die Allgemeinheit der gewählten Thematik gefördert. Feminismus ist nun einmal ein weites Feld geworden, aber sehr viele Aspekte dieses Feldes sind bei Christa Wolf vertreten. Daher das bunte Bild, das sich aus den nachstehenden Beiträgen ergibt.

Als das Kolloquium Anfang Dezember 1989 stattfand, war Christa Wolf eine auf politischem Gebiet bekannte Persönlichkeit geworden. Sie war am 4. November des gleichen Jahres auf dem Berliner Alexanderplatz vor einer ungeheuren Menschenmenge aufgetreten und hatte sich zusammen mit anderen Künstlern für tiefgreifende Reformen in der D.D.R. öffentlich ausgesprochen, ohne daß die Eigenständigkeit dieser Republik dadurch gefährdet worden wäre. Ihr maßvoller Standpunkt fand weltweite Beachtung, und mancher sah sie schon als Staatsoberhaupt einer erneuerten D.D.R. (ein Rundfunkreporter, der mich anläßlich des Kolloquiums interviewte, fragte mich, ob ich dächte, daß sie dieses Amt eventuell annehmen würde). Doch wie üblich fraß die Revolution bald ihre Kinder (die ja auch ihre geistigen Vorbereiter gewesen waren), und einige Monate darauf war Christa Wolf so gut wie unversehens zum Gegenstand böswilliger Kritik seitens selbstgerechter westdeutscher Publizisten geworden. Glücklicherweise lösten ihre grobschlächtigen Angriffe Reaktionen in entgegengesetzter Richtung aus, und seitdem scheinen immer mehr Anzeichen eines in der ehemaligen D.D.R. entstehenden wirtschaftlich-gesellschaftlichen Chaos gerade denjenigen recht zu geben, die von Anfang an für eine weniger überstürzte Wandlung der Verhältnisse eingetreten waren.

Wie dem auch sei, es ist mehr denn je an der Zeit, wenn man ehrlich genug sein will, sich lebhaft vorzustellen, daß die heutige Welt kaum weniger problematisch ist als die gestrige, die Aktualität und Universalität von Christa Wolfs literarischem Schaffen und moralischem Anliegen hervorzuheben. Möge dieser Sammelband dazu beitragen.

Brüssel, im April 1991.
Michel Vanhelleputte

Anmerkungen

1 Christa Wolf, *Die Dimension des Autors,* Essays und Aufsätze, Reden und Gespräche 1959-1985, Luchterhand, Darmstadt und Neuwied 1987, S. 936.

2 a.a.O., S. 939.

Michel Vanhelleputte

Christa Wolf und der Bankrott des patriarchalischen Prinzips oder die Voraussetzungen ihres Entwurfs eines weltverändernden Feminismus

In Christa Wolfs Essay *Berührung* (1977), dem Vorwort zu Maxie Wanders Buch *Guten Morgen, du Schöne*[1], das im übrigen aus leicht redigierten Selbstdarstellungen von Frauen aus der D.D.R. besteht, findet sich folgende geradezu programmatische Stelle[2]:

> "wir werden uns daran gewöhnen müssen, daß Frauen nicht mehr nur nach Gleichberechtigung, sondern nach neuen Lebensformen suchen. Vernunft, Sinnlichkeit, Glückssehnsucht setzen sie dem bloßen Nützlichkeitsdenken und Pragmatismus entgegen – jener 'Ratio', die sich selbst betrügt: Als könne eine Menschheit zugleich wachsende Anteile ihres Reichtums für Massenvernichtungsmittel ausgeben und 'glücklich' sein; als könne es 'normale' Beziehungen unter Menschen irgendwo auf der Welt geben, solange eine Hälfte der Menschheit unterernährt ist oder Hungers stirbt. Das sind Wahnideen. Es kommt mir vor, daß Frauen, denen ihr neu und mühsam erworbener Realitätsbezug kostbar ist, gegen solchen Wahn eher immun sind als Männer. Und daß die produktive Energie dieser Frauen eine Hoffnung ist."

Diese Zeilen klingen wie eine Aufforderung an selbstbewußte Frauen, die Führung in der Weltpolitik zu übernehmen, oder diese jedenfalls in einem bestimmten Sinn entscheidend zu beeinflussen. Die neue, emanzipierte Frau wird somit mit dem Auftrag betraut, den bisherigen Weltlauf gründlich zu verändern. Der Frauenbewegung wird dadurch eine Aufgabe zugemutet, die sie sich kaum je vorzustellen gewagt hätte.

Die Radikalität von Christa Wolfs impliziter Forderung an die moderne Frau mag Anlaß zu einiger Verwunderung geben. Denn es läßt sich kaum leugnen, daß die Autorin nicht von vornherein eine feministisch engagierte Schriftstellerin war. Sie war es jedenfalls nicht im Sinne des Gleichheitsfeminismus der traditionellen Frauenbewegung, soweit sich diese mit Emanzipationskampf, mit dem Streben nach Gleichberechtigung von Mann und Frau auf jedem gesellschaftlichen Gebiet identifizieren läßt.

Dies mag selbstverständlich damit zusammenhängen, daß Gleichheitsfeminismus theoretisch gegenstandslos in der Gesellschaft war, in der Christa Wolf zu schreiben anfing. War doch in dem neuen Staat, dessen Geburt die künftige Autorin als Zwanzigjährige miterlebte, die Gleichberechtigung von Frauen und Männern als integrierender Bestandteil einer allgemeinen Gleichheitsideologie zum Prinzip erhoben worden[3].

Fälle, in denen sich die junge Christa Wolf gegen eine etwaige Verletzung dieser von den Gründern der D.D.R. prinzipiell anerkannten Gleichheit beider Geschlechter empört hätte, scheint es nicht gegeben zu haben. Über eine negativ diskriminierende Behandlung von Frauen am Arbeitsplatz, über mangelnde Ausbildungsmöglichkeiten für Mädchen oder berufliche Benachteiligung auf Grund der Zugehörigkeit zum weiblichen Geschlecht hat sich die Essayistin nie beschwert, und auch die Erzählerin zeigt bei der Darstellung des gesellschaftlichen Gefüges der D.D.R. kaum Beispiele institutioneller Zurücksetzung von Frauen wegen ihres Frau-Seins: Rita Seidel etwa, die Heldin des *Geteilten Himmels* (1963), die während ihrer Hochschulferien in einem Waggonwerk arbeitet, wird von ihren männlichen Kollegen durchaus ernst genommen; nur Damen, die sich überhaupt rückständig verhalten, äußern sich im genannten Erzählwerk abschätzig über die zunehmende Gleichsetzung der Geschlechter im industriellen Produktionsprozeß[4].

Zusammenfassend ließe sich also feststellen, daß Christa Wolf in dem besonderen staatspolitischen Kontext, in dem sich ihre frühe schriftstellerische Tätigkeit entwickelte, kaum Anlaß dazu fand, als Frauenrechtlerin aufzutreten.

Im Gegensatz zum soeben Festgestellten fällt der Umstand auf, daß Christa Wolf als Erzählerin immer wieder Frauen zu Hauptfiguren ihrer Werke macht und daß diese Frauen nicht nur durch ihr Verhalten charakterisiert, sondern von innen heraus empfunden und gestaltet werden. Im Innersten dieser weiblichen Figuren werden existentielle Konflikte ausgetragen, finden lebensentscheidende Wandlungen statt, vollziehen sich Reifungen, Bekehrungen, langsame Abschiede. Freilich wechseln die geographisch-geschichtlichen Hintergründe, vor denen diese Gestalten sich bewegen: Der Schauplatz der dargestellten Handlung kann Moskau, Halle, Berlin, Mecklenburg, die ehemalige Neumark, Winkel am Rhein, Mykene, Troja oder ein traumhaft-phantastischer Raum sein, ihre Zeit die Aktualität, ein trockener Sommer aus den jüngsten Jahrzehnten, die deutsche Geschichte seit den dreißiger Jahren, der Anfang des neunzehnten Jahrhunderts oder die mykenische Phase der altgriechischen Kultur. Fast immer aber bilden eigene Erlebnisse, eigene Erfahrungen den Ausgangspunkt der oft direkt reflektierten Vorgänge, die sich in Nerven und Gehirnen erfundener – oder nach dem Leben gezeichneter – weiblicher Figuren abspielen. Die große Ausnahme unter den innerlich entblößten Wolfschen Hauptgestalten, der Dichter Heinrich von Kleist aus *Kein Ort. Nirgends,* bestätigt nur die Regel: Nicht zufällig betont die Essayistin Christa Wolf die weibliche Komponente der Kleistschen Seele[5].

Die Vorliebe einer Erzählerin für die Zergliederung der weiblichen Seele ergibt noch keinen Feminismus. Oder waren etwa Madame de La Fayette, Sophie von La Roche, Betje Wolf und Aagje Deken, Jane Austen und die

Schwestern Bronte schon Feministinnen? Die bisherige feministische Literaturgeschichtsschreibung betrachtet sie höchstens als Vorläuferinnen dessen, was man heute gemeinhin unter literarischem Feminismus versteht. Wenn man also bloß das Interesse für die weibliche Seele und Existenzproblematik im erzählerischen Teil von Christa Wolfs Schriften berücksichtigt, kann man sie noch nicht als Feministin bezeichnen.

Anders steht es allerdings mit dem essayistischen Schaffen dieser Schriftstellerin, und zwar seit der zweiten Hälfte der siebziger Jahre. Auf den Essay *Berührung* (1977) wurde schon hingewiesen. Im Jahre darauf veröffentlichte Christa Wolf als Vorwort zu einer eigenen Günderrode-Ausgabe die bedeutende Studie *Der Schatten eines Traumes/Karoline von Günderrode – ein Entwurf*[6]. Bereits auf der ersten Seite dieser Abhandlung stehen folgende bekenntnishafte Sätze[7]:

> "Die Frauen lebten lange, ohne zu schreiben; dann schrieben sie – wenn die Wendung erlaubt ist – mit ihrem Leben und um ihr Leben. Das tun sie bis heute, oder heute wieder."

Diese Äußerung ließe sich folgendermaßen dekodieren: Es gibt ein weibliches Schreiben, das vom männlichen unterschiedlich ist; es wird durch eine größere Nähe zum eigenen Leben gekennzeichnet.

Im zweiten Paragraphen der Studie lesen wir[8]:

> "Zum erstenmal taucht gleichzeitig eine Reihe von Frauen aus der Geschichtslosigkeit auf, die Zeit hat mit ihren Losungen 'Freiheit', 'Persönlichkeit' auch Frauen erfaßt, die Konvention macht ihnen beinahe jeden selbständigen Schritt unmöglich. Oft steht ihre grenzenlose Sehnsucht nach Unabhängigkeit im Gegensatz zu ihrer Scheu. Karoline ... träumt mit der Bettina von großen weiten Reisen. Gemeinsam fertigen sie sich eine Karte von Italien an, auf der reisen sie im Geiste, und später, im Winter, erinnern sie sich dieser niemals verwirklichten Fahrten, als hätten sie stattgefunden. Darauf angewiesen sein, sich an Erfindungen zu erinnern, eine Fiktion dem Gedächtnis als Wirklichkeit einzuverleiben – deutlicher könnte nichts die Grenzen markieren, auf die sie sich verwiesen sieht. Nur im Traum, in der Phantasie, im Gedicht kann sie sie überschreiten.
>
> Gebunden an ihr Talent: Wann hat es das bei Frauen vorher gegeben? Die Günderrode kann nicht daran denken, ihre überdurchschnittlichen Fähigkeiten auf Schulen und Universitäten auszubilden; mit ihren Studien – die sie zäh und systematisch betreibt – ist sie auf ihren eignen Fleiß, ihren Wissensdurst, aber auch auf Rat, Hilfe, praktischen Beistand von Freunden und Freundinnen angewiesen."

Aus dem langen Zitat geht hervor, daß Christa Wolf sich über die geistigen Artikulationsmöglichkeiten von Frauen in der Geschichte Gedanken macht. Sie fühlt sich sehr genau in die Unfreiheit, in die äußerst begrenzten Ausbildungs- und Wirkungsmöglichkeiten ihrer romantischen Vorgängerinnen ein, und man spürt, daß ihr diese Nachempfindung eine aufrichtige Bewunderung für die bahnbrechende Leistung jener frühen selbständig auftretenden Schriftstellerinnen einflößt.

Auf die Günderrode-Studie folgt im Jahre 1979 der Essay *Nun ja! Das nächste Leben geht aber heute an. Ein Brief über die Bettine,* der als Nachwort zu einer neuen Ausgabe von Bettina von Arnims Briefroman *Die Günderrode* im Jahre 1981 erscheint[9]. In diesem Text kommt eine vielsagende Frage vor; es heißt[10]:

> "Könnte nicht, frage ich mich und Sie, der öfter, manchmal auch heuchlerisch beklagte Mangel an weiblichen Kunst-'Genies' außer mit den Lebensumständen der Frauen auch mit ihrer Untauglichkeit zusammenhängen, sich dem auf den Mann zugeschnittenen Geniebild einzupassen?"

Besagen diese Zeilen nicht, daß alle bisherige Ästhetik männlich bedingt sein dürfte, daß neue Maßstäbe nötig wären, wenn man dem künstlerischen Schaffen von Frauen wirklich gerecht werden möchte?

Auch wenn man den angeführten Stellen eine ausgeprägte feministische Färbung abspricht, wird man einem anderen Werk aus Christa Wolfs Essayistik, den *Voraussetzungen einer Erzählung. Kassandra*[11], eine eindeutig feministische Ausrichtung schwerlich abstreiten können. Dieser Text der Vorlesungen, die die Autorin 1982 als Gastdozentin für Poetik an der Johann-Wolfgang-Goethe-Universität Frankfurt am Main hielt, ist zudem, wie es sich auf Grund des bereits Erwähnten vermuten läßt, kein Blitz aus heiterem Himmel, sondern das normale Ergebnis einer langen Entwicklung, deren Etappen sich ziemlich genau verfolgen lassen.

Christa Wolfs Weg zum Feminismus beginnt anscheinend um die Mitte der sechziger Jahre mit ihrer Verteidigung des Rechtes des Menschen auf Selbstverwirklichung und Individualität, wie sie etwa in ihrem Bachmann-Essay *Die zumutbare Wahrheit* (1966) zum Ausdruck kommt[12]. Die Individualität, das ist für den weiblichen Schriftsteller zunächst die der Frau, wie sie etwa in *Nachdenken über Christa T.* (1968) gezeigt wird[13]. Ihr ausschlaggebendes Merkmal: *Glauben an Irdisches,* wie der Titel eines Aufsatzes aus dem Jahre 1968 über Anna Seghers bezeichnenderweise lautet[14]. Es kann nicht genügen, sein Leben in den Dienst des technischen und wissenschaftlichen Fortschritts zu stellen: Das Individuum soll außerdem innerhalb der engen Grenzen, die seinem Leben gesetzt sind, sich den eigenen Gesetzen seines Wesens gemäß entfalten können und dadurch sein Selbstbewußtsein festigen. Dies bedeutet unendlich viel mehr als die reibungslose Anpassung an die neuesten Erfindungen der fortgeschrittenen Technologien. In *Lesen und Schreiben,* dem programmatischsten Essay Christa Wolfs, aus dem Jahre 1968, heißt es etwa[15]:

"Wenn alles davon abhängt, auf welche Gesellschaftsordnungen die neuen Erfindungen von Wissenschaft und Technik treffen, dann möge man sich erinnern, daß jede faschistische 'Ordnung' damit beginnt, das Individuum auszulöschen; daß die bürgerliche Ideologie heutzutage viel Wert auf die Feststellung legt, man könne mit jedem Menschen alles machen; daß sie 'Persönlichkeit' für ein veraltetes Ideal hält und den stromlinienförmig konstruierten Menschen für unvermeidlich, der der Technik den geringsten Widerstand entgegensetzt, unbegrenzt anpaßbar, unbegrenzt austauschbar ist, dem Freude und Trauer aus mechanischen Reizungen bestimmter Gehirnpartien zufließen; dem schließlich auch Leben nur noch als ein großes Als-ob zugänglich ist: Klischees konsumieren, zwischen künstlichen Reizen existieren, die man sich selbst verschreibt."

Solcher Entfremdung des einzelnen durch die technisierte Welt der fortgeschrittenen Industriegesellschaft kann epische Prosa entgegenwirken, meint die damalige Christa Wolf, die zwar weiß, daß eine naive Welt- und Lebenshaltung sich nicht künstlich konservieren oder wiederherstellen läßt, aber andererseits an die Möglichkeit für das menschliche Bewußtsein glaubt, durch gute Literatur zur Reife, zur Mündigkeit gebracht zu werden. Was dieser Reifeprozeß genau bedeutet, umschreibt der vorletzte Satz der Abhandlung *Lesen und Schreiben*, der als ihr Fazit betrachtet werden darf; er behauptet von der epischen Prosa[16]:

"Sie unterstützt das Subjektwerden des Menschen."

Reif werden ist: Subjekt werden. Das Subjekt läßt sich aber u. a. dadurch kennzeichnen, daß es in einem notwendigen Gegensatz zum Objekt steht. Der Mensch, der noch kein Subjekt ist, kann vorläufig nur dessen Gegenteil sein, nämlich ein Objekt. Zunächst ein Objekt ist jedes Kind, und es soll durch angemessene Methoden allmählich zum Subjekt gemacht, zur Selbständigkeit erzogen werden. Wo dies nicht geschieht, wird das Kind verbildet: Es bleibt ein Objekt, und zwar das Objekt von Machthabern. Um ein Beispiel dafür zu finden, brauchte Christa Wolf nicht lange zu suchen: Ihre Kindheit in Nazideutschland bot ihr das anschaulichste Modell der Vergiftung der kindlichen Seele, das man sich heute noch in unserem Jahrhundert denken kann.

Es ist hier nicht der Ort, auf die Problematik autobiographischer Schriften einzugehen. Spätestens seit Goethe wissen hellsichtige Autoren, die die eigene Vergangenheit zu beschreiben unternehmen, wie fiktional sich diese bei der Schilderung ausnimmt. Weniger fragwürdig ist das Unterfangen, wenn man nicht unbedingt darum bemüht ist, den unverwechselbaren eigenen Weg in allen Einzelheiten zu rekonstruieren, sondern Zeittypisches in der eigenen Entwicklung wiederzufinden versucht. Gerade dies wird von Christa Wolf im 1976 erschienenen Roman *Kindheitsmuster*[17] angestrebt. Sie legt es darauf an, das ganze Ausmaß der Selbstentfremdung von Durchschnittsmenschen, besonders von Kindern, durch die Einwirkung eines konsequent durchgeführten faschistischen Konzepts zu zeigen. Es gelingt ihr dabei, einen

Abstumpfungsgrad der Sensibilität plausibel zu machen, vor dem der Leser erschrickt. Das Objektwerden des Menschen, das durch die Betonung des Abstands zwischen drei Erzählebenen besonders gut veranschaulicht wird, grenzt hier an Vollkommenheit. Mit Bestürzung spürt der mitempfindende Leser, wie schwer es sein muß, solche Abstumpfung zu überwinden, wie langsam die Erholung von solcher Lethargie vor sich geht.

Was ist jedoch Faschismus, wo nicht bis in seine letzten Konsequenzen durchgeführter Militarismus? Und Militarismus ist zweifelsohne wesentlich Männersache (auch hier bestätigen Ausnahmen bloß die Regel). Daß Frauen von Hause aus von den gewöhnlichsten Äußerungen soldatischen Verhaltens befremdet sind, ergibt sich aus Beobachtungen, die in Dialogstellen aus zwei bekannten deutschen Bühnenwerken ihren wohl prägnantesten Ausdruck gefunden haben. Gemeint sind damit einerseits die Betrachtungen Franziskas über das steife Benehmen des Wachtmeisters Paul Werner im fünften Auftritt des vierten Aufzugs von Lessings Komödie *Minna von Barnhelm*, wo es etwa heißt[18]: "wenn die Soldaten paradieren, – ja freilich scheinen sie da mehr Drechslerpuppen, als Männer", und andererseits die Bemerkungen, die in Brechts *Kaukasischem Kreidekreis* Grusche Vachnadzes Befremden über den Kadavergehorsam des Soldaten Simon Chachava nach dem Sturz des Gouverneurs ausdrücken – auf Simons rhetorische Frage: "Ist das Stechen etwa gefährlich für das Messer?" antwortet Grusche nüchtern: "Du bist kein Messer, sondern ein Mensch, Simon Chachava"[19].

An solchen Beispielen, durch die fraglos richtige Beobachtungen in lebensnahen Formulierungen wiedergegeben werden, läßt sich ermessen, warum Christa Wolf das die Zukunft der Menschheit rettende Subjektwerden eher von Frauen als von Männern erwartet. Der Herdentrieb, der Tapferkeitskult und die gewalttätigen Neigungen vieler Männer machen sie nur allzu leicht zu dienstfertigen Instrumenten autoritärer Machthaber. Hinzu kommt eine einigermaßen mechanische Anfälligkeit für abstraktes Macht- und Nützlichkeitsdenken, das oft mit einer etwas hochmütigen Geringschätzung alltäglicher sinnlicher Freuden zusammenhängt und in (leider nicht seltenen) extremen Fällen zu Verbrechen gegen die Menschheit führen kann. Es ist daher kein Wunder, daß Christa Wolf am Anfang der achtziger Jahre, in denen die zunehmende Militarisierung der Weltmächte und die fortschreitende Automatisierung der Produktionsverfahren nicht nur das Subjektwerden des Individuums, sondern das nackte Überleben der Menschheit zu bedrohen begannen, zu einem Frontalangriff gegen die männlichen Werte überging, die diese katastrophale Lage herbeigeführt hatten. Dieser Angriff nahm die Gestalt einer historisch-mythologischen Erzählung und eines ihre Tragweite verdeutlichenden Kommentars an: der *Kassandra*-Komplex entstand.

Die Autorin selbst hat einen gewissen Widerspruch zwischen der geradezu klassisch geschlossenen Bauform der Erzählung und dem unfertigen Charakter ihrer Tiefenstruktur hervorgehoben. In der dritten Frankfurter Vorlesung heißt es in einer vom 21. Juli 1981 datierten Aufzeichnung[20]:

"Empfinde die geschlossene Form der Kassandra-Erzählung als Widerspruch zu der fragmentarischen Struktur, aus der sie sich für mich eigentlich zusammensetzt."

Die Verfasserin fügt bescheiden hinzu[21]:

"Der Widerspruch kann nicht gelöst, nur benannt werden."

Der ästhetisch begründete Vorbehalt der eigenen Dichtung gegenüber zeugt bestimmt von kritischer Einsicht und intellektueller Ehrlichkeit. Andererseits erhebt sich die Frage, ob *Kassandra* soviel Leser finden würde, wenn ihre Form der chaotischen Thematik entsprechen würde, die in den Voraussetzungen zutage tritt (gegen diese chaotische Thematik der kulturtheoretischen Einführung zur Erzählung ist allerdings nichts einzuwenden, denn sie wird der geistigen Verworrenheit unserer Zeit durchaus gerecht). Wenn man sich eine Form vorzustellen versucht, die den unsinnigen Verhältnissen unserer achtziger Jahre angemessen wäre, denkt man unwillkürlich an die Uferlosigkeit von Karl Kraus' kaum aufführbarem Drama *Die letzten Tage der Menschheit*[22]. Die strenge Form läßt sich bekanntlich als Technik der Beherrschung eines chaotischen Inhalts verwenden: Man denke etwa an Goethes Sonette, an Andreas Gryphius' *Thränen des Vaterlandes. Anno 1636*, oder sogar an Peter Weiss' Oratorium *Die Ermittlung*. Das Niederhalten des Pathos durch solche Form bietet den Vorteil, den für den Wortlaut des Textes empfänglichen Leser oder Zuhörer emotional zu aktivieren. In pragmatischer Hinsicht ist jedenfalls viel daran gelegen, daß die Erzählung *Kassandra* auf ihre *Voraussetzungen* aufmerksam macht und ihre Lektüre bewirkt. Die Geschichtsinterpretation, die diese *Voraussetzungen* enthalten, soll in anderen Referaten dieses Kolloquiums auf ihre Richtigkeit hin geprüft werden. Vorläufig reicht der Versuch aus, ihre Hauptthemen zu umreißen und den erweiterten Feminismusbegriff anzudeuten, der sich aus dieser Erkundung ergibt.

Die Erzählung *Kassandra* zeigt die Verdrängung einer Gesellschaftsform, in der Frauen und Männer gleichen Anteil an der Macht im Staat hatten, durch eine totale Männerherrschaft. Dies machte die Stadt Troja reif für den Untergang, meint die Autorin: "Die Selbstzerstörung Troias kam der Zerstörung durch den äußeren Feind entgegen"[23].

Kassandra ist "eine lebhafte, sozial und politisch interessierte Person", heißt es vorher[24]. Aber sie wird mundtot gemacht. Ihr wird die Möglichkeit geraubt, ihre Stimme gültig hören zu lassen. Dadurch wird ihre Autonomie negiert: Kassandra darf nicht "ich" sagen, sie wird zum Objekt degradiert. In dieser Hinsicht formt ihr Schicksal vor, "was dann, dreitausend Jahre lang, den Frauen geschehen soll"[25].

Indem Kassandra zum Schweigen gebracht wird, setzt sich das patriarchalische Prinzip durch. Es ist das Prinzip des ökonomisch Effektiveren, der Jagd nach Produkten, immer mehr Produkten[26]. Die äußerste Konsequenz dieses Strebens zeigt sich in der modernen Industriegesellschaft, deren Haupttendenzen umschrieben werden können als "Gigantismus, übertriebene Kompliziertheit, Kapitalintensität und Gewalt"[27]. Diese extremen Erscheinungen entsprechen dem Wesen des "männlichen Weges", der darin besteht, "alle Erfindungen und Verhältnisse und Gegensätze auf die Spitze zu treiben, bis sie ihren äußersten negativen Punkt erreicht haben"[28]. Insofern ist das patriarchalische Prinzip nihilistisch belastet: Es trägt in sich den Keim der Vernichtung der Menschheit. Daher der Zusammenhang "z. B. der exzessiven Rüstungsanstrengungen auf allen Seiten mit den patriarchalischen Strukturen des Denkens und des Regierens"[29]. Zu diesem Zerstörungsdrang gesellt sich im konsequent durchgeführten patriarchalischen Prinzip der Hang zur Abstraktion, der sich bei heutigen Politikern etwa darin offenbart, daß sie "ihre vernichtenden Entscheidungen nicht aufgrund eigenen Beobachtungen, nicht aufgrund sinnlicher Erfahrungen treffen, sondern nach Berichten, Karten, Statistiken, Geheimdienstmeldungen, Filmen, Beratungen mit ähnlich Isolierten, nach politischem Kalkül und den Erfordernissen der Machterhaltung"[30]. Gefühllosigkeit und Kontaktarmut scheinen somit Wesensmerkmale der patriarchalisch bestimmten Art des Denkens und Regierens zu sein.

Gibt es denn eine Alternative zu dieser trostlosen Vorstellung? Hierüber lesen wir folgendes in der "vierten Vorlesung", dem vierten Teil der Voraussetzungen, einem fiktiven Brief der Autorin an eine nicht näher bezeichnete Freundin A.[31]: "Scheint es dir abwegig, zu glauben, daß 'das Denken', hätten Frauen seit über zweitausend Jahren an ihm mitgedacht, heute ein anderes Leben führen würde? (Zu leicht vergessen wir: Die Frau als Intellektuelle gibt es in nennenswerter Zahl erst seit sechzig, siebzig Jahren ...)".

Wenn die Erziehung der Mädchen in der erwähnten Zeit ihnen einen Anteil am kulturbildenden Denken ermöglicht hätte, würde die abendländische Kultur heute anders aussehen, meint Christa Wolf. Diese Kultur würde wohl dem Bild entsprechen, das sich der britische Archäologe Arthur Evans von der minoischen Kultur machte; sie wäre nämlich "eine heitere, produktive, dem einzelnen zwischen Freiheit und Bindung Entwicklungschancen lassende, vor allem: *friedliche* Kultur"[32], in die der Code unvermeidlichen Untergangs durch eigenes Verschulden nicht eingegeben wäre.

Dieses Schema wäre selbstverständlich zu präzisieren. Eines steht jedoch fest: Die Kritik "an der Einseitigkeit des männlichen Rationalismus" darf nicht als "Irrationalismus, Wissenschaftsfeindlichkeit" mißverstanden werden, betont Christa Wolf[33]. An einer Flucht vor der Analyse der Verhältnisse, an einer Idealisierung primitiver Gesellschaftszustände ist ihr keineswegs gelegen. Was der Autorin vorschwebt, ist vielmehr ein Gleichgewicht zwischen Denken und Fühlen, zwischen Vernunft und Aufgeschlossenheit, das bisher kaum je erreicht wurde.

Aus solchen Auffassungen ist Christa Wolfs Entwurf eines weltverändernden Feminismus entstanden, der nicht nur über die Antinomie von Gleichheits- und Differenzfeminismus hinausführt, sondern durch eine weitgehende Umwertung herkömmlicher Werte beide Geschlechter in gleichem Maße angeht. Daß diesem Entwurf ein deutlich utopischer Zug anhaftet, braucht kaum erwähnt zu werden. Denen, die dieses Merkmal als Makel ansehen würden, ist nur mit einer Frage beizukommen, die etwa lauten würde: Ist einer in ihren Irrtümern festgefahrenen Menschheit anders zu helfen als durch den Vorschlag eines deutlich alternativen Modells?

Anmerkungen

1 Vgl. Maxie Wander (Hrsg.), *Guten Morgen, Du Schöne,* Protokolle nach Tonband, Buchverlag Der Morgen, Berlin 1977, S. 9-19.

2 Christa Wolf, *Die Dimension des Autors, Essays und Aufsätze / Reden und Gespräche 1959-1985,* ausgewählt von Angela Drescher (Aufbau-Verlag, Berlin/DDR), Luchterhand, Darmstadt und Neuwied 1987, S. 208. Bequemlichkeitshalber wird für alle Zitate aus dem älteren essayistischen Werk Christa Wolfs auf diese Ausgabe verwiesen. Fortan: *Dimension.*

3 Art. 20, Abs. 2 der Verfassung der DDR von 1968 (eine Erweiterung von Art. 7 Abs. 1 der Verfassung von 1949) lautete ja: "Mann und Frau sind gleichberechtigt und haben die gleiche Rechtsstellung in allen Bereichen des gesellschaftlichen, staatlichen und persönlichen Lebens. Die Förderung der Frau, besonders in der beruflichen Qualifizierung, ist eine gesellschaftliche und staatliche Aufgabe" (vgl. *DDR-Handbuch,* hrsg. vom Bundesministerium für innerdeutsche Beziehungen, Verlag Wissenschaft und Politik, Köln, 2. Aufl. 1979, S. 422).

4 Symptomatisch ist in dieser Hinsicht folgende Stelle über die gepflegte Frau Herrfurth (Christa Wolf, *Der geteilte Himmel,* Erzählung, dtv 915, 21. Aufl. 1987, S. 34): " 'Früher, sagte sie seufzend, 'bereiteten junge Mädchen sich in einem Internat auf die Heirat vor. Heute steckt man sie in eine Fabrik unter lauter fremde Männer ...' ".

5 In ihrem Essay *Kleists "Penthesilea"* deutet die Autorin die Kleistsche Amazonenkönigin als Projektion des Ich des Dichters: "Kleists Ich in einer weiblichen Heldin". Sie untermauert diese These, indem sie eine Reihe von Indizien aufzählt, die für Kleists abweichende Sexualität sprechen (*Dimension*, S. 668-669).

6 *Dimension,* S. 511-571.

7 a.a.O., S. 511.
8 a.a.O., S. 511.
9 a.a.O., S. 520-521.
10 a.a.O., S. 608.
11 Luchterhand Literaturverlag, Darmstadt 1983, Sammlung Luchterhand 456. Fortan: *Voraussetzungen*. Im Aufbau-Verlag erschien dieser Text mitsamt der Erzählung, die er einführt, unter dem allgemeinen Titel *Kassandra*, ebenfalls im Jahre 1983.
12 *Dimension*, S. 86-100; eine repräsentative Stelle dieses Essays lautet (a.a.O., S. 95): "Sie verteidigt keine Außenbezirke, sondern 'Herzländer'. Den Anspruch des Menschen auf Selbstverwirklichung. Sein Recht auf Individualität und Entfaltung seiner Persönlichkeit. Seine Sehnsucht nach Freiheit."
13 Seit 1969 zahlreiche Auflagen im Luchterhand Verlag Darmstadt und Neuwied (Sammlung Luchterhand 31); Erstausgabe: Mitteldeutscher Verlag, Hall a.d. Saale 1968.
14 *Dimension*, S. 293-322.
15 a.a.O., S. 501-502.
16 a.a.O., S. 503.
17 Luchterhand Literaturverlag, Darmstadt, 17. Aufl. 1988, Sammlung Luchterhand 277 (seit 1979). Erstausgabe: Aufbau-Verlag, Berlin und Weimar 1976.
18 *Lessings Werke*, hrsg. v. Kurt Wölfel, Insel Verlag, Frankfurt am Main 1967, Band I, S. 350.
19 Bertolt Brecht, *Der kaukasische Kreidekreis*, edition suhrkamp 31, 10. Aufl. 1970, S. 25.
20 *Voraussetzungen*, S. 120.
21 a.a.O.
22 Das Werk, das 1919 erschien, spiegelt die Reaktion eines sensiblen Menschen auf den Ausbruch des ersten Weltkriegs und seine Folgen. Karl Kraus spürte richtig, daß dieses Ereignis einen raschen Verfall der besten geistigen Werte der europäischen Tradition einleitete.
23 *Voraussetzungen*, S. 97.
24 a.a.O., S. 96.
25 a.a.O., S. 86.
26 a.a.O., S. 107-108.
27 a.a.O., S. 98.
28 a.a.O., S. 101.
29 a.a.O., S. 122.
30 a.a.O., S. 112.
31 a.a.O., S. 145.
32 a.a.O., S. 58-59.
33 a.a.O., S. 101.

Eva Kaufmann

"... schreiben, als ob meine Arbeit noch und immer wieder gebraucht würde".[1]

Überlegungen zur Utopie bei Christa Wolf

Wie das gesamte Schaffen Christa Wolfs ist auch seine utopische Dimension von den Blickwechseln betroffen, die sich aus den reißenden geschichtlichen Veränderungen ergeben, die in der DDR seit Oktober 1989 vor sich gehen. Viel spricht dafür, daß die Wirkung dieser Erzählerin zu einem beträchtlichen Teil von ihrer Fähigkeit ausging, aus der kritischen Analyse des Gegebenen immer auch ermutigende Impulse herauszuentwickeln. Das erfuhr ich selbst, als ich im Herbst 1988 mit einer Gruppe Studenten zum Thema "Utopie bei Christa Wolf" arbeitete. Da war "bleierne Zeit". Der Widerspruch zwischen der Bewegungslosigkeit auf der Oberfläche staatlichen Lebens und den heftigen unterschwelligen Gärungen verstärkte sich ins Unerträgliche. Veränderungsbedürftigkeit und damit auch subjektiv gefühlter Utopiebedarf kennzeichneten den Lebenshorizont und den "therapeutischen" Nebenzweck der wissenschaftlichen Arbeit. Als dann der alte "bleierne Druck" (I, S. 442) wich, als Veränderungen von vordem unvorstellbarer Gewalt in Gang kamen, schien es, als seien damit Utopien, wie sie in Wolfs Texten enthalten sind, von der Realität über Nacht überholt worden.

Das war die Zeit, in der dieser Beitrag in seiner ersten Fassung für die Anfang Dezember in Brüssel stattfindende Konferenz vorbereitet wurde. Aufbruchsstimmung herrschte, vor allem auch in der sich formierenden unabhängigen Frauenbewegung. Die hinreißend enthusiastische Gründungsversammlung des "Unabhängigen Frauenverbandes" am 3. Dezember '89 hatte etwas von Utopie an sich. Sie verband sich in meinem Kopf mit dem, was bei Christa Wolf über Utopie und über Frauen zu lesen ist. In der Losung, die über die Gründungsveranstaltung gestellt war – "Wer sich nicht wehrt, kommt an den Herd" – mischten sich kräftiger Realitätssinn und Übermut. Heute, im Mai 1990, kann von Übermut keine Rede mehr sein. Aber unter allen Umständen, sowohl unter den hoffnungsvollen des Herbstes '89, als auch unter den heutigen grob ernüchterten, lohnt es sich, über Utopie bei Christa Wolf nachzudenken.

"... wie man mit beiden Beinen auf der Erde träumt". (K.S. 339)

Im folgenden wird nicht erörtert,[2] wie sich Utopie bei Christa Wolf im Laufe der Jahre in begrifflicher Formulierung und poetischer Gestalt herausgebildet hat. Ich frage nach bestimmenden Aspekten ihres Utopiedenkens und der Utopiegestaltung in den Jahren nach 1976, nach der Biermann-Ausbürgerung, als sich Christa Wolf von einer existentiellen Krise bedroht und mit größerer Dringlichkeit auf Utopie verwiesen fand. Zum genaueren Verständnis dessen, was Christa Wolf in jener Zeit unter Utopie verstand, werden einige auffällige Formulierungen erörtert, die sich in verschiedenen publizistischen Arbeiten finden.

Im Aufsatz "Berührung" von 1977 spricht Wolf von "real existierender Utopie" (I, S. 196). In der Analogiebildung zum "real existierenden Sozialismus" sehe ich weniger Ironie diesem Begriff gegenüber als eine Polemik gegen die offiziöse bornierte Abwehr und Abwertung der Utopie. Sie wird gegen den Vorwurf in Schutz genommen, bloßes Hirngespinst zu sein. Das real existierende Utopische ergibt sich im konkreten Fall, in der Besprechung zu Maxie Wanders Protokollbuch. Der "Geist der real existierenden Utopie" ist keine poetische Erfindung, sondern wird aus authentischen Dokumenten herausgelesen und mit Zitaten belegt. Seine Beweiskraft wird aus der Wirklichkeit selbst, aus den Äußerungen leibhaftiger weiblicher Wesen genommen. Somit ist diese Utopie tatsächlich mehr als bloßer Wunsch. Was darüber hinausgeht, definiert Christa Wolf mit äußerster Vorsicht. Sie spricht wohlgemerkt nicht von einer Gemeinschaft, sondern von deren "Vorgefühl" (I, S. 197), sie spricht von "Sehnsucht, Forderung, Lebensanspruch" (I, S. 196) im Hinblick auf humane Lebensbeziehungen. Durch die Charakteristika "Anteilnahme, Selbstachtung, Vertrauen und Freundlichkeit" (I, S. 197) hebt sich diese Gemeinschaft deutlich von der offiziell propagierten, in den sechziger Jahren "schöne Menschengemeinschaft" titulierten Kollektivitätsvorstellung ab, die durch die Realität hinlänglich als Phrase widerlegt war. Trotz oder gerade wegen der Diskreditierung besteht Christa Wolf darauf, Gemeinschaft/Gemeinsamkeit/Gemeinschaftlichkeit als unverzichtbaren Wert menschlichen Zusammenlebens zu bewahren. Mit dem "Vorgefühl einer Gemeinschaft" konstruiert sie ein geistig-emotionales Phänomen, das sich in der Schwebe zwischen Sein und Nichtsein hält und das – analog dem "Prinzip Hoffnung" Ernst Blochs – geeignet ist, Impulse auszustrahlen, Bewegung zu stiften.

1978 heißt es, Schriftsteller hätten die Aufgabe, "die Wirklichkeit unserer Gesellschaft an ihren Zielen zu messen und die Sehnsucht wachzuhalten nach jener *realistischen Utopie* von einem Zusammenleben, das man 'menschlich', das heißt produktiv nennen könnte" (II, S. 402; Hervorhebung – E.K.). Auch in dieser Formulierung, die nun das Attribut 'realistisch' bekommt, ist die Qualität des Zusammenlebens Hauptinhalt der Utopie. Im Unterschied zu manch anderen Textstellen, in denen Wolf die Begriffe Ziel und Utopie weitgehend synonym verwendet, hält sie sie hier auseinander. Das kann heißen, daß die offiziell vertretenen "Ziele" die – darin enthaltene – "realistische Utopie" verdecken oder gar verfehlen. Sicherlich ist damit in erster Linie auf die reale gesellschaftliche Entwicklung verwiesen, die produktives menschliches Zusammenleben nicht nur nicht realisiert, sondern sogar den Wunsch danach verschüttet. Wenn davon die Rede ist, die Sehnsucht nach einem menschlichen Zusammenleben wachzuhalten, dann sind auch die gängigen Zielvorstellungen zu hinterfragen.

Utopie hat für Christa Wolf vor allem eine bewegungstiftende Funktion. Angesichts einer "verfestigten Wirklichkeit" (II, S. 411) spricht sie allein der Literatur die Chance zu, "Utopie überhaupt noch einzuführen" und "Elemente von Hoffnung" (II, S. 411) zu artikulieren. Diese Charakteristik macht deutlich, daß innerhalb der Gesellschaft keinerlei Institutionen oder Organisationen gesehen werden, die Veränderung bewirken könnten. Ist es angesichts handfester Machtstrukturen vielleicht nur ein verlegener Trostgrund, sich auf so luftige immaterielle Gebilde wie Sehnsucht und Hoffnung als Rettungsmittel zu berufen? Es sind schließlich keine Dinge an sich, sondern Eigenschaften von Subjekten. Wer zu Sehnsucht und Hoffnung befähigt ist, ist auch nicht dazu verdammt, tatenlos auf bessere Zustände zu warten. Es ist die Literatur, die ihnen dazu Mut macht. Deshalb die Bezeichnung "Sehnsuchtsorgan" (II, S. 436). Darauf beruht Wolfs Zuversicht, daß Literatur gebraucht würde. Sie fühlt sich – das ist 1979 – auch deshalb nicht als Außenseiter, weil die eigenen (utopischen) Vorstellungen "keine esoterischen Ideale" (II, S. 417) sind, sondern mit den Zielen zu tun haben, die "aus der Gesellschaft" stammen und mit denen sich "eine Menge Leute" identifizieren. Weil Träger da sind, nennt sie die Utopie "realistisch".

Der weibliche Faktor

Vornehmlich sind es Frauen bzw. weibliche Figuren, die in Wolfs publizistischem und poetischem Werk Utopie tragen. Biologische "Ursachen" (II, S. 420) werden ausdrücklich ausgeschlossen. Frauen seien nicht "von Natur aus mehr als Männer vor politischem Wahndenken" (I, S. 208) gefeit. Der weibliche Faktor sei aber ebensowenig "von Natur aus" (I, S. 440 f.) in der Kultur weggedrängt. Die historischen Begründungen laufen vor allem auf das Argument heraus, daß Frauen durch die Ausgrenzung aus patriarchalischen Machtstrukturen weniger deformiert seien als Männer.

Mit einer gewissen Einseitigkeit hebt Christa Wolf bei der Besprechung von Maxie Wanders Frauenprotokollen – aber nicht nur hier – die sozialen Tugenden und humanen Potenzen von Frauen hervor. Gerade Frauen erheben den "radikalen Anspruch: als ganzer Mensch zu leben, von allen Sinnen und Fähigkeiten Gebrauch machen zu können" (I, S. 207). Frauen seien nicht auf Dominieren und Unterwerfung aus, sondern entwickelten die "Fähigkeit zur Kooperation" (I, S. 207). Entgegen herrschenden Weiblichkeitsmustern vereinbarten Frauen schöpferische Phantasie mit nüchternem Blick, Vernunft mit Sinnlichkeit. Aus der Beschwörung all der positiven Charakteristika entsteht um die Frauen eine idealische Aura.

In der Publizistik der endsiebziger und frühen achtziger Jahre fehlt bei der Bestimmung weiblicher Werte und Fähigkeiten weitgehend das Wort Liebe; dies fällt umso mehr auf, da die Liebesfähigkeit und der Liebesanspruch der Frauen in Erzählungen früherer Jahre, z. B. in "Unter den Linden" und "Selbstversuch", groß herausgestellt worden waren. Erinnert sei an das Resümee des Selbstversuchs, an den Entschluß zum eigenen Experiment, zum Versuch zu lieben und zur "Erfindung dessen, den man lieben kann"[3], und an den Vorsatz "Ich kann die Liebe nicht vertagen ... Um keinen einzigen Tag"[4].

Später ist auch Caroline von Günderrode mit der Fähigkeit zu unbedingter Liebe ausgestattet, eine Fähigkeit, die ihr von den Männern, die sie liebt, Zurückweisung und Kränkung einträgt. Es ist, als ob Liebe ein zu verwickeltes und schmerzhaftes Thema sei, um in einfachen Bestimmungen und nackter Begrifflichkeit erörtert zu werden. Das ist selbst den vorsichtigen Umschreibungen und Annäherungen des Aufsatzes "Krankheit und Liebesentzug" von 1984 anzumerken. In "Störfall" hebt Wolf in geschlechtsneutraler Form apodiktisch hervor: "Der Mensch will starke Gefühle erleben, und er will geliebt werden." (St, S. 38) Damit ist das existentielle Bedürfnis artikuliert, Liebes-Utopien aber treten zurück. Offensichtlich ist sie daran interessiert, auf das Ungewohnte aufmerksam zu machen, darauf, daß Frauen ihre "produktive Energie" (I, S. 208) vor allem im allgemeinen Leben der Sozietät zur Geltung bringen und sich nicht auf die traditionelle Rolle der Liebenden und Mutter beschränken.

Wenn aus Wolf-Texten – kritisch und identifikatorisch – Idealisierung der Frau herausgelesen wird, dann müssen die Texte dafür bestimmte Handhaben bieten, auch wenn man in Rechnung stellt, daß die subjektiven Bedürfnisse und Voraussetzungen der RezipientInnen dabei eine Rolle spielen. Ich sehe in Wolfs Art, Frauen zu präsentieren, eine "utopische Aufforderung" (I, S. 451), die bewußt auf ermutigende Impulse abzielt, ohne die realistische Selbsteinschätzung von Frauen zu beschädigen. Das scheidet die "realistische Utopie" von der Illusion.

"... Verstehn, daß Sehnsucht keinerBegründung bedarf" (KON, S. 160).

Ihre Ausstrahlung gewinnt die utopische Dimension der poetischen Texte durch die Sinnlichkeit der Gestaltung. Emotionalität und Intellekt werden gleichermaßen angesprochen, damit man "umfühlen" und "umdenken" (I, S. 452) lernt. Der Abstand zwischen dem im Text dargestellten kritikwürdigen Ist-Zustand und dem Wünschbaren ist gerade so groß, daß die Vorstellungskraft ihn noch überbrücken kann. Bei der Utopiegestaltung arbeitet Christa Wolf nicht mit dem Prinzip der bloßen Umkehrung, mit der Beschwörung des ganz Anderen. Die humane Möglichkeit wird nicht einfach gesetzt, sondern "realistisch", nachvollziehbar begründet. Damit hängt zusammen, daß Sehnsucht keiner Rechtfertigung bedarf, wohl aber der Stimulierung.

Je nach stofflicher Gegebenheit und Werkkontext entwickelt Wolf unterschiedliche Verfahren, Utopie zu erzählen. Vorauszusetzen ist, daß die "utopische Dimension" (Metscher) im Textganzen gegenwärtig ist. Ich ziehe zur näheren Betrachtung aus "Kein Ort. Nirgends" und "Kassandra" jene kurzen, szenisch ausgestalteten Textpassagen heran, in denen das erhoffte Humanum als konkreter Vorgang zwischen Menschen ins Bild gesetzt ist. Beide Szenen sind – zum Textende hin – so placiert,[5] daß sie im Schatten des Todes stehen. Beide sind in besondere, symbolisch aufgeladene Lichtverhältnisse, in den ästhetisch faszinierenden Schein der untergehenden Sonne getaucht, "(w)enn jeder Gegenstand aus sich heraus zu leuchten anfängt und die Farbe, die ihm eigen ist, hervorbringt" (K, S. 338). Die Szenen sind so angelegt, daß sie nicht als möglicher Wendepunkt der Handlung, als verspielte Chance mißdeutet werden können. Das unterstreicht ihren Utopiecharakter. So ist zum Beispiel die Annahme auszuschließen, der schöne utopische Augenblick, in dem sich Günderrode und Kleist menschlich nahekommen, hätte beider Untergang aufhalten können. Von vornherein ist klar, daß die beiden Figuren den tödlichen Weg ihrer authentischen Vorbilder gehen. Unter diesen eindeutigen Voraussetzungen läßt die Erzählerin die erfundene Begegnung der beiden Todeskandidaten in einen Vorgang münden, der das enthält, was sie am meisten erhoffen und vermissen: Nähe und Austausch. Das entscheidende Stichwort gibt Günderrode; sie wünscht, sie brächte die Glut auf, "die Wand zwischen sich und den anderen einzuschmelzen" (KON, S. 156). Dieser höchste Wunsch, der sowohl die Schranken in der öffentlichen als auch der privaten Existenz betrifft, geht für einen Moment andeutungsweise, gleichsam traumhaft, und voraussehbar folgenlos in Erfüllung. Erkennbar wird der eigentümliche Schwebezustand vor allem im Sprechgestus. Die Episode wird durch Veränderungen der Szenerie eingeleitet: "Sie bleiben stehn, drehn sich einander zu. Jeder sieht den Himmel hinter dem Kopf des andren ..." (KON,

S. 158). Auf diese Weise geben beide füreinander und für den Leser ein Bild ab. Von da an läuft die Kommunikation ohne Worte, vermittelt sich durch Blicke und Lächeln. An die Stelle der konventionellen Anredeform Sie tritt das intime Du. Und es ist nicht mehr unterscheidbar, wer was sagt. Aber das Fallenlassen der Maskierungen und Verkrustungen allein hilft nicht weiter. Solange sie sich als Frau und Mann "ansprechen", müssen sie erfahren: "Die Berührung, nach der es uns so unendlich verlangt, es gibt sie nicht." (KON, S. 159) Sobald es um die Reflexion des gemeinsamen Künstlerschicksals geht, tritt ein Wir in Kraft, in das mehr eingeschlossen ist, als die beiden Figuren: in jedem Fall die Erzählerin und gegebenenfalls auch die Leser. Dieses Wir enthält auch eine wichtige Selbstkorrektur Kleists. In einer früheren Textpassage hatte er noch nach der Berechtigung Günderrodes gefragt, "sich und ihn, in dem Wort 'wir' zusammenfassen" (KON, S. 126). Das Gespräch über den "Guiscard" vermittelt dem Mann die Erfahrung ihrer Ebenbürtigkeit. "Der Austausch mit ihr, die ihn als Mann nicht reizt, kommt einem sinnlichen Rausch nahe" (KON, S. 172). Wolf treibt die Annäherung der beiden in sich Eingesperrten so weit, daß sie in einem Anfall von Lachen die – freilich asexuelle – Berührung nicht scheuen. "Sie müssen sich aneinander halten, um vor Lachen nicht umzusinken. Näher sind sie sich nie als in dieser Minute." (KON, S. 172) Sie belachen ihre gemeinsame Einsicht, ein "Entwurf" zu sein. Dieses Lachen hat etwas von jenem "Höllengelächter" (KON, S. 153) an sich, von dem vor der entscheidenden Gesprächspassage die Rede war.

Was hier vorgeführt wird, kann man auch als das Modell eines Gesprächs nehmen, das diesen Namen verdient. Es wird zunehmend weniger aneinander vorbeigeredet. Barrieren formeller Höflichkeit, eingefahrener Vorurteile und Empfindlichkeiten werden überwunden. Man hilft sich gegenseitig bei der Erkenntnis der Lage voran. Den aktiven Part in diesem Prozeß hat die Frau. Sie, die im Leben mehrfach Benachteiligte, ist ihm an Einfühlung und Scharfblick überlegen. Obwohl oder gerade weil sie Kleists diskriminierende Urteile über die Frau als geistiges Wesen und Künstlerin über sich ergehen lassen muß, begreift sie ihn als einen, der doppelt einsam und unfrei ist. Eher kann sie seinen, als er ihren Anspruch verstehen und mitvertreten. Ihre menschliche Ausstrahlung liegt in ihrer Verletzbarkeit, im Reichtum ihrer Bedürfnisse und der Stärke ihrer Sehnsucht. In der Art, wie diese Figur ihre eigenen Widersprüche auslebt, aushält und ausspricht, wird sie zu einer utopischen Existenz.

Im Unterschied zu dem kaum wahrnehmbaren psychologischen Geschehen des utopischen Augenblicks nimmt sich die Utopie-Episode in "Kassandra" handfest aus. Wolf präsentiert sie fast am Textende, als Bericht von gelebtem Leben: anschaulich, sinnlich und zugleich gedanklich reflektiert. Die Idealität des Gemeinschaftslebens in den Höhlen des Ida-Berges begründet Wolf hauptsächlich mit dem Bewußtsein der Todesnähe bei den inspirierenden Köpfen der Gemeinschaft. Es ist nicht schlechthin die Todesdrohung, die freimacht. Die selbstzerstörerischen Konsequenzen der Todesfurcht, der Panik, werden an der Figur des Griechen Panthoos durchgespielt. Verschiedentlich[6] operiert Wolf mit der Idee, daß die Erfahrung äußerster Bedrohung (durch Atomrüstung, durch Tschernobyl) neben Zorn auch Freiheit freisetzt. Gegen die Anmaßung der herrschenden Kräfte, die über das Leben von Millionen verfügen, nimmt sich das Individuum heraus, so dazu überhaupt Spielraum gegeben ist, selbst zu bestimmen. Dieses Freiheitsgefühl lebt zum einen aus Zorn und Trotz gegen bestimmte gesellschaftliche Mächte, zum anderen aus der würdevollen Selbstbehauptung gegenüber dem Tod, gegenüber der Verkürzung des Lebens. Und das ist der Punkt, an dem sich die *Freiheit von etwas* mit der *Freiheit für etwas* verbindet, die den Boden dieser Utopie ausmacht. Die äußere Bedrängnis schafft die innere Bereitschaft, eine ungekannte Art zu leben, auszuprobieren. "Da unsere Zeit begrenzt war, konnten wir sie nicht vergeuden mit Nebensachen. Also gingen wir, spielerisch, als wär uns alle Zeit der Welt gegeben, auf die Hauptsache zu, auf uns" (K, S. 337). Hier glückt produktives Zusammenleben von Menschen. Deshalb auch die Häufung rühmender Worte ("pralles Leben", "ungebundnes Dasein, eine neue Freude jeder neue Tag", Heiterkeit, die "nicht erzwungen" war; K, S. 336 f.). Da sie nichts zu verlieren fürchten, gewinnen sie alles. Trotz der Enge ihres Handlungsspielraumes (räumlich, zeitlich die Verpflichtung, an Troja Früchte und Gewebtes abzuliefern) setzen sie sich selbst zum Zweck. Von unterschiedlicher nationaler und sozialer Herkunft erleben sie sich, gleichgemacht vom Krieg, als Gleiche. Da sich ehrgeizige Vorsorge für Karriere, Familie und Zukunft ausschließen, sind sie frei für schöpferische Tätigkeiten und für immer neues Lernen. Dadurch vertieft und erweitert sich Leben. Nicht zufällig dominiert in dieser Textpassage das Pronomen wir. Alles Wesentliche und Schöne geschieht in und durch Gemeinschaft. Deshalb auch das "Berührungsfest", als sie sich und ihr einmaliges Sein "verewigen" wollen. Es herrscht nicht hektische, sondern genußvolle Aktivität: neben der notwendigen Arbeit viel Singen, Reden, Lachen, Erfinden, Träume-Erzählen. Es scheint ein Dasein ohne alle Widersprüche, ein Dasein, in dem körperlich und seelisch Todwunde wieder gesunden. Gegenüber der Heilkraft dieses Lebens zählt nicht, daß Kassandra auf des Vaters Burg gerufen, mit einem ungeliebten Mann verheiratet und geschwängert wurde. Solche Verletzung kommt nicht an sie heran. Dieses Leben wird nicht geübt im Hinblick auf eine mögliche Fortsetzung nach dem Kriege. In diesem Sinne verstehen sich die Höhlenbewohner "nicht als Beispiel" (K, S. 339). Wenn dennoch von Zukunft die Rede ist ("in die finstere Gegenwart, die alle

Zeit besetzt hält, einen Streifen Zukunft" vorschieben, K, S. 339), dann ist das weniger als Zeitbegriff, denn als Ausdruck für höhere Qualität menschlichen Lebens zu nehmen. Mit diesem äußerst komprimierten Text werden gleichsam nur die Stichworte gegeben und eine logische Denkstruktur, die es ermöglichen, weiterzudenken, auszufüllen, zu hinterfragen. Dieses Utopiegebilde ruht in sich. Vom Gestus her wird nicht überredet oder appelliert. Durch und durch vernünftig, verlockt es durch das Fluidum von Schönheit und Freude. Hier waltet auch das Pathos von Feier und Erhebung. Wie gut, daß Christa Wolf dann mit einem harten Schritt auf die Realität außerhalb der utopischen Gemeinschaft umschaltet: "Trostlos, wie alles trostlos ist." (K, S. 339)

"...fortlaufende Gewöhnung an härtere Beleuchtungen, schärfere Einsichten, größere Nüchternheit" (St, S. 43).

So häufig und gradlinig, wie Christa Wolf in dem Jahrfünft nach 1977 Utopie beschwört und gestaltet, geschieht das bis heute nicht wieder, sieht man von "Sommerstück" ab, das ja auch in jener Phase seinen Ursprung hat.

In "Störfall" geht sie mit der Utopie anders um. Und das liegt nicht nur am Gegenwartsstoff und der stark reflektierenden Darbietungsweise. Die Utopie wird grundsätzlich problematisiert, auf die Spitze getrieben in der Frage "Treiben die Utopien unserer Zeit notwendig Monster heraus?" (St, S. 37). Hervorgehoben werden nun die zerstörerischen Seiten utopischer Konzepte, die auf Realisierung aus sind und allgemeine Gültigkeit beanspruchen ("genug Energie für alle und auf ewig", "Gerechtigkeit, Gleichheit, Menschlichkeit für alle", St, S. 37). Die anfängliche gelassene Bejahung der Freiheit, "zu tun und vor allem zu lassen", die sich aus der Absage an "jenes Ziel in einer sehr fernen Zukunft" (St, S. 10) ergab, verkehrt sich in beklommene Unsicherheit, weil sich in "einer bösen Art von Freiheit" alle Arten von Pflichten, auch die selbstauferlegten ersetzen können. "Wie freudig würde ich mich weiter auf ein Ziel zu bewegen, zu dem der Abstand sich nie verringern würde. Wie aber könnte ich gehen ohne Ziel?" (St, S. 39). Deutlich genug wird hier das Bedürfnis nach einer leitenden Utopie ausgesprochen. Bis zum Textende hin wird das verlorengegebene nicht durch ein ähnliches oder anderes in eine ferne Zukunft gerichtetes ersetzt. Wenn die Erzählerin am Ende dennoch "gehen" kann, wird sie durch einen ganz anders gearteten Impuls in Bewegung gehalten: durch die Suche nach dem "blinden Fleck" im individuellen und im Leben von Staaten bzw. Gesellschaftssystemen. Das Nachdenken über Fehlerquellen und Krisenursachen ist etwas qualitativ anderes als das Verfolgen von Weltverbesserungsprogrammen. In der Konsequenz erweist sich die Suche nach der eigenen Wahrheit in der Anwendung auf die

"Abwehrmechanismen ganzer Kulturen" (St, S. 103) als so kühn, daß sie "die allerutopischste von allen Utopien" genannt wird.

Damit ist von Utopie im Sinne eines über den gegenwärtigen veränderungsbedürftigen Zustand hinausweisenden verbesserten sozialen Systems nicht mehr die Rede. Jetzt wird das bedacht, was unmittelbar zum Überleben notwendig ist. Dadurch kommt anstelle von Blochs Hoffnungsprinzip der Begriff (Mit)Verantwortung ins Spiel, der durch Hans Jonas' Buch "Prinzip Verantwortung" aktuell wurde. Dem Begriff Verantwortung fehlt die poetische Aura und der idealische Höhenflug, die den Begriffen Utopie und Hoffnung anhaften. Verantwortung klingt prosaisch und verweist auf die Praxis, auf das, was unbedingt heute und hier zu tun ist. Bedeutet das Reduktion auf platten Pragmatismus? Dagegen spricht die starke Betonung der "haltbaren Genüsse" (St, S. 14) des Alltags, die Fähigkeit zur Freude an Natur, Kunst, produktivem menschlichen Miteinander, an humaner Kultur im Alltag. In der Art, wie in oft winzigen Details Lebens- und Menschenfreundlichkeit exponiert wird, schlägt Wolf den Bogen zurück zu dem, was sie 1977 als das benannte, "was uns allen am nötigsten ist: Wahrhaftigkeit uns selbst gegenüber, Aufrichtigkeit zu anderen; Freude am Zusammensein, die Lust, miteinander zu sprechen, zu feiern, zu essen, spazieren zu gehen, Gedichte zu lesen, Musik zu hören, Bäume, Blumen, eine Landschaft zu erleben, zu streiten, Unglück, Schmerz miteinander zu teilen" (I, S. 211 f.). Ist das nicht auch eine utopische Aufforderung, unlebbares Leben lebbar zu machen? Das setzt voraus, daß dem Individuum bestimmte Handlungsspielräume bleiben, in denen es sich als Subjekt verhalten kann.

Äußerungen aus jüngster Zeit belegen, daß Wolf weiterhin vom Bedürfnis nach Utopie überzeugt ist, nun aber Utopie anders als in der Zeit um 1980 begründet. Am 31.1.1990 sagte sie: "Auch mag – kaum wage ich es jetzt schon auszusprechen – ganz allmählich ein Bedürfnis nach einem utopischen Denken wieder wachsen, das sich aus dem Alltagsleben heraus entwickeln müßte, nicht aus der Theorie."[7]

Wie sehr heute Christa Wolf und andere, ähnlich denkende Intellektuelle und KünstlerInnen geschmäht werden, wie sehr sich das, was heute noch DDR heißt, und die Welt insgesamt verändert werden, eines bleibt und reproduziert sich mit Sicherheit: Lebensbedingungen, die den einzelnen vereinzeln und ihn bedürftig machen, den Bannkreis der Vereinzelung zumindest gedanklich und emotional zu durchbrechen. Wenn das Bedürfnis existiert, wird wohl auch nicht ausbleiben, daß manche(r) wieder auf Literatur zurückgreift, die sich unter anderen Bedingungen schon als "Sehnsuchtsorgan" bewährt hatte. In diesem Sinne werden die Texte von Christa Wolf gebraucht werden und standhalten.

Mai 1990.

Anmerkungen

1 Christa Wolf, Die Dimension des Autors II, Berlin und Weimar 1986, S. 413.
Im folgenden wird im Text zitiert nach:
KON: Christa Wolf, Kein Ort. Nirgends, Berlin und Weimar 1979.
K: Christa Wolf, Kassandra. Vier Vorlesungen. Eine Erzählung, Berlin und Weimar 1983.
St: Christa Wolf, Störfall, Berlin und Weimar 1987.
I: Christa Wolf, Die Dimension des Autors I, Berlin und Weimar 1986.
II: Christa Wolf, Die Dimension des Autors II, Berlin und Weimar 1986.
2 Dazu gibt es ausführliche Erörterungen bei Berghahn, Renoldner, Kuhn.
3 Christa Wolf, Unter den Linden, Berlin und Weimar 1973, S. 133.
4 Ebenda, S. 57.
5 KON, S. 158 ff.; K, S. 336-339.
6 Vgl. I, S. 438; K, S. 135 f.; St, S. 10.
7 Christa Wolf, Im Dialog, Aktuelle Texte, Frankfurt a. Main 1990, S. 262.

Henri Plard

Christa Wolf, Kleist und die Amazonen

Achim von Arnim, ein puritanischer Verteidiger der Tugend, der Ehe und des deutschen Vaterlandes, faßt in einigen Zeilen von 'Mistris Lee', im "Wintergarten", 1813, die ganze Problematik und, vom Manne aus gesehen, den ganzen Frevel des Amazonentums zusammen: "... die schändliche Wollust, die genießen wollte, ohne abhängig zu werden, und wie die alten Amazonen der Fabelwelt nach dem Genuß mordet." Es sei am Rande doch bemerkt, daß die antike Fabel von den Amazonen nie von irgendeiner "Wollust", sondern bloß von der Mutterschaft ohne Ehe berichtet: die Amazonen "gebrauchen" die Männer nur zum Zwecke der Erhaltung ihres Weiberstaates; nach Arnim liegt das Anrüchige der Amazonenfabel darin, daß diese Kriegerinnen "genießen" wollen, ohne den Preis dafür zu entrichten, und zwar ihre Unabhängigkeit: nicht daß sie in der Liebe zu "genießen" fordern, macht sie "schändlich", sondern daß sie dabei ihre Selbständigkeit bewahren (nach einigen Jahrzehnten soll diese Haltung von einer frühen feministischen Figur, der Lamiel in Stendhals gleichnamigem Fragment, bewußt und bis zuletzt verkörpert werden: Lamiel läßt sich absichtlich von einem Holzhacker-Buben deflorieren und bezahlt ihm dabei verlorene Zeit, schenkt ihm einen Taler). (1839).

Der "schöpferische Gedanke" der 'Kassandra', wie Goethe ihn genannt hätte, wird von Christa Wolf in ihrer Dritten Frankfurter Vorlesung umrissen, beim Anfang der Arbeit am Roman, in ihrem "Arbeitstagebuch", Meteln, den 2. Juni 1980: "Annahme: In Kassandra ist eine der ersten Frauengestalten überliefert, deren Schicksal vorformt, was dann dreitausend Jahre lang, den Frauen geschehen soll: daß sie zum Objekt gemacht werden".

Kassandra ist doch eine Ausnahme und ihrer Umgebung darin voraus – wie etwa Kandaules bei Hebbel –, daß sie das übliche Los der Frauen, heiraten, das Haus hüten, ablehnt; paradoxerweise greift sie zur "grauen Vorzeit" zurück (Christa Wolf), "als die oberste Göttin eine Frau war, Ge, gaïa, die Erdgöttin", doch gleichfalls geht sie als Seherin der Zukunft entgegen, sieht prophetisch den einige Jahre vorher von Günter Grass in "Der Butt" dargestellten Konkurs, Kehraus, Zusammenbruch der patriarchalischen Ordnung voraus: "Die Selbstzerstörung", schreibt die Wolf, "Die Selbstzerstörung Troias kam der Zerstörung durch den äußeren Feind entgegen. Eine Periode wird kommen, in der Machtstreben und Gewalt dominieren. Aber nicht alle Städte der ihr bekannten Erdkreise werden zerstört werden", was Christa Wolf in einer späteren Eintragung ihres Arbeitstagebuches, Berlin, den 2. Februar

1981, auf unsere Gegenwart bezieht: "Eine neue Sinngebung durch die verbrauchten Institutionen ... ist nicht zu erhoffen. Zickzacklaufen. Aber ein Fluchtweg ist nicht in Sicht. Man fühlt sich gestellt. Australien ist kein Ausweg" (es sei daran erinnert, daß sie neuerdings gegen die Flucht aus der DDR Stellung bezog: man müsse im sozialistischen Deutschland bleiben und es von innen heraus zu erneuern versuchen).

Ein mythisches Frauenvolk sucht im Altertum, was Christa Wolf eine "lebbare Alternative" nennt: als Gemeinschaft, durch einen gemeinsamen bewaffneten Aufstand gegen die Männer: Die *Amazonen*, an denen alles verwirrend ist, und zunächst ihr Name, der nach den einen "die Busenlosen" bedeuten mag, nach den anderen "die Vollbusigen", und wahrscheinlich stimmt keine von diesen Enträtselungen. Christa Wolf spricht von der entsetzlichen Tat der Medea, die sich am Manne rächt, indem sie ihre Kinder tötet, vom Angstreflex der Männer vor den Müttern (Medea), besonders von Kleists "Penthesilea", die "Kleist dem Goethe besonders verhaßt macht". Goethe schrieb, der Schauder sei der Menschheit bess'rer Teil; Christa Wolf knüpft stillschweigend an dieses Wort an und erinnert an die Ambivalenz des "Schauderns"; "Schauder ist zusammengesetzt aus Ehrfurcht und Furcht. Den Heutigen, denke ich oft, ist nur die Furcht geblieben". Sie stellt mit Recht fest, daß die Weimarer Republik weder mit der Penthesilea noch mit der Kassandra etwas anzufangen wußte; sie rügt hart das Bild der Kassandra in Schillers Ballade – 1802 – "eine Figur aus dem Zeitalter der Empfindsamkeit, die lieber gut bürgerlich verheiratet wäre, als unter der Last ihrer Geschichte stöhnen zu müssen ... Die kaum übertreffbare Biederkeit dieser Kassandra-Auffassung, die dem landläufigen spießigen Abscheu gegen Größe, besonders Größe bei einer Frau, nichts schuldig bleibt, ist sicherlich nicht nur Schillers Frauen-Wunschbild zu danken, sondern ebenso stark seinem Klassik-Ideal". Ein ähnlicher, noch heftigerer Abscheu verwirft aus ethischen und ästhetischen Gründen das "Ideal" des kriegerischen Frauenstaates der Amazonen. Ihrerseits stützt sich die Wolf auf Bachofens "Mutterrecht" (1861), das sie nach einer Auswahl zitiert, nebst "Materialien" zu Bachofens Hauptwerk: es darf angenommen werden, daß des Basler Gelehrten Konstruktion vom uralten Mutterrecht mindestens in den Hauptzügen ihr bekannt war, sowie sie das Bild der Urmutter, Urgöttin, Urgattin und Ur-Ernährerin "Aua", der Feuerbringerin und mithin Stifterin der Kultur, bei Günter Grass bestimmt bis in die Parodie hinein.

Bekannt ist der Brief Kleists an Goethe, in dem er ihm "auf den Knieen des Herzens" jenes Werk darreicht, von dem er an seine Verwandte Marie von Kleist 1808 schreibt: sein Innerstes liege darin, der ganze Schmerz (!) und der ganze Glanz seiner Seele. Berüchtigt ist Goethes kalthöfliche Ablehnung (s. Brief 125 und Goethes Antwort: editio Sembdner, Hanser, München 1964, S. 805/7). "Was Goethe bei Kleist empfand, schreibt Nietzsche, war sein

Gefühl des Tragischen, vor dem er sich abwandte"; "Goethe über Kleist: fürchtet sich". Hebbel äußert sich ähnlich in seinen Tagebüchern. Dieser Abscheu, der sich bis zum Grauen steigert, wurde nach mehr als zwanzig Jahren von Goethe vor Hugos Roman "Notre Dame de Paris" empfunden; "das abscheulichste Buch", schreibt er, "ohne alle Natur und ohne alle Wahrheit". (Eckermann, 27. Juni 1831, vgl. auch den Brief vom 28. Juni 1831 an Zelter). Über "Penthesilea" soll er sich in einem Gespräch vom Jahre 1810 mit Johann Daniel Falk noch viel drastischer geäußert haben (Flodoard v. Biedermann, Nr. 1373). "Beim Lesen seiner Penthesilea bin ich neulich gar zu übel weggekommen. Die Tragödie grenzt in einigen Stellen völlig an das Hochkomische, z. B. wo die Amazone mit einer Brust auf dem Theater erscheint und das Publikum versichert, daß alle ihre Gefühle sich in die zweite, noch übriggebliebene Brust geflüchtet hätten (Verse 2015-2017), ein Motiv, das auf einem neapolitanischen Volkstheater im Munde einer Kolombine, einem ausgelassenen Polichinell gegenüber, keine üble Wirkung auf das Publikum hervorbringen müßte, wofern ein solcher Witz nicht auch dort durch das ihm beigesellte widerwärtige Bild Gefahr liefe, sich einem allgemeinen Mißfallen auszusetzen". Dieses harsche Urteil des großen Allversöhners läßt sich durch Goethes Ekel vor der "nordischen Schärfe des Hypochonders" rechtfertigen oder doch erklären, und gegen Kleist erwähnt er in Falks Text "die Heiterkeit, die Anmut, die fröhlich bedeutsame Lebensbetrachtung italienischer Novellen", durch die er sich von "der Zeit um ihn" und deren Jammer zurückzieht. Heinrich Zschokke, in seiner Rezension des "Phöbus"-Fragments, knapp: "Das Ekelhafte ist niemals Objekt der schönen Kunst". Goethe faßt die Penthesilea ganz anders auf, und zwar als die *Virago*, die Siegerin, Kriegerin, die edle Kämpferin; so anläßlich der Betrachtung eines Gemäldes vom Polygnotos, "Besuch des Odysseus in der Unterwelt": im Hades des griechischen Meisters sehe man, unter anderen Gegensätzen, auch die erhabene Heldin gegen "den lüsternen weiberschätzenden Knaben Paris" Aber Penthesilea, die Heldin, im kriegerischen Schmuck, stehe vor ihm, ihre Gebärden und Mienen zeigten sich abstoßend und verachtend; und so wäre denn auch der peinliche Zustand eines anmaßlichen Weiberbesiegers, der endlich von einer hochherzigen Frau verschmäht werde, im Hades verewigt. (S. Ernst Grumach, Goethe und die Antike. Eine Sammlung. Potsdam 1949, II, S. 643). Hier steht der Seelenadel, der Mut, der Hochmut der ethischen Überlegenheit, eine Art Jungfrau von Orleans also, im Kampf gegen die Eitelkeit eines hochbanalen Verführers. Gegensatz zum Manne bei Kleist wie bei Goethe: doch wie ganz anders! Dort Verwirrung der Gefühle, Liebeswahnsinn, Versehen, blutrünstige Verzückung, das berühmte Wortspiel: "Küsse, Bisse, das reimt sich, / Und wer recht von Herzen liebt, / Kann schon das eine für das andre greifen" (das Spiel mit den

Klängen wurde von Julien Graco in dessen Bearbeitung der "Penthesilea" geschickt übertragen: "Eh bien! c'était une erreur. Désirer ... déchirer ... cela rime. Qui aime d'amour songe à l'un – et fait l'autre" (Oeuvres complètes, Pléiade, Bd. I, Paris 1989, S. 1117). Diese typisch Kleist'sche Verwirrung der Gefühle übertrug Christa Wolf in die Homoerotik, auf die Beziehung des Achill zum jungen Troilos, den er frevelhaft im Tempel ermordet: "Wie näherte sich dieser Feind dem Bruder. Als Mörder? Als Verführer? Ja gab es das denn: Mörderlust und Liebeslust in einem Mann?" – das "gab es" durchaus in einer Frau, der Amazonenkönigin bei Kleist.

Penthesilea verkörpert die schreckliche Schönheit, was Rilke nennt "das Schöne ... des Schrecklichen Anfang, das wir gerade noch ertragen" (Duineser Elegien); wenn der Schrecken verschwindet, siegt die Schönheit ob: es heißt in nachhomerischen Dichtungen zur Figur der Amazonenkönigin, daß ihr letzter Todesblick den Achill in jäher Begierde aufflammen läßt. Es mag sein, daß die empfindsame Deutung des Liebesblicks der sterbenden Penthesilea auf ein Mißverständnis zurückgeht: möglicherweise wurde dadurch weder ein sentimentales Moment ins Epos eingeschmuggelt noch die Allmacht der Schönheit bezeugt, denn in der "Ilias", anders als in der "Odyssee", sind die Frauen kaum mehr als Objekte ohne Eigenwillen – sondern ein uraltes Motiv, die Zauberkraft der Augen. Von den Amazonen heißt es, daß sie das Nachbarvolk der *Gorgonen* besiegt hatten; nach Diodoros Siculus mußten die von den Amazonen unter deren Königin Myrrhina besiegten Atlanten von ihren Herrinnen vor den Gorgonen beschützt werden; die Amazonen überwanden die Gorgonen; mag sein, daß sie durch ihren Sieg die Macht des Gorgonenblickes an sich brachten, wie in Zauberhandlungen gewöhnlich. Die Augen der sterbenden Penthesilea verzaubern den Griechenhelden, dessen Mut zwar die Frau, aber nicht die Zauberin überwinden kann; von einer *Liebe* Achills zu Penthesilea und erst recht der Heerführerin zu Achill ist nicht die Rede. Wohlweislich hielt sich Christa Wolf an die nicht-sentimentale Fassung der Sage vom Blick der Penthesilea. Kassandra denkt, "sehr müde" und todesnah, an die Augen der Sterbenden, die ja offen bleiben –; daß Sterben "die Augen schließen" heißt, ist bürgerliche Milderung des Todes, gleichfalls wie das biblische "entschlafen": Kassandra weiß es besser. Nicht die sterbende, sondern die *tote* Penthesilea hat Achill angeblickt: "Die Augen der Penthesilea, die Achill anstarrten, Achill das Vieh, darüber muß er verrückt geworden sein." (S. 49).

Aus diesem, wenn auch fragwürdigen Motiv der Liebe Achills zur sterbenden Penthesilea entwickelt sich das schon antike Bild der *Virago*: Achill rächt ja die von Thersites verstümmelte Tote (mit der Lanzenspitze hat er die Augen ihrer Leiche ausgestochen) – die *Virago* ist die herrliche Kriegerin, wie bei Ariost, Tasso oder im sogenannten Galanten Roman des deutschen

Barocks: die Syrerin Aramena, die Adriatische Banise, Lohensteins großmütige Thusnelda usw.: oder die Amazonenkönigin Hippolate, eine mächtige und feurige Hundekennerin und Jägerin, bei Shakespeare. Bei der Wolf trägt Penthesilea rein negative Züge: empfindlich, rachsüchtig, nachträgerisch, wild, dem Achill allzu ähnlich, eine Führerin, die an jene BDM-Führerin erinnert, von der die Wolf in "Kindheitsmuster" ausführlich schreibt. Als Faschistin – man darf diese Deutung wohl wagen – ist sie in den Tod verliebt: man denke an den berühmten Ruf der Spanischen Fremden Legion, den General Milan Astray bekanntlich dem Miguel de Unamuno in Salamanca entgegenbrüllte: *Viva la muerte!* Kassandra, die das blonde Pferdchen Myrine liebt, ist erst eifersüchtig auf Penthesilea, dann nicht mehr: "Tote sind nicht eifersüchtig aufeinander. Sie fiel, weil sie fallen wollte. Oder weshalb, glaubst du, kam sie nach Troja?" (S. 9) – fragt Myrine. Und: "Sie habe mir nicht gelegen, Penthesilea, die männermordende Kämpferin, wie?" Bei der geliebten Myrine ist der Männermord, der Haß auf die Männer "etwas andres": ihr "geballter Trotz", ihre "flammende Trauer um Penthesilea", vor allem ihre angeborene Scheu vor den Männern: "ihre tief verkrochene Scheu, ihre Furcht vor Berührung, die ich niemals verletzte, bis ich ihre blonde Mähne um meine Hand wickeln durfte und so erfuhr, wie mächtig die Lust gewesen war, die ich lange schon darauf gehabt". Diese nie vorher gewagte Annäherung wird bis zum Augenblick aufgeschoben, als die beiden, die Kriegerin und die Priesterin, die aus dem Hölzernen Pferd hervorströmenden Griechen aufzuhalten versuchen und dabei wissen, daß ihr letzter Kampf ein aussichtsloser ist: "Dein Lächeln in der Minute meines Todes, dachte ich, und hatte, da ich mich keiner Zärtlichkeit mehr enthielt, für lange den Schrecken hinter mir". Die Freundin wurde gleich von den Griechen niedergemacht, Kassandra für den späteren Triumph in Mykenae aufgehoben: beide, deren Namen überliefert sind, verkörpern zwei Möglichkeiten der Virago, die dunkle und die helle, die finstere und die strahlende: "Myrine ist mir ins Blut gegangen, im gleichen Augenblick, da ich sie sah, hell und kühn und in Leidenschaft brennend neben der dunklen sich selbst verzehrenden Penthesilea" (S. 10). "Ob sie mir Freude oder Leid brachte, loslassen konnte ich sie nicht" – so spricht die Unbedingtheit der Leidenschaft, wie Lady Caroline Lamb, als sie zum ersten Mal Byron erblickte: "Dieses schöne blasse Gesicht soll mein Schicksal werden". Jedoch wünscht Kassandra nicht, in ihrer Todesstunde Myrine bei sich zu haben: sie sah die heißgeliebte Freundin "freudig, ja: freudig! ... unter einem einzigen Streich fallen und sterben." Kassandra "hatte noch nicht genug gesehn": um den Jammer des Menschseins auszuloten, mußte sie auch Gefangenschaft, Demütigung, Objektwerden über sich ergehen lassen, und das alles begreifen. "Jetzt ist meine Neugier, auch auf mich gerichtet, gänzlich frei."

Im dritten Band seines großartigen Romans "Die Ästhetik des Widerstandes" nennt Peter Weiss die Frauen, die im Kampf gegen den Faschismus fielen: der dritte Band ist um die Figur der Revolutionärin Lotto Bischoff zentriert; genannt werden die weiblichen Mitglieder der "Roten Kapelle". Schon im zweiten Band – dem schwedischen – macht Weiss deutlich, wie die Frauen, die Brechts Leben und Werk teilen, ihm unentbehrlich geworden sind. Ich entdeckte bei ihm, ein einziges Mal, eine Erwähnung der Amazonen, am Anfang seiner Arbeit, als er in Berlin den Fries des Pergamon-Altars als Ausgangspunkt der Lehre von der Ästhetik des Widerstandes schildert: in den Notizbüchern (1971-1980), I, ed. Suhrkamp, 1067, S. 104) heißt es:

"locker gewandete Frauen, von Schilden geschützt, Spieße zum Wurf anhebend.

Kriegerin mit schwerer Stoßwaffe, (einem Flammenwerfer gleichend), losgehend auf gestürzten Krieger".

Amazonenhafte Frauen nehmen also teil an diesem symbolischen Krieg der Titanen gegen die Götter, an der Revolte gegen die Gewalt. Die Virago wird von Weiss als Kampfgenossin, Revolutionärin und Soldatin der Revolution anerkannt: die Passionaria, Dolores Ibarruri, die vor einigen Wochen starb.

Kleist ist jede Sympathie mit den Forderungen der Frauen, die schon zu seiner Zeit laut wurden, denkbarst fremd: sein Frauenideal ist das hingebende, anbetende, ja ekstatische Käthchen von Heilbronn; und Kunigunde von Thurneck, eine boshafte Karikatur der Dora Stock, die dem Idealbild der "selbständigen" Frau am nächsten kommt, mit falschen Haaren und falschen Zähnen, ist eine Hexe. Umso merkwürdiger, als solche emanzipierten Frauen in der Berliner Romantik auftraten: man denke bloß an Rahel Levin (alias Varnhagen: siehe die Monographie von Hannah Arendt und das Büchlein der Ingeborg Drewitz über die Berliner Salons der Romantik). Doch was schreibt Kleist gerade an Rahel Levin, den 16. Oktober 1811? "Liebe, warum sind Sie so repandiert? Eine Frau, die sich auf ihren Vorteil versteht, geht nicht aus dem Hause; da erst gilt sie alles, was sie kann und soll. Doch, machen Sie das mit Ihrem Gewissen aus ..."; sind wir so fern von den berühmten drei Ks: Kinder, Küche, Kirche? Die Frau, die er wohl am meisten geliebt hat, seine Schwester Ulrike, die "teure" Ulrike, kann ihm ebensowenig helfen wie andere Menschen; bekannt sind seine letzten Worte an sie, am Morgen seines Todes, aus Stimmings Krug bei Potsdam (Sembdner II, S. 887), doch schon am 14. August 1800 heißt es in einem Brief an sie: "Ich suche jetzt zunächst einen edlen, weisen Freund auf, mit dem ich mich über die Mittel zu meinem Zwecke beraten könne (...).

Wärst Du ein Mann gewesen – o Gott, wie innig habe ich dies gewünscht! – Wärst Du ein Mann gewesen, denn eine Frau konnte meine Vertraute nicht werden, – so hätte ich diesen Freund nicht so weit zu suchen gebraucht, als jetzt." Müller-Seidel wies gegen Gerhard Kaisers Auffassung nach, daß bei Kleist der Amazonenstaat noch schlechter sei als der der Griechen und keineswegs eine höhere Stufe der Gesittung vertrete, denn bei den Amazonen dominiere "das Unzulängliche", eine Kleist'sche Kategorie, "in gesteigertem Maß". "Wie die Griechen über die Frauen verfügen," schreibt der Münchner Germanist, "so verfügen die Amazonen über die Männer, die sie sich ohne jeden personalen Bezug einfangen, damit die Zeugungen stattfinden können. Auch Penthesilea ist von einem Denken geprägt, wie es für die Griechen bezeichnend ist" (in "Kleists Dramen. Neue Interpretationen." Hsg. von Walter Hinderer. Reclam, Stuttgart 1981, S. 148). Die "Gynaikokratie", wie Bachofen sie nennen sollte, verharrt ideologisch in den Stereotypen des Männerstaats. Penthesilea spricht, V. 1805/1807, zu Achill:

"Ich bins, Du junger Kriegsgott, der du angehörst:

Wenn man im Volk dich fragt, so nennst du *mich*." Auch die Liebe muß nach den Satzungen der Amazonen nur als ein "Besitzen und Wegwerfen" erlaubt sein: nach der Kapitulation werden die Erzeuger zwar nicht aufgeopfert, wie die Sage es wollte, sondern nach Hause geschickt. Penthesilea sieht es mindestens in ihrer Todesstunde ein: die Asche der Tanais soll man (nach dem Tode der Penthesilea) "in den Wind streuen"; ein Frevel, der seinen Sinn hat: die Überlebenden aus dem Blutbad vor Troja sollen Frauen werden, nicht mehr ausschließlich Kriegerinnen. Scheiterte sie doch selber am Gesetz ihres Volkes.

Auch bei Christa Wolf erscheint der Amazonenstaat (ob jeder Staat überhaupt?), freilich bloß am Rande, als ein irrtümlicher Weg, ein Holzweg, keine Rückkehr zur sanften Herrschaft der Frau als Mutter und Priesterin, zum Mutterrecht. Seinerseits hat Grillparzer in seinem wohl tiefsinnigsten Drama, das das alte tschechische Motiv der Gründung von Prag wiederaufnimmt, "Libussa", 1844, also lange vor Bachofens "Mutterrecht", den unumgänglichen Übergang von der Frauenmacht zur Männergewalt, von den drei Töchtern des Böhmenherzogs Krok zu Primislaus (Przsemil) gestaltet (s. meine Darstellung in Mossés "Histoire de la Littérature allemande"). Dieses Urproblem des Übergangs vom Männerrecht zum erneuerten Frauenrecht sollte noch wiederkehren, doch diesmal nicht ernst metaphysisch wie in Bachofens so einflußreichem "Mutterrecht" (1861), sondern bitter sarkastisch, bei Günter Grass, in dem "Butt", vor allem im Kapitel über den Vatertag, "im achten Monat" (S. 575-629). Hier werden drei Westberliner Amazonen, oder die sich dafür halten, wie auch, aus Prinzip, für "Lesben" – Fränki, Siggi und Mäxchen – schuld an der Erniedrigung der "Dickmadam" Sibylle

Mehlau alias Billy, dann an ihrer Folterung und schließlich an ihrer gräßlichen Ermordung; diesmal sind Ledergekleidete, Motorradfahrer in der Art der "Wild ones" bei Billy Wilder, die "Griechen", die überlegenen Gegner der Amazonen. Über diese gescheiterte Pseudo-Befreiung äußert sich Grass brutal, ja gemein: "Sie waren, bei allem männlichen Gehabe – immer in Hosen, die Stimmen im Keller – vier kluge und ganz normal exaltierte Mädchen, die sich, weil sie zu oft auf doofe Jungs oder langweilige Männer (wie mich) gestoßen waren, ins eigene Geschlecht verkrochen hatten. Jetzt wollten sie anders, unbedingt anders sein". Die Ichperson hat mit drei von ihnen geschlafen, und zwar äußerst befriedigend; mit Billy war er sogar eine Zeitlang verlobt, Mäxchen und die sehr intelligente Siggi hat er nebenbei "vernascht", wie er's nennt. "Jedenfalls begannen sie alle vier, eines Tages verrückt zu spielen: 'Das geht nicht mehr. Das ekelt uns. So plump kann man uns nicht kommen. Wir sind ganz andere Zärtlichkeiten gewohnt. Ihr wollt doch bloß immer rein raus und fertig. Aufreißen und liegenlassen. Das kann man mit uns nicht machen, nicht mehr. Bedien dich sonstwo. Tut uns leid. Wir sind nun mal anders geartet. Na schön: anders geworden. Vorher, das zählt nicht. Das mußte man hinter sich bringen, und zwar konsequent. Können ja trotzdem Freunde bleiben. Komm doch mal wieder vorbei, auffen Schnaps und so.' " ("Der Butt", 1977, S. 576 u. 567). Jede von ihnen auf ihre besondere Weise eine Neu-Ilsebill.

Bei der humanen Kassandra, der einzigen Sehenden in einer Welt von Blinden und vertierten Männern, könnte ihr angeblicher Wahnsinn, schreibt die Wolf, mit ihrer Verweigerung des Menschenopfers zusammenhängen: auch sie lehnt es ab, sogar als Priesterin Dianas, das heißt: der harten Göttin der Amazonen, Menschen, Unbekannte, Fremde, Griechen zu töten. Denn dadurch würde sie, schreibt die Autorin, ein Tabu brechen, das in fortgeschritteneren Kulturkreisen die Menschenopfer verwirft; man würde ihr zumuten, "möglicherweise, in Erinnerung an angebliche Bräuche an Königinnenhöfen, einen Knaben" zu schlachten, wahrscheinlich eine Erinnerung daran, daß die Amazonen, nach gewissen Fassungen der schwankenden Sagen von diesem seltsamen Volk, die männlichen Kinder einfach umbrachten oder aussetzten (nach anderen Versionen: sie verstümmelten, ihnen die Augen ausstachen usw.). Eine grausame, extreme, verbrecherische Form des Matriarchats, zu der die Wolf bemerkt: "Dies kann sie nicht. Steht der Vorgang womöglich im Zusammenhang mit der Ankunft der Penthesilea, welche die ausweglose Linie des Matriarchats verkörpert?" (Arbeitsbuch, 16. Juni 1981: "Voraussetzungen einer Erzählung: Kassandra", S. 118).

Christa Wolf erwähnt Goethes Abscheu vor Kleist, sie schreibt sogar, daß die Auffassung von Penthesileas mythischer Gestalt Kleist bei Goethe noch verhaßter gemacht habe. Ob Goethe wirklich Kleist "gehaßt" habe, steht dahin; nach Johann Daniel Falk behauptete er 1810, er habe ihn "geliebt" und bedaure um so mehr die "nordische" Hypochondrie des Preußen. Doch muß zugegeben werden, daß Christa Wolfs Kassandra der Goetheschen Priesterin und Schwester Iphigenie weit näher steht als den Amazonenköniginnen der Sage, vor allem als der Penthesilea, wie Kleist sie gezeichnet hatte. Denkt sie doch bei der Wolf ans Los der Griechin Iphigenie, der sie nie begegnet ist, und an deren Schicksal, ebenfalls von Agamemnon, in diesem Fall ihrem Vater, als Objekt mißbraucht zu werden.

Anmerkungen

1 Adam und Eva in Miltons "Paradise lost": Viertes Buch: die zwei ...
"Godlike, erect, with native honour clad,
In naked majesty, seem'd lords of all;
And worthy seem'd: for in their looks divine
The image of their glorious Maker shone.
– ... though both
Not equal, as their sex not equal, seem'd;
For contemplation he and valour form'd,
For softness she and sweet attractive grace;
He for God only, she for God in him."

2 Kleist über Ehepflichten:
"Nun stellt sich meine Urteilskraft an die Quelle der Streitigkeit, und fragt: was tut denn eigentlich jeder der beiden Eheleute, seiner Natur nach, für den andern; und wenn sie dieses gefunden hat, so vergleicht sie das, was beide für einander tun, und bestimmt daraus, wer von beiden am meisten für den andern tut. Da findet nun die Urteilskraft zuerst, daß der Mann nicht bloß der Mann seiner Frau, sondern auch noch ein Bürger des Staats, die Frau hingegen nichts als die Frau ihres Mannes ist; daß der Mann nicht bloß Verpflichtungen gegen seine Frau, sondern auch Verpflichtungen gegen sein Vaterland, die Frau hingegen keine anderen Verpflichtungen hat, als Verpflichtungen gegen ihren Mann; daß folglich das Glück des Weibes zwar ein wichtiger und unerläßlicher, aber nicht der einzige Gegenstand des Mannes, das Glück des Mannes hingegen der *alleinige* Gegenstand der Frau ist; ... daß die Frau, in der Erfüllung der Hauptpflichten ihres Mannes, nichts empfängt, als Schutz gegen Angriffe auf Ehre und Sicherheit und überhaupt für die Bedürfnisse ihres Lebens, der Mann ganze Summe seines häuslichen, das heißt überhaupt, *alles* Glück von ihr empfängt ..."
An Wilhelmine von Zenge, Frankfurt a. d. Oder, den 30. Mai 1800.
"Wärest Du ein Mann gewesen – o Gott, wie innig habe ich das gewünscht! – Wärest Du ein Mann gewesen – denn eine Frau konnte meine Vertraute nicht werden, – so hätte ich diesen Freund nicht so weit zu suchen gebraucht, als jetzt."
An Ulrike von Kleist, Berlin, den 14. August 1800.

3 Johann Jakob Bachofen über den Amazonenstaat und die "Gynaikokratie":
"Gegenüber dem Hetärismus kann ... die Bedeutung des Amazonenthums für die Erhebung des weiblichen und dadurch des ganzen menschlichen Daseins nicht bestritten

werden. Teilt das Amazonenthum mit der ehelichen Gynaikokratie den innigsten Anschluß an den Mond, in dessen Vorzug vor der Sonne der Prototyp der weiblichen Hoheit erkannt wird, so leiht doch das Amazonenthum dem Nachtgestirn eine zugleich düstere und strengere Natur als die demetrische Gynaikokratie." (Die großen, "von weiblichen Reiterschaaren unternommenen Eroberungszüge") "erscheinen vorzugsweise als kriegerische Verbreitung eines Religionssystems, führen die weibliche Begeisterung auf ihre mächtigste Quelle, die vereinte Kraft des kultischen Gedankens und der Hoffnung, mit der Herrschaft der Göttin die eigene zu befestigen, zurück und zeigen uns die Kulturbedeutung des Amazonenthums in ihrer gewaltigsten Erscheinung. Das Schicksal der aus den weiblichen Eroberungen hervorgegangenen Staaten ist besonders geeignet, die Richtigkeit unserer Auffassung zu bestätigen und in die Geschichte der gynaikokratischen Welt innern Zusammenhang zu bringen ..."
(*Das Mutterrecht. Eine Untersuchung über die Gynaikokratie der alten Welt nach ihrer religiösen und rechtlichen Natur*. Stuttgart 1866, Verlag Krais und Hoffmann, S. XXV).
Über den Mythus von Hypermenestra, der Erstgeborenen der fünfzig Danaiden, die in der Hochzeitsnacht, gegen den Befehl ihres Vaters, ihren Gatten Lynkeus schont und deswegen vom Fluch der Aphrodite losgesprochen wird: Bachofen stellt *Gaius, Gaia, Gatte, Gattin* mit "*Gè*", "*gunè*" und "*gamos*" zusammen:
"Diesem große stofflichen Gesetz, in welchem das Mutterrecht selbst wurzelt, sind die Danaïden, ist die Amazonenwelt überhaupt untreu geworden, zu ihm kehrt Hypermenestra wieder zurück. Damit aber wird nun das Mutterrecht selbst gebrochen, die Gynaikokratie zu Grabe getragen ... Der größte Sieg ist die höchste Übertreibung. Auf dieser Heldenhöhe vermag die weibliche Natur sich nicht zu halten. Sie kehrt in ihre Schranken zurück, wird fortan dem Manne in Liebe unterthänig ... Je erhabener ihr weiblicher Rang war, desto siegreicher tritt das neue Recht des Männerstaates hervor. Gerade in der Person, in der das Mutterrecht zuerst hatte Anerkennung finden sollen, in derselben tritt es jetzt vor einem neuen Prinzip zurück. Aus dieser, auf den Trümmern der Gynaikokratie gestifteten Ehe gehen Perseus und Heracles hervor. Auf das Amazonenthum der Frauen folgt die Heldenkraft der Männer. Hypermenestra's Nachkommen sind es, die im Kampfe jenen lybischen Weiberreichen den Untergang bereiten ..." (Bachofen, a.a.O., S. 144-145).

Hans-Georg Werner

Christa Wolfs Bild der Günderrode: Medium der Selbstbesinnung

Christa Wolf hat in Schriften der 70er und 80 Jahre die geschichtliche Situiertheit, gesellschaftliche Rolle sowie die kulturellen Möglichkeiten der Frauen in den europäischen Gesellschaften mit großer Eindringlichkeit erörtert. Sie tat dies bei Kenntnis feministischer Literatur, einigen ihrer Theoreme widersprechend, viele ihrer Anregungen aufnehmend. In dem durchaus originären Ton ihrer literarischen Äußerungen klingen daher fremde Melodien nach, so daß sich der eine oder andere kritische Leser irritiert gefragt hat, wo denn deren Besonderes stecke. Diese Frage läßt sich nur beantworten, wenn zunächst einmal klargestellt ist, daß die Denkansätze Christa Wolfs ihren geistigen Nährboden nicht im feministischen Diskurs hatten, der sich in der Bundesrepublik Mitte der siebziger Jahre etablierte.[1] Kaum etwas spricht auch dafür, daß ihre Erörterung der Frauenproblematik mit der postmodernistischen Krise der kulturellen Autorität zu tun hat[2], und ich zweifle sogar, daß die Differenz der Geschlechter den Ausgangspunkt ihrer Argumentation bildete. Wer sich ihr Gesamtschaffen vergegenwärtigt, wird eher der These zuneigen, daß Christa Wolf von der 'Frau' die Wiederbelebung eines Prinzips – Autonomie des Subjekts – erhofft habe, nachdem es im alten sozialen Bedingungsrahmen, 'Patriarchalismus', dem es ursprünglich zugehörte, zuschanden gekommen war. Christa Wolfs feministische Problemstellungen sind aus einem schmerzhaften und dennoch unablässigen Selbstbefragungs- und Selbstprüfungsprozeß hervorgegangen, in dem zur Entscheidung anstand, wie eine zur Aktivität drängende, stark fühlende und intensiv denkende Subjektivität auf die Anrechte, Ansprüche und Anmaßungen der Gesellschaft reagieren solle. Sie kamen also aus einem Herrschaftsdiskurs: Subjektivität des einzelnen vs. Objektivität der Gesellschaft, zu dem Christa Wolf mit Blick auf ihre eigenen weiblichen Lebenserfahrungen beigetragen hat, so daß ihre Texte die soziale Rolle der Frau immer reflektiert haben, wenn auch zunächst als ein Nebenthema.

Nachdem Christa Wolf[3] ihren kindlich-jugendlichen Idealismus in die betrügerischen Hohlformen der NS-Ideologie hatte einfließen lassen und dann als junge Frau ihrem Bedürfnis nach einer Utopie, die geistig-praktisches Handeln für eine harmonisierte Sozietät ansporn, mit Hilfe des ihr mißgedeuteten und von ihr mißverstandenen Marxismus rationalen Boden zu schaffen versucht hatte, wurde ihr das Verhältnis zwischen den Ansprüchen der Subjektivität und den zunehmend subjektivitätsbegrenzenden, – deformierenden, ja – zerstörenden Ansprüchen der sie umgebenden Sozietät zum wichtigsten Lebensproblem. Ihre ausnehmend starke, fast männlich-energische geistige Natur hat Christa Wolf die Interessen ihrer Subjektivität mit imponierender Kraft durchkämpfen lassen, wobei sie aber nie die für sie wertsetzende Vorstellung einer harmonisierbaren Sozialgemeinschaft aus dem Auge verlor. Aus ihrem Blickwinkel wurde die zweckmäßige, sinnvolle Orientierung des autonomen Subjekts auf menschliche Allgemeinheit zu dem ethisch-moralischen Kardinalproblem. Infolgedessen rückte ihre Aufbereitung feministischer Probleme in einen Kontext, der sie für sehr verschiedene Lesergruppen akzeptabel machte.

Die frühen dichterischen Texte Christa Wolfs – "Moskauer Novelle" und "Der geteilte Himmel" – hatten noch die moralisch-politisch motivierte Liebesentsagung der Frau – später für Christa Wolf eine besonders unleidliche Form der Selbstdeformation – als Voraussetzung künftiger Genuß- und Entfaltungsmöglichkeiten gerechtfertigt. "Nachdenken über Christa T." brachte dann das rückhaltlose Bekenntnis zum besonderen, subjektiven, wenn auch sozial verquer erscheinenden Lebensanspruch einer Frau. Etwa zeitgleich begann ihre Auseinandersetzung mit Ingeborg Bachmann. Die Erzählungen des Bandes "Das dreißigste Jahr" – vor allem "Ein Schritt nach Gomorrha", "Undine geht" und "Ein Wildermuth" – präsentierten für sie den unauflöslichen Zusammenhang zwischen ihren gegenwärtigen Sprach- und Denkproblemen, den Existenzschwierigkeiten der auf sich selbst bestehenden Frau und den Lebenszwängen einer in sich verunstalteten Gesellschaft.

Christa Wolf lernte, in die Erzählungen der Bachmann wie in einen Spiegel zu sehen – ihre Sammlung "Unter den Linden" ist ein Zeugnis dafür.[4] Sie begann ihre Frage nach der sozialen Rolle des Subjekts als Frage nach der Bedeutung weiblicher Subjektivität auch theoretisch zu spezifizieren, gelangte aber erst in einem langwierigen Arbeitsprozeß zu der Auffassung, daß der Patriarchalismus der europäischen Gesellschaften die Subjekte deformiert habe und daß daher die harmonisierende Befreiung der Gesellschaft vom Durchsetzungsvermögen weiblicher Subjektivität abhängig sei. Die Explikation ihrer Ansicht erfolgte in den "Frankfurter Vorlesungen" von 1983.

Christa Wolf hat allerdings der sozialpraktischen Seite der Frauenproblematik erst relativ spät und dann auch relativ wenig Aufmerksamkeit zugewandt. Ihre Würdigung von Maxie Wanders Buch "Guten Morgen, du Schöne" ist das wichtigste und nicht einmal sehr aussagekräftige literarische Dokument dieser Zuwendung. Daß sie so spät erfolgte – der Essay stammt aus dem Jahr 1977 –, hängt mit der DDR zusammen. Die Durchsetzung der formaljuristischen, wirtschaftlichen und bildungspolitischen Gleichberechtigung der Frau galt viele Jahre hindurch als eine fast unbestreitbare Errungenschaft des Sozialismus in der DDR. Deren zurückgehende soziale Effektivität wurde erst in den siebziger Jahren durch äußere Faktoren, die tief in das Privatleben einschnitten, allgemein fühlbar. Die Verschlechterung der wirtschaftlichen Allgemeinsituation infolge der sogenannten Erdölkrise erschwerte plötzlich und gravierend die privaten Reproduktionsbedingungen in fast allen Familien. Das ging vor allem zu Lasten der Frauen; denn in den praktischen Geschlechterbeziehungen war keineswegs zur kulturellen Selbstverständlichkeit geworden, daß jeder des anderen Last trägt. Die daraus hervorgehenden persönlichen Frustrationen nahmen allmählich harte Formen an, da eine Wendung zum Besseren immer unwahrscheinlicher wurde.

Für Christa Wolfs Auffassung der Frauenproblematik wurde aber wichtiger, daß die Staatsführung des Landes auf dessen innere Schwierigkeiten mit zunehmendem administrativem Druck, ausschweifenden bürokratischen Regelungen und einer verlogenen Ideologisierung des öffentlichen Lebens reagierte. Die davon ausgehenden politisch-geistigen Zwänge, die in der Folgezeit durch die Ansprüche einer sich auf den drohenden Atomkrieg einstellenden Militärdoktrin immer beängstigendere Formen annahmen, waren der nicht immer offen bezeichnete Bezugspunkt der bald alle Bereiche des geistigen Lebens der DDR erfassenden Diskussionen zur Bedeutung von Subjektivität. In ihren weiteren Zusammenhang gehören auch Christa Wolfs Polemiken gegen patriarchalische Herrschafts-, Verhaltens- und Denkstrukturen, ihr lauter werdendes Plädoyer für weibliche Subjektivität, ihre zunehmend heftiger werdenden Verweise auf "die monströse Lage vieler Frauen heute, die durch das Emanzipationsangebot in total männlich verwalteten Gesellschaften in die Gefahr gebracht werden, ihre Identität nicht finden und neu definieren zu können" (A, 430).

Auf Grund ihrer Überzeugung, daß der Schriftsteller zu Verhältnissen beitragen solle, "die das Interesse des einzelnen an sich selbst und seinesgleichen hervorbringen und benötigen" (D I, 165), festhaltend an ihrem Schaffensprinzip, daß der Schriftsteller "Entwürfe über sich selbst hinaus" zu liefern habe, vor allem den "Entwurf", "sinnvoll zu leben in bezug auf die anderen" (D I, 173), begrüßte sie 1978 Maxie Wanders Frauenprotokolle mit Enthusiasmus. Sie nahm darin berührte soziale Konflikte durchaus ernst. Aber dennoch erweckt der Essay den Eindruck, daß ihr die Frauenproblematik vor allem deshalb wichtig geworden war, weil sie ihr den Aufbau einer neuen Sozialutopie ermöglichte, deren sie innerlich bedurfte, nachdem die Utopien, die sie an die Arbeiterbewegung und den Marxismus geknüpft hatte, durch die Entwicklungen im sogenannten "realen Sozialismus" unglaubwürdig geworden waren. In den Selbstaussagen der Frauen fand Christa Wolf den "Geist der real existierenden Utopie, ohne den jede Wirklichkeit für Menschen unlebbar" (D I, 196) werde, und zwar in zweifacher Form: als Artikulation von "Sehnsucht, Forderung, Lebensanspruch" (D I, 196) und als sprachlich vergegenwärtigtes "Vorgefühl von einer Gemeinschaft, deren Gesetze Anteilnahme, Selbstachtung, Vertrauen und Freundlichkeit wären". "Merkmale von Schwesterlichkeit, die, so scheint mir, häufiger vorkommt als Brüderlichkeit" (D I, 197).

Weiblichkeit wird auf diese Weise zum natürlichen und sozialen Fundament einer Humanität, für die Christa Wolf drei Hauptbedingungen ausmachte: die Möglichkeit, "an öffentlichen Dingen teilzunehmen" (D I, 199); Handeln-Können war für sie seit je die kardinale Bedingung subjektiver Autonomie. Die Überwindung der "Unfähigkeit zu lieben" (D I, 204); wichtigste Voraussetzung dafür sei, daß der patriarchalische "Unterordnungs- und Leistungszwang" (D I, 205) außer Kraft gesetzt werde. Schließlich die Möglichkeit, "als ganzer Mensch zu leben, von allen Sinnen und Fähigkeiten Gebrauch machen zu können" (D I, 207). Es wird deutlich, daß Christa Wolfs Eingehen auf die Frauenproblematik mit der Tendenz erfolgte, Weiblichkeit als Metapher für Menschheitlich-Utopisches zu konstituieren.

Mit den Frankfurter Vorlesungen von 1983 ging Christa Wolf diesen Weg weiter. Sie stellte ihr literarisches Schaffen unter die Auspicien eines Gottes mit weiblichen Zügen. Aber ihre Hoffnung, für diese Göttin – etwa in der minoischen Kultur – eine historische Heimat zu finden, in der ihre begütigende, Freundlichkeit herstellende und Frieden stiftende Kraft die Sozietät menschlich reguliert hat, erwies sich als trügerisch. Faßbar wurden der Autorin die dann in der "Kassandra"-Novelle festgemachten Konflikte von Frauen in einer mehr oder weniger von Männern überwältigten Gesellschaft. Beim Nachdenken darüber mußte in den Vordergrund rücken, was die Frauen zu destruieren hätten. Drückendstes Gravamen wurde ihr das Faktum, daß die Männergesellschaft den Frauen die Autonomie genommen, über sie das Urteil verhängt habe: "Objekt ... fremder Zwecke" (K, 164) zu sein. Der Herrschaftsmechanismus, der das bewirkt habe, müsse zerstört werden, was eine geistig-emotionale Aufgabe sei; sie könne nur von denjenigen bewältigt werden, die in keiner Weise Nutznießer dieses Mechanismus, sondern in jeder Weise seine Opfer sind: den Frauen. Nur in ihnen stecke das Potential, das mit "den Maßstäben von Konkurrenz- und Leistungsdenken" (K, 156), auf denen die "Barbarei der Neuzeit" (K, 30) beruhe, brechen könne. Ihr geschichtlich und natürlich begründetes Lebensinteresse widersetze sich einer Idolisierung "der abstrakten Rationalität", die "im instrumentalen Denken" (K, 157), letztlich in militärstrategischen und industriepolitischen Überlegungen ende, die eine Selbstvernichtung der Menschheit riskieren. Christa Wolfs Utopie eines harmonischen Lebens- und Gesellschaftszustandes stellte sich also in Gegensatz zur bisherigen europäisch-abendländischen Zivilisation. Die Schriftstellerin warnte ausdrücklich vor dem Weg, den "das abendländische Denken gegangen" sei, vor dem "Weg der Sonderung, der Analyse, des Verzichts auf die Mannigfaltigkeit der Erscheinungen zugunsten des Dualismus, des Monismus, zugunsten der Geschlossenheit von Weltbildern und Systemen, des Verzichts auf Subjektivität zugunsten gesicherter 'Objektivität' " (K, 177). Wenn die Menschheit nicht untergehen solle, müsse sie – so der Gedankengang Christa Wolfs – eine Lebensform schaffen, in der sich autonome, reiche Subjekte einer Welttotalität verbinden können. Das sei vor allem eine Sache der Frauen, die durch ihren Ausschluß aus den patriarchalischen Herrschafts-, Verwaltungs- und Denksystemen offen geblieben seien für die an das Subjekt gebundene sinnliche Wahrheit.

Diese Ansicht ihrer geschichtlichen Lebenswelt brachte für Christa Wolf die Forderung nach einer neuen weiblichen Ästhetik mit sich. Sie hat dafür zwei theoretische Prämissen, nämlich daß die Welt nur subjektiv erfahrbar sei und daß in ihr alles mit allem zusammenhänge. Das führt zur Absage an jede " 'objektive' Ästhetik" (K, 185), an alle "authentischen Muster" (K, 186), vor allem zur Distanzierung von einem Erzählen, das "aus dem Gewebe des menschlichen Lebens" (K, 186) jene Fabeln hervortreten läßt, die von Kampf, Sieg oder Untergang der Helden berichten, so Vorbilder aufrichten und dadurch Haltungen aufstellen, die zur Befestigung des Patriarchats dienen. Das solcher literarischer Praxis zugrunde liegende und von ihr abstrahierte "Gattungs- und Regelwerk" sei, "mindestens im gleichen Maß, zu dem Zweck erfunden, sich Wirklichkeit vom Leib zu halten, sich vor ihr zu schützen, wie zu dem Ziel, der Wirklichkeit näherzukommen" (K, 191). Der Rang Ingeborg Bachmanns als Künstlerin offenbarte sich für Christa Wolf gerade darin, "daß sie die Erfahrung der Frau, die sie ist, nicht in 'Kunst' ertöten kann", daß "sie auf den Abstand, den bestimmte Formen geben, verzichtet" (K, 193).

Es wird deutlich, Christa Wolfs theoretische Auseinandersetzung mit der Frauenproblematik mündete in die Tendenz, 'Weiblichkeit' zu einer utopischen Metapher zu stilisieren, die mit den Ansprüchen des weiblichen Geschlechts die Rechte der Menschheit überhaupt repräsentierte. Diese Idealisierungstendenz birgt die Gefahr einer neuen Idolisierung in sich. Christa Wolf hat den Vorgang im Hinblick auf Goethes Helena-Bild beschrieben: "Idol von griechisch 'eidolon' = Bild. Das lebendige Gedächtnis wird der Frau entwunden, ein Bild, das andre von ihr sich machen, wird ihr untergeschoben: der entsetzliche Vorgang der Versteinerung, Verdinglichung am lebendigen Leibe" (K, 189). So weit, so gut; oder besser: so schlecht. Aber macht es nicht letztlich wenig Unterschied, wer der Frau welche Rolle unterstellt und welches Bild unterschiebt, wenn ihr eine Rolle unterstellt und ein Bild unterschoben werden, die ihren jeweiligen Lebensanspruch in seiner konkreten Totalität nicht abdecken? Es ist doch ein beunruhigendes Symptom, daß

Christa Wolfs Argumentation nicht da am weitesten führt, wo sie mit dem 'Weiblichen' wie mit einer Wünschelrute operiert, die das 'Rettende' aufspürt, sondern da, wo sie es gleichsam als Geigerzähler handhabt, der das 'Toddrohende' anzeigt. War es vielleicht der Gegensatz zur Männer-, Kriegs-, Industrie-, Leistungsgesellschaft, der sie zu ihrer Auffassung des Weiblichen drängte, nicht aber ein besonderes Superioritätsbewußtsein oder Eigengefühl als Frau?

In ihren Frankfurter Vorlesungen ist Christa Wolf nur an einem Punkt auf den Widerspruch zwischen dem, was sie als Weiblichkeit idolisiert und dem, was sie als Frau interiorisiert hatte, gestoßen. Sie machte da eine reservatio mentalis geltend, die nicht aus *Mutter*boden gewachsen ist: "die Zentrierung um den Logos, das Wort als Fetisch – vielleicht der tiefste Aberglaube des Abendlandes, jedenfalls der, dem ich inbrünstig anhänge" (K 33). Anders in den Günderrode-Darstellungen, die chronologisch zwischen den Maxie-Wander-Essay und die Frankfurter Vorlesungen gehören. Sie gewinnen ihren geistigen und biographischen Stellenwert vor allem dadurch, daß in ihnen Christa Wolf die beunruhigende Selbsterfahrung einer Frau artikulierte und weniger darauf bedacht war, ein Vor- und Leitbild von Weiblichkeit auszumalen.

Der Essay "Schatten eines Traumes" von 1979 ist durch eine stark analytische Tendenz strukturiert, so daß in ihm die kritisch-realistischen Züge dominieren, was ermöglicht, daß die Autorin ihre eigenen Lebensprobleme nicht zu sublimieren brauchte, um sie als Argumente ihres feministischen Diskurses gebrauchen zu können. Im Ganzen kann daher der Essay den Anschein erwecken, als ob das Bild der Günderrode ein – verfremdetes – Spiegelbild seiner Autorin darstelle. Welche Züge geben ihm die Kontur? 1. Die "Unstimmigkeit der Zeit" (D II, 55). Zurückgreifend auf Äußerungen des jungen Karl Marx, konstatierte Christa Wolf, daß die Gruppe avantgardistischer Intellektueller, zu der sie die Günderrode schlägt, auf ein "zerrissenes, politisch unreifes und schwer zu bewegendes, doch leicht verführbares Volk" angewiesen sei, "dem technischen Fortschritt anhangend statt dem der Humanität" (D II, 56). Diese Intellektuellen, geistig aufgeschreckt durch die Große Revolution, hätten keinerlei geschichtliche Chance gehabt und seien in die "Lücke zwischen zwei Zeitaltern" (D II, 85) gefallen, was sie alle – Männer und Frauen – innerlich beschädigt habe: Ihr "Handeln" sei "an seiner Wurzel, schon im Gedanken, erstickt" (D II, 60) worden. Das Beispiel der Günderrode führt damit die soziale Tragödie einer ganzen Intellektuellengeneration vor Augen, für die drei Momente als charakteristisch namhaft gemacht werden: die innere Ferne zum eigenen, deutschen, Volk; eine unproduktiv machende Verwicklung in europäische Geschichtszusammenhänge, eine sozialpsychologisch zu begründende ethisch-moralische Entkräftung. In diesem Argumentationszusammenhang ist eine gedankliche Wendung besonders auffällig, weil sie ein Tabu verletzt, das sowohl von der offiziellen Ideologie der DDR als auch von einem unabhängigen "linken" Bewußtsein allgemein aufrechterhalten wurde: die Wendung gegen das Interesse der Menge. Sich über den die Intellektuellen diskriminierenden Vorwurf der "Überspanntheit" (D II, 61) hinwegsetzend, gab Christa Wolf zu bedenken: "[...] ich weiß nicht, ob es nicht eigentlich Neid ist, wenn wir [...] hochfliegende Fragen mit dem Wort 'schwärmerisch' abwehren wollen: Neid auf ihr Ungestüm, auf die Unbefangenheit, mit der sie die Misere angehen, auf ihre selbstverständliche Weigerung, sich den Maßstäben und Regeln der mörderischen Normalität zu unterwerfen" (D II, 63). Das "wir" dieser Erwägung deutet die inneren Widerstände an, gegen die Christa Wolf hier anging; das "mörderisch" macht deutlich, wie aggressiv sie auf die Spannung zwischen autonomiebedürftiger Subjektivität und der pragmatisch ihren Vorteil suchenden Normalität zu reagieren begann.

2. Die Restriktionen der weiblichen Existenz. Im Falle der Günderrode ist nach der Darstellung Christa Wolfs die allgemeine geschichtliche Beengtheit der deutschen Intelligenz durch die besondere soziale Bedrängtheit der weiblichen Intellektuellen verschärft. Christa Wolf zeichnete die Umrisse eines beschränkten Daseins, das keine Basis für ihre weitgespannte Utopie von der Gemeinschaft autonomer Subjekte abgeben, sondern nur Anlaß für einen Hinweis auf das sozial Machbare sein konnte: den "Versuch, die Vereinzelung zu durchbrechen und sich in neuen, produktiveren Lebensformen zu bewegen, Lebensformen aus dem Geist einer Gruppe heraus" (D II, 65).

3. Innere Schwierigkeiten der "weiblichen Natur". Christa Wolf kam auf die "männlichen Neigungen" der Günderrode zu sprechen, auf den dadurch provozierten Vorwurf der "Unnatur" (D II, 67), auf die Schwierigkeit, "ihr wahres Gesicht zu zeigen" (D II, 68), auf ihre "Auslieferung an die banalste aller Rollen", die der "verschmähten Geliebten" (D II, 68). Damit berührte sie den eigentlich schmerzhaften nervus rerum: die Unmöglichkeit, auf eine gemäße Weise geliebt zu werden, die damit verbundene Gefährdung des Selbstgefühls, das Mißtrauen in die eigene Liebesfähigkeit.

4. Unvermeidliche Deformationen des weiblichen Wesens. Christa Wolf bestimmte sie selbstverständlich nicht herablassend und besserwisserisch, sondern mitfühlend, solidarisch, als Verunstaltungen von etwas Wertvollem. Ihre Stichworte sind: Verstellung, Maskerade" (D II, 71), "unlebbare Wünsche" (D II, 73), "die niedergehaltenen Leidenschaften" (D II, 83). Sie markieren Beschädigungen, die der Günderrode wegen ihrer Geschlechterrolle zugefügt worden sind. "Drei Männer haben in ihrem Leben eine Rolle gespielt [...] Dreimal erfährt sie das Unleidlichste: Sie wird zum Objekt gemacht" (D II, 73).

5. Gebundenheit an männliche Denkweisen. Christa Wolf sah die Günderrode an ästhetische Regeln und poetische Leitbilder gebunden, die der alten patriarchalischen Gesellschaft zugehören. Während sie Bettina von Arnim zugestand, sie hätte den "Ansatz zu einer anderen Ästhetik" (D II, 153) gefunden, und an deren Beispiel eigene Vorstellungen weiblichen Schreibens entwickelt, meinte sie, die Günderrode sei am "männlichen 'Werk' und 'Genie'-Begriff orientiert" (D II, 152) geblieben. Dennoch fühlte sich Christa Wolf mit der Günderrode viel enger verbunden als mit Bettina von Arnim. Darauf hat schon Sigrid Weigel hingewiesen.[5] Dieser Widerspruch hebt sich, wenn die besondere Identifizierungsstrategie der Christa Wolf mitbedacht wird. Sie fühlte sich immer in den schmerzhaft-verpflichtenden Gegensatz zwischen aufklärerisch-moralischem Subjekt und aufzuklärender, zu vermenschlichender Gesellschaft eingespannt. Ob dieses literarische Selbstbewußtsein ihr in jedem Falle poetisch zugute gekommen ist, mag dahingestellt bleiben; sicher aber hat es Christa Wolfs Stellung in den politischen Konflikten ihres Landes ebenso wie ihren Einfluß auf das geistige Leben im deutschsprachigen Raum begründet. Es war darüber hinaus die subjektive Voraussetzung ihrer Affinität zu Figuren wie Günderrode und Kassandra, die beim "männlichen" Kampf um die Behauptung ihrer Subjektivität zugrunde gehen.

Christa Wolfs Lebensbild der Günderrode verweist also im Ganzen auf ein gespanntes, quälendes Selbstverständnis, das nur im "Traum" und durch "Schmerz" (D II, 81) zu sich kommen kann. Da bleibt wenig Aussicht auf Utopie: "kein Ausweg" (D II, 94), es sei denn der, den die Günderrode nimmt: in den Tod. "Einsamkeit, Lieblosigkeit" (D II, 94) sind am Ende die entscheidenden Themen. Fast zwangsläufig kommt daher der Essay auf den Gegensatz zwischen den Ansprüchen der einzelnen und den Interessen der Menge zurück: "[...] wo der normale Glücksanspruch extrem erscheint, steht der durchschnittliche Mensch ihm im Wege – mehr, als ein Übermensch oder ein Ungeheuer es täte" (D II, 100). "Die Mehrheit der Menschen erträgt nicht das laut geäußerte Ungenügen an dem reduzierten Leben, mit dem sie sich abfinden muß" (D II, 114). Die herausragende weibliche Existenz, die in besonderem Maße von äußeren und inneren Widersprüchen gepeinigt wird, signalisiert, daß der Autonomieanspruch Christa Wolfs mit ihrem Sozialisierungsideal in einen unauflöslichen Widerspruch zu geraten drohte. Die Diskrepanz zwischen Ideologie, einem Komplex von Illusionen zur sozialen Selbstgewisserung, und praktischer Selbsterfahrung ist offen.

Den poetischen Konsequenzen dieses Faktums kann am Beispiel von "Klein Ort. Nirgends" einige Schritte weiter nachgegangen werden. Der – von Ingeborg Bachmann übernommene – Titel dieses Prosastücks wird zumeist als – intensivierte – Übersetzung von Utopie verstanden. Das ist aber ein halbes Mißverständnis. Denn die Übersetzung nimmt dem Fremdwort, indem sie es intensiviert, dasjenige Element seiner Semantik, das Hoffnung evoziert. Das "Kein Ort" der Utopie ist eben nicht zuletzt "Noch ein Ort"; das "Nirgends" im Titel macht aber die Bedeutung fest: "Nie und nirgendwo ein Ort". Christa Wolfs Prosastück – und das darin aufgenommene Bild der Günderrode – stehen nicht im Zeichen von Hoffnung und Möglichkeit, sondern von Trauer und Unmöglichkeit. Daraus ist allerdings nicht zu folgern, daß "Kein Ort. Nirgends" entmutigen solle. Christa Wolf wehrte sich immer gegen den geistigen Defaitismus. Sie nahm für sich in Anspruch, "daß ich, indem ich mich mit meinen Fragen immer tiefer in die Wunden der Zeit hineinbohre, die auch meine Wunden sind, nicht vorhabe, aufzugeben" (D II, 433). Desungeachtet ist das Thema von "Kein Ort. Nirgends" der Ausschluß von Lebensalternativen (Vgl. D II, 428) durch den Zerfall der utopischen Perspektive: "Unlebbares Leben" (KON, 157).

Im Zeichen von Schmerz und Vergeblichkeit verbindet sich die Autorin mit den Hauptfiguren ihres Prosastücks: Günderrode und Kleist. "Vorgänger ihr, Blut im Schuh" (KON, 5) werden sie ganz zu Anfang berufen. Wichtiger ist noch, daß im Textkontinuum die Gedankenbewegungen der Erzählerin, Kleists und Karoline von Günderrodes ineinanderdringen. Wie im Günderrode-Essay erhalten dabei die äußeren sozialen Faktoren als Bestimmungsgründe für das Denken und Fühlen der Figuren ein ungemein großes Gewicht. Sie drängen die poetisch empfindenden, geistig herausragenden Menschen in tragische Zwangslagen, die zum Tode führen müssen. Die Erzählfiktion hat ja ihren ideellen Haltepunkt in dem Faktum, daß sowohl die Günderrode als auch Kleist sich töten werden. Innerhalb dieser Konstellation hat Kleist das literarische Übergewicht. Denn in erster Linie er, der auf eine subjektiv zutiefst gefährdete, dadurch aber auch objektiv gefährliche Weise das männliche Schaffensprinzip vertritt (Vgl. D II, 212 ff.), artikuliert die Schwierigkeiten der literarischen Produktion und die Konflikte der historischen Situation. Über diese, für Christa Wolf ungemein wichtigen Problemfelder läßt sie den Dichter-Mann für sich sprechen – ein Symptom, das stutzig machen sollte.

Dem Dichter ist eine Günderrode entgegengestellt, die unbeschadet der sie auszeichnenden Sensibilität und Intellektualität vornehmlich durch Produktivitätsdefizite charakterisiert ist: Unvermögen, sich in der Welt zu behaupten – "[...] ich hätt im Stift bleiben solln, im gründämmrigen Zimmer auf dem schmalen Bett, dem Kopfweh zuvorkommen [...]" (KON, 9) –, Angst, ihrem inneren Wunsch freien Lauf zu lassen – "Gefährlich wird es, wenn sie sich hinreißen ließe, die Zügel zu lockern, loszugehen, und wenn sie dann, in heftigstem Lauf, gegen jenen Widerstand stieße, den die anderen Wirklichkeit nennen und von dem sie sich, man wird es ihr vorwerfen, nicht den rechten Begriff macht" (KON, 12) –, das Fehlen aller Handlungsmöglichkeiten, die

Eigenschaft, sich in das Prokrustesbett menschenverstümmelnder Verhältnisse fügen zu können – "immer vernünftig, immer einsichtig, in den Gegensatz zwischen eine hochfliegende Natur und die beengtesten Verhältnisse gespannt" (KON, 23) –, Nichthineinpassen in die 'normalen' Geschlechterverhältnisse – "Jünglingin" (KON, 29), "Zwitterhaftes" (KON, 29), "Ungenügen mit sich selbst" (KON, 35). Schmerzhaftigkeit ihrer Art zu lieben, schließlich die Befürchtung, daß die eigene Natur zum Zerstörerischen dränge – "Die barbarischen Triebe, die, mehr als wir es wissen, unsre Handlungen bestimmen (KON, 141), und als äußerste Konsequenz der amor fati: "Ich glaube, wir fragen falsch, wenn wir uns dem Schicksal gegenüberstellen, anstatt zu sehn, daß wir mit ihm eins sind: daß wir, was mit uns geschieht, insgeheim herausfordern." (KON, 154 f.).

Diese Akzentuierungen lassen etwas Wesentliches hervortreten. Christa Wolfs Weiblichkeitsutopie war ein durch Frauenerfahrung zumindest nicht voll gedeckter, auf Vertrauensvorschuß angewiesener Wechsel auf Zukunft. Der anziehend-verführerische Glanz des Appellativen, der die Argumentationstrategien vieler ihrer Texte schmückt, hat eine dunkle, traurige, sogar angstmachende Kehrseite. Christa Wolfs Frauenbild zeigt sie am krassesten in den Günderrode-Schriften, die einen düstern Selbsterfahrungsgrund erinnern, aus dem die Antriebe ihrer utopischen Entwürfe kamen. Das Ideal kompensiert eine defizitäre Realitätserfahrung.

Christa Wolf neigte dazu, diesen Widerspruch zu verdrängen. Schon im Hinblick auf Christa T. hatte sie abgestritten, daß diese Figur ein tragisches Schicksal gehabt habe (Vgl. D II, 410): Sie hätte eine literarische Strategie verfolgt, die ein Versprechen auf Zukunft übermitteln sollte. Aber es läßt sich nicht übersehen, daß diesem Versprechen kein zureichendes Angebot zugrunde liegt. Christa T. kann nur deshalb Züge einer Figur mit utopischer Dimension annehmen, weil ihr früher Tod die positive Realisierung ihrer Lebensansprüche sowieso ausschließt. Bei Kassandra und Günderrode, Figuren, mit denen sich die älter gewordene, an den Strukturen ihrer Umwelt immer schmerzhafter stoßende Schriftstellerin Christa Wolf weitgehend identifizierte, resultiert die positiv-utopische Wirkungspotenz primär aus einem Scheitern, das auf den geschichtlich nicht durchsetzbaren, aber menschlich produktiven Autonomieanspruch des – weiblichen – Subjekts verweist. Zwar hat Christa Wolf erklärt, daß sie "Kassandra nicht mehr als tragische Figur sehen" (K, 86) könne; aber ihre Gestaltungen der Günderrode und der Kassandra haben tragische Züge. Nicht die Idolisierung spezifisch weiblicher Vermögen, sondern Opfersituationen, in die – wenn man Christa Wolfs Denkvoraussetzungen annimmt – ein durchaus auch als männlich zu interpretierender Selbstbehauptungswille die Figuren drängt, baut die utopischen Perspektiven.[6] "Literaturgeschichte als Märtyrergeschichte?"[7] hatte Günter Kunert im Hinblick auf "Kein Ort. Nirgends" mit Grund gefragt.

Christa Wolfs Günderrode-Bild bringt also – im Konnex mit ihrem Weiblichkeitsideal – auf den Gedanken, daß ihre literarischen Strategien nicht nur als unvermittelter Ausdruck von Subjektivität verstanden werden dürfen, sondern im gleichen Maße Reflex der Eindämmung von Subjektivität sind. Was Christa Wolf an Individuell-Verbindlichem dem Publikum nahebrachte und -bringt, ist nicht pures Produkt ihrer Natur; eher scheint es – so suggerieren die Günderrode-Texte – Sache des moralischen Willens und der intellektuellen Anstrengung, die sich vieles an Selbstgefühl und -verständnis unterordnen. Das literarische Losungswort "subjektive Authentizität" wäre demgemäß zu überdenken. Dieses Vorhaben würde den Texten Christa Wolfs mehr nützen als sie schädigen. Denn es müßte die Aufmerksamkeit auf deren innere Spannungen lenken und könnte in ihnen Menschliches, das bisher verdeckt geblieben ist, hervortreten lassen.

Anmerkungen

Zitate aus Schriften Christa Wolfs sind im Text durch Angaben von Werk und Seite nachgewiesen; dabei wurden folgende Sigel verwendet: A: Christa Wolf. Ein Arbeitsbuch. Studien. Dokumente, Bibliographie. Hg. von Angela Drescher, Berlin und Weimar 1989. D I, D II: Die Dimension des Autors. Essays und Aufsätze, Reden und Gespräche. 1959-1985, Bd. I und II, 2. Aufl., Berlin und Weimar 1969. K: Kassandra. Vier Vorlesungen. Eine Erzählung. Berlin und Weimar 1983, KON: Kein Ort. Nirgends. Berlin und Weimar 1989

1 Vgl. Sigrid Weigel: Die Stimme der Medusa, Hamburg 1989 (re 490), S. 25 f.
2 Vgl. Craig Owens: Der Diskurs der Anderen – Feministinnen und Postmoderne. In: Andreas Huyssen, Klaus R. Scherpe: Postmoderne. Zeichen eines kulturellen Wandels. Reinbek b. Hamburg 1986.
3 Vgl. Hans-Georg Werner: Ingeborg Bachmann und der schriftstellerische Gang Christa Wolfs (Im Druck).
4 Ders.: Zum Traditionsbezug der Erzählungen in Christa Wolfs "Unter den Linden". In: Weimarer Beiträge, 4/1976, S. 39 ff.
5 Vgl. Sigrid Weigel: Vom Sehen zur Seherin. In: Christa Wolf. Ein Arbeitsbuch. Hg. v. Angela Drescher, Berlin und Weimar 1989, S. 170.
6 Vgl. ebd., S. 171, 182.
7 Günter Kunert: Zweige vom selben Stamm. In: Christa Wolf. Ein Arbeitsbuch, a.a.O., S. 160.

Irene Heidelberger-Leonhard

Christa Wolfs Bachmann-Rezeption

An Sekundärliteratur über Christa Wolf herrscht kein Mangel. Umso merkwürdiger, daß bei der Vielfalt der Ansätze das Verhältnis von Christa Wolf und Ingeborg Bachmann so wenig ins Gewicht fällt. Das Thema findet zwar Erwähnung, wird aber selten problematisiert. Es handelt sich hier nicht lediglich um die Verbindung zwischen zwei Autorinnen, wie es vergleichsweise das intensive Verhältnis von Christa Wolf zu der älteren Anna Seghers ist. Bei den Zeitgenossinnen Wolf und Bachmann geht es vielmehr um ein Paradigma, ja um zwei Paradigmen weiblicher Sehart und weiblichen Schreibens, die eine westliche, die andere östlicher Provenienz – dies ist auch der Zusammenhang mit dem Thema unseres Kolloquiums. Zu einer Zeit, in der Christa Wolf sich von den bestehenden ästhetischen Normen abkehrt, entdeckt sie Ingeborg Bachmanns Werk, dessen Lektüre für sie zu einem Schlüsselerlebnis wird und ihr poetisches Selbstverständnis bis zum heutigen Tag prägt. Wo und auf welche Weise sich Christa Wolf in der Bachmann erkennt, wie sie sich nach Bachmanns Tod als ihre Erbin versteht, ist Thema dieser Ausführungen. Ob Christa Wolf bei ihrer Aneignung – verhaftet in der eigenen Identitätssuche – der Bachmann und ihrer grundverschiedenen Wesensart gerecht wird, ist eine andere Frage.

Um der Textur dieses Verhältnisses nachzuspüren, gilt es, zwischen zwei verschiedenen Annäherungen zu unterscheiden: Zum einen gibt es Wolfs explizite Aussagen, wie der Text *Die zumutbare Wahrheit*[1], ein Aufsatz, der sich schon in der Überschrift an Bachmanns Kriegsblindenrede[2] anlehnt. Dazu gehört auch die sehr viel später verfaßte vierte Frankfurter Vorlesung[3]. Hier bringt Christa Wolf ihr Kassandra-Projekt nicht nur in engen Zusammenhang mit Bachmanns Todesarten-Zyklus, sondern Wolfs *Voraussetzungen zu einer Erzählung* gipfeln in einer Auslegung von Bachmanns Gedicht *Erklär mir, Liebe*. Zum andern gilt es, die impliziten Bezüge zu dekodieren, wo Wolf Bachmann-Zitate in ihre eigene Prosa einbaut. Wir denken hier an das 8. Kapitel von *Kindheitsmuster*[4]. Noch symbiotischer verfährt Wolf, wenn sie nicht kenntlich gemachte Bruchstücke aus Bachmanns Texten herausbricht und sie zum Titel für ein ganzes Werk macht wie mit *Kein Ort. Nirgends*[5], auch dies eine deutliche Bezugnahme auf Bachmanns Malina-Roman[6]. In ihrem Entwurf über die Günderode[7], da wo die Nähe zu Bachmann nicht mehr expressis verbis postuliert wird, erweist sich Wolfs Einfühlungsvermögen am stärksten: Mit der Einverwandlung in die Günderode gelingt ihr ein Bachmann-Portrait, das sich ihr, wenn sie es bewußt zu zeichnen versucht, immer wieder entzieht.

Wolfs erste Stellungnahme zur Bachmann fällt in die Zeit des 'Umbruchs'. *Die zumutbare Wahrheit,* schon 1966 verfaßt, obwohl aus kulturpolitischen Gründen erst 1972 veröffentlicht, ist bei aller Bewunderung kein rückhaltloses Bekenntnis zur westlichen Kollegin. Obwohl Bachmann hier schon zur Identifikationsfigur wird, meint Wolf an Bachmanns Werk ideologische Maßstäbe anlegen zu müssen. Bachmanns künstlerischer Avantgardismus, wirft Wolf ihr vor, entbehre der Verankerung in der geschichtlichen Realität. Sie fröne der 'Selbstbewegung des Geistes', eine idealistische Position, der ein humanistischer Schriftsteller in der spätkapitalistischen Gesellschaft kaum entrinnen könne. Nur auf neuer gesellschaftlicher Grundlage könne die 'Verteidigung der Poesie' wirklich beginnen. Möglicherweise hat diese Kritik aber auch etwas von Pflichterfüllung, versteht sich als Beschwichtigung höherer Instanzen. Denn, daß die Rezeption des Bachmannschen Werks für die Wolf Ereignis war, läßt sich unschwer aus dem Ton der Ergriffenheit heraushören, mit dem Christa Wolf ihre Leseerlebnisse zum Klingen bringt. Ingeborg Bachmann wird ihr zur Verkörperung der 'menschlichen Stimme', 'kühn' in ihrem Widerstand, 'klagend' über drohende Sprachlosigkeit und 'wahrheitsgemäß' schreibend, nach eigener 'Erfahrung'. Diese Erfahrung begreift sich als Gefühl, als 'Verteidigung von Herzländern', aber gleichzeitig als geschichtliche Erfahrung der Zeitgenossenschaft. Begriffe wie Individualität und Selbstverwirklichung, Subjektivität und Authentizität, Kriterien, die alle späteren Wolf-Texte kennzeichnen, werden schon hier, vermittelt über Ingeborg Bachmann, für Christa Wolfs eigene Produktion als verbindliche ästhetische Kategorien vorgestellt.

Knapp zwanzig Jahre liegen zwischen Wolfs *Zumutbarer Wahrheit* und den Frankfurter Poetik-Vorlesungen. Nach zwanzig Jahren Schreibpraxis also, die gewissermaßen vom Geist Bachmanns imprägniert waren, zieht Christa Wolf Bilanz, überprüft in den *Voraussetzungen einer Erzählung,* wie ihre Kassandra mit Bachmann zusammenhängt. Ingeborg Bachmann wird in ihrer Romanfigur Franza schon auf der ersten Seite mit Kassandra in Verbindung gebracht, beide als Gefangene durch ihr *Objektsein für fremde Zwecke.* Heraufbeschworen wird Bachmann auch, wenn Wolf in der ersten Vorlesung von Kassandras 'Sehen' spricht, das 'wie ein Anfall über sie zu kommen scheint'. Auch der Konnex zwischen Sehergabe und Sprachfähigkeit, bzw. abgestrittene Sehergabe und Sprachlosigkeit, die ihrerseits Ichlosigkeit zur Folge haben, sind vertraute Problemkonstanten aus Bachmanns Werk. Die zweite Vorlesung liest sich wie eine Einlösung des Bachmannschen Postulats, wonach Literatur Utopie zu sein habe. *Das Troia, das mir vor Augen steht,* schließt Wolf ihren Reisebericht ab, *ist – viel eher als eine rückge-*

wandte Beschreibung – ein Modell für eine Art von Utopie. Mit der dritten Vorlesung wird der Bezug noch dringlicher: Einsetzend mit Überlegungen zu einer weiblichen Ästhetik, schlägt Wolf die Brücke zwischen Ethik und Ästhetik mit Bachmanns Worten, denn, erklärt sie, *die Ästhetik hat doch ihren Ursprung auch in der Frage, was dem Menschen zumutbar ist.* Zumutbar wird das Leben dann, wenn sich Geschichte nicht mehr als Heldengeschichte ausgibt, wenn auf die Kolonialisierung anderer Völker, aber auch auf die Kolonialisierung der Frau durch den Mann – die Franza-Parallele ist unüberhörbar – verzichtet wird. An Wolfs Kassandra soll dieses Credo exemplifiziert werden: auf die Fremdbestimmung, der sie bis zur Preisgabe durch ihren eigenen Vater ausgeliefert ist, antwortet Kassandra mit immer entschlossenerem Ringen um Autonomie.

Wolfs Voraussetzungen gipfeln in einem fiktiven Brief an ein weibliches Gegenüber, dem sie ihr neues Verständnis von Bachmanns Gedicht *Erklär mir, Liebe* mitteilen möchte, ein Verständnis, das sich ihr über die Frage 'Wer war Kassandra?' erschlossen habe. Bachmanns vieldeutiges Gedicht über die Liebe – oder geht es nicht eher über den Ausschluß von Liebe? – dient der Wolf zur Aufschlüsselung ihrer Kassandra-Figur. So etwa, wenn sich ihre Auseinandersetzung an der Frage entzündet: *Muß einer denken?* Bachmann präzisiert Denken als *nur mit Gedanken Umgang haben und allein/nichts Liebes kennen und nichts Liebes tun?*

Wolf berührt hier einen neuralgischen Punkt, der im gleichen Maße Affinität wie Opposition zu Bachmann verrät. Die Affinität beruht darin, daß beide Autorinnen die gleiche Diagnose stellen: Es geht um die Spaltung der Frau, das Auseinanderfallen von *Sein und Bewußtsein,* wie es von der Günderode heißt. Auch Wolfs Kassandra klagt über diese Gespaltenheit als über *ein altes Übel.* De facto aber nimmt sie sie schließlich für sich selbst in Anspruch: Indem sie im Namen eines virtuellen Matriarchats aus der Geschichte aussteigt und willentlich in den Tod geht, indem sie den Gedanken triumphieren läßt über ihre Liebe zu Äneas, exerziert sie aus freier Entscheidung dieselbe Gespaltenheit vor, gegen die sie sich angeblich wendet.

Ganz anders bei der Bachmann: ihr Werk wird angetrieben von der Erbitterung über eine solche Spaltung. In *Malina* klaffen der Anspruch auf die Verschränkung von Ich und Malina, von Gefühl und Vernunft und die Unmöglichkeit eben dieser Verschränkung unversöhnlich auseinander. Das Malina-Ich, im Gegensatz zu Kassandra, kann seine Abtötung nicht in einen moralischen Sieg umfunktionieren. Der Roman endet in einer schreienden Anklage: *Es war Mord* – so lautet sein letzter Satz. Daß Wolf gerade dieses Fazit in ein *es war auch Selbstmord* übersetzt, zeigt deutlich, wie sie sich der kompromißlosen Bachmannschen Wertung verweigert und sie durch ihr eigenes heileres Wertsystem filtert. Mit ihrer Umformulierung gleicht Wolf nämlich den Ausgang des Malina-Ichs dem Ausgang ihrer Kassandra an, wo sie sich doch genau gegensätzlich zueinander verhalten. Vor die Alternative gestellt, ihre Liebe zu leben oder für eine Idee zu sterben, wählt Kassandra den Tod. Es ist ihr gelungen, triumphiert sie, ihre Gefühle durch Denken zu besiegen. So gesehen, hat ihr Tod einen Sinn, wird stilisiert zu einer Entscheidung für das Kollektiv und gegen private Erfüllung. Kassandra wird zur klassischen Heldin. Die Alternative zwischen Martyrium und Unterwerfung, gegen die Wolf in ihren theoretischen Äußerungen so heftig polemisiert, bleibt in der poetischen Praxis bestehen: Ausgewechselt wird das Bild. An die Stelle vom 'Vieh' Achill wird die edle Kassandra eingesetzt – der gesellschaftliche Rahmen bleibt der gleiche. Die Frau bewährt sich nur da als Frau, wo sie ihren Mann zu stehen weiß.

Bei der Bachmann ist es umgekehrt: *Es war ein Mord* ist kategorische Auflehnung gegen diese Alternative, wonach die Gesellschaft der Frau abverlangt, sich zwischen Gefühl und Vernunft zu entscheiden. Nur in der wechselseitigen Durchdringung von beiden ist Kunst, Liebe, Leben möglich. Wo die Vernunft auf der Abtötung des Gefühls besteht, wird gemordet, so lautet das unmißverständliche Fazit vom Malina-Roman. Gestorben wird in beiden Erzählungen, aber Kassandras Tod ist sinnvoll und daher moralisch gerechtfertigt. Es ist die vorbildhafte Tat innerhalb des Gegebenen, hat also durchaus kompensatorischen Charakter. Die idealistische Position, die Wolf in ihrem ersten Aufsatz der Bachmann angelastet hatte, findet man viel ausgeprägter in ihrer eigenen ästhetischen Praxis wieder.

Bei der Bachmann gibt es keine Wiedergutmachung: Die Ausrottung des Malina-Ichs ist durch nichts zu rechtfertigen. Bachmanns Kritik rührt an die Wurzeln einer Gesellschaft, in der weibliche Leidenschaft notwendig zur Selbstzerstörung führt. Wie weit Wolf von Bachmann entfernt ist – offensichtlich ohne sich dessen bewußt zu sein, denn es geht ihr ja hier um ein empathisches Nachzeichnen –, kommt besonders krass zum Ausdruck, wo sie Bachmanns Salamander-Bild interpretiert, mit der die Lyrikerin ihr Gedicht abschließt. Dort heißt es: *Erklär mir nichts. Ich seh den Salamander durch jedes Feuer gehen./ Kein Schauer jagt ihn, und es schmerzt ihn nichts./* Mit der gleichen Intensität beschwört etwa fünfzehn Jahre später das Malina-Ich eine Stimme, die ihm zuflüstert: *Vivere ardendo e non sentire il male,* glühend leben und keine Schmerzen dabei verspüren (*Malina,* S. 214). Das also wäre die konkrete Utopie für Bachmann, so müsste es sein in einer nicht-entfremdeten Gesellschaft, und nicht, wie zu Anfang des Gedichts klagend gemeldet wird: *du lachst und weinst und gehst an dir zugrunde.*

Die Wolf kann einen solchen Willen zur Unbedingtheit nicht nachvollziehen; das, was der Bachmann Glücksvision ist, nämlich zu brennen, ohne verbrannt zu werden, rezipiert sie als Fühllosigkeit. Das Mißverständnis kündigt sich schon in der ersten Vorlesung an, wo sie im Zusammenhang mit Kassandras frühem Tod die Frage stellt, *ob Gleichgültigkeit vielleicht der Preis des Überlebens sei (VK S. 21)*. Implizite ergibt sich bei Wolfs Kassandra folgende Gleichung: die Erfüllung eines Lebens, und es geht ja bei ihr ausschließlich um ein ideelles Leben – Kassandras Liebe offenbart sich nur im Verzicht auf sie –, muß mit dem Leben bezahlt werden. Diesem Gesetz beugt sich Kassandra nicht nur, sie willigt darin ein. Sie stirbt versöhnt in vollem Einverständnis mit sich selbst und der geschichtlichen Rolle, die sie auf sich genommen hat. Die Tragödie wird umgangen und das Subjekt bleibt heil. *Das Glück ich selbst zu werden, ... ich hab es noch erlebt* (Kassandra, S. 15) – mit diesem Gedanken geht Kassandra in den Tod.

Sicher, auch Bachmanns Protagonistinnen dürfen nicht überleben, können von der patriarchalischen Gesellschaft nicht integriert werden, weil sie auf dem Ausleben ihrer Besessenheit bestehen, als Künstlerinnen und Frauen. Aber ihre Vernichtung wird als Mord an den Pranger gestellt. Hier gibt es nur Gewalt, und keinen Sinn; nicht einmal das Kunstwerk, das dem Mord abgerungen wird, kann versöhnen.

Die Erfahrung der Todesarten, die Bachmann in ihrem Roman-Zyklus festhält, läßt sich nicht durch Kunst ertöten, kommentiert Wolf zu Recht. Aber auch hier zieht sie nicht die notwendigen Konsequenzen: Sich auf das *Franza*-Fragment beziehend, meint sie, sich für Bachmanns Form-Mangel entschuldigen zu müssen; der Stoff sei schwer formbar. Indem sie Kunst und Wirklichkeit auf eine Stufe stellt, entgeht ihr, daß gerade die 'Formlosigkeit', ja die Fragmenthaftigkeit der *Franza* Zeugnis von höchstem Kunstwillen ist. Dieses Werk ist, wie Sigrid Weigel überzeugend gezeigt hat[8], psychologisch und ästhetisch ein Werk der Destrukturation. Deshalb gibt es auch bei der Bachmann keine Lösung, was Wolf beklagt.

Bei der Kassandra gibt es eine Lösung. Das liegt daran, und es ist anzunehmen, daß die ideologische Verankerung der Wolf dabei keinen geringen Anteil hat, daß Wolf es als ihre Aufgabe versteht, den Fluch der Objektmachung, denen alle Franzas dieser Welt ausgeliefert sind, schreibend aufzuheben. Nahtlos geht sie von Franza zu Kassandra über und läßt sie mit Franzas Worten prophezeihen: die Weißen kommen. Mit diesem Zitat schließt Christa Wolf die *Voraussetzungen* zu ihrer Erzählung ab. So schreibt Wolf Bachmanns *Franza*-Fragment, das aus guten Gründen Fragment geblieben war, mit ihrer *Kassandra*-Erzählung zuende. Und wiederum beweist sie, wie sich für sie die Bachmannsche Welt in ihr Gegenteil verkehrt: Franza ist, noch brutaler als das Malina-Ich, ermordet worden. Ihre Subjektwerdung, die sie wie Kassandra, erst auf dem Weg über den Wahnsinn erringen muß, bringt keine Erlösung. Franzas Leidensgeschichte bleibt die Geschichte eines Abbaus, wobei ihr Selbstmord nur logischer Endpunkt dieser Dekomposition ist. Kassandra dagegen, ist die Geschichte eines Aufbaus: durch die schlimmsten Demütigungen hindurch genießt sie die Erkenntnisse auf dem Weg ihrer Ichfindung. Angesichts ihres moralischen Sieges nimmt sich ihr Tod wie das kleinere Übel aus. Halten wir also fest, daß da, wo Wolf sich explizit auf ihre Kollegin bezieht, sich durch ihre Fehlinterpretationen eher eine Kluft als eine Nähe offenbart.

In ihren impliziten Bezugnahmen macht sich eine ähnliche Tendenz bemerkbar. So etwa in der frühen Erzählung *Unter den Linden*[9], in der Wolf auf Bachmanns Kompromißlosigkeit harmonisierend antwortet. Der *Undine* von Bachmann, die eher ihren Tod riskiert, als daß sie ihre utopischen Ansprüche an Liebe und Kunst vom platten Nützlichkeitsdenken der Männer zuschanden machen läßt, stellt Wolf ein weibliches Traum-Ich gegenüber, dem eine *glückliche Zukunft* in Aussicht gestellt wird: Bachmanns Undine geht ins Wasser zurück, Wolfs Traum-Ich steigt aus ihm wieder hervor. *Dies markiere den Punkt,* schreibt Hans Georg Werner[10], *an dem sich Christa Wolf von Ingeborg Bachmann absetzt.* Hier ist der ideologische Unterschied klar erkennbar: Wo Bachmann ihren gesellschaftlichen Veränderungswillen mit der Verabsolutierung von Subjektivität koppelt, versucht Wolf aus ihrer Subjektivität soziales Kapital zu schlagen, 'strebt', um mit Werner zu sprechen, 'über die Subjektivität des einzelnen auf die Gesellschaft als Ganzes hinaus.' Wo Bachmann sich rigoros zur weiblichen Leidenschaft als Mittel der Erkenntnis bekennt bei vollem Bewußtsein ihrer Ausweglosigkeit, kehrt sich Wolf prinzipiell vom tragischen Ende ab, indem sie sinnstiftend den Leidensweg der Frau umfunktioniert. Dies, scheint mir, gilt mutatis mutandis für alle Protagonistinnen von Christa Wolf und nicht nur für die, die sie nach ihrer Begegnung mit Bachmanns Werk konzipiert hat, so daß man sich fragen möchte, ob die tiefgreifende Wende in Wolfs Werk wirklich so tiefgreifend gewesen ist.

Vera Brauer, Rita Seidel, Christa T. und Kassandra haben eins gemein: sie verzichten alle auf die Erfüllung einer leidenschaftlichen Liebe zugunsten der Gesellschaft. Die Moskauer Novelle läßt Christa Wolf im nachhinein nur widerwillig gelten; ihre Konfliktkonstellation erinnere sie 'an das Abschnurren eines aufgezogenen Uhrwerks'. Umso erstaunlicher ist es festzustellen, daß die Verhaltensmuster ihrer späteren Protagonistinnen, deren Rolle als Frau ganz bewußt eingeschrieben ist, da, wo es um ihr Liebesleben geht, immer noch dem gleichen Uhrwerk folgen. Selbst Christa Ts Geschichte[11], das Werk, in dem Christa Wolf *'Dieses Zu-sich-selber-Kommen des Menschen'* und besonders der Frau zum ersten Mal zelebriert, ist letztlich die Geschichte einer Entsagung. Wie ihre Vorgängerinnen gibt Christa T. ihre unvernünftige Leidenschaft für Kostja auf. *Das Gefühl zügeln* (Christa T., S. 78), ermahnt sich Christa T. auf dem Höhepunkt ihrer Verstrickung. Als es schon zu spät ist und Kostja ihr die blonde Inge vorstellt, setzt sie sich sofort ab. Es fällt ihr nicht ein, wie das Malina-Ich um ihre ohnehin aussichtslose Leidenschaft zu kämpfen. Im Gegenteil, sie zieht sich zurück, hegt Selbstmordgedanken, die sie schreibend zu bewältigen sucht. Der Therapeut weissagt zynisch: 'Bei ihrer Intelligenz ... Sie werden sich anpassen lernen.' Wenn Christa T. den Tierarzt Justus heiratet, so liegt das an seiner Ausdauer, nicht an ihrer Liebe. Ihren Entschluß fasst sie aus reiner Kalkulation: *Wie lang kann man noch warten? Hab' ich wirklich noch Zeit? Sie ruft noch in der gleichen Stunde die Nummer an.* (Christa T., S. 147) Mit diesem Schritt trägt Christa T. die *Vision*, die sie von sich gehabt hat, die *phantastische Existenz,* wie sie auch genannt wird – das Trompetenblasen ihres ersten Auftritts setzte dafür die Signale –, zu Grabe.

Eine Wende tritt ein; die Erzählerin formuliert sie folgendermaßen: *Sie nimmt den Vorteil wahr, eine Frau zu sein.* (Christa T., S. 135) Dieser Vorteil besteht in einer sie ganz erfüllenden Häuslichkeit, im Kinderaufziehen, im Backen und Kochen, im Gärtnern, in der Buchführung für ihren Mann. Ist das die innovative Wahrheit über das Zu-sich-selbst-Kommen der Frau? Oder hätte der Arzt mit seiner Anpassung richtig vorausgesehen? *Jeden von uns gibt es doppelt,* sagt Christa T., *als Möglichkeit, als Unmöglichkeit* (Christa T., S. 157). Christa T. schlägt den Weg der Möglichkeit ein, d.h. des Verzichts, den Weg des reduzierten Lebens. Ist das Wolfs Anwort auf Bachmanns Postulat, sich am *Un*möglichen zu orientieren? Dabei forderte sie in ihrem grundlegenden Aufsatz *Lesen* und *Schreiben*, daß Prosa zum Unmöglichen zu verführen habe. Aber die ästhetische Praxis von Christa T. will es anders.

Kindheitsmuster setzt den Dialog mit der Bachmann fort: Das 8. Kapitel, Kapitel über die Mobilmachung, das dem über die Kristallnacht folgt, trägt Bachmanns Signatur. Es setzt ein mit einem Zitat aus *Malina: Mit meiner verbrannten Hand schreibe ich von der Natur des Feuers*. Beschworen wird bei der Bachmann das Feuer der Leidenschaft, das den künstlerischen Prozeß nährt, das *Glühendleben* (*Malina, S. 245*), das das Ich zum Schreiben treibt, bis es sich kurz vor seiner Ermordung als Nessusgewand konkretisiert: Eine metaphorische Ausdrucksweise für eine weibliche Ästhetik.

Der Zusammenhang bei der Wolf ist ein ganz anderer, und trotzdem fällt auf, wie das Feuerbild genau wie in *Malina* durch Anekdotisch-Alltägliches eingeführt wird: Nelly, Zeugin eines Synagogenbrands, der beinah ihr Mitgefühl für die Juden erweckt hätte, berichtet von einem parallelen Rohrsesselbrand im Hause Jordan, der von ihrem siebenjährigen Bruder Lutz angestiftet wurde. Besagter Brandstifter bestraft sich selber für seine Protestaktion, indem er die Hand, die den Brand legte, am nächsten Tag – ganz wie das Malina-Ich – auf eine heiße Kochplatte legt.

Wolf politisiert das Bachmannsche Diktum. Eine intertextuelle Lesart ergibt, daß sie das *Malina*-Zitat mit dem *Franza*-Fragment synthetisiert – der parallele Hinweis auf mögliche Spätschäden in *Kindheitsmuster* und *Franza* legt dies nahe. Faschismus, befindet schon Franza, sei durchaus verwendbar als Wort für ein privates Verhalten, denn irgendwo müsse es ja anfangen[12], und die Erzählerin aus *Kindheitsmuster* nimmt dieselbe Frage wieder auf: *Wann hat das angefangen?* (KM, S. 153) Schließlich fragt man sich, ob der identische Name Jordan für die Mitläufer-Familie Nellys und für Franzas faschistoiden Ehemann wirklich nur Zufall ist. Aber wir sind auf solche Spekulationen nicht angewiesen. Die Bachmann-Spuren geben sich hier offen zu erkennen.

Wolfs Kapitel über den Krieg sucht als ästhetisches Artefakt seine moralische Rechtfertigung. Gefragt wird nach Authentizität. *Wo beginnt die verfluchte Pflicht des Aufschreibers ... und wo endet sein verfluchtes Recht?* (KM, S. 160) quält sich die Erzählerin. So gleitet das eminent politische Thema dieses Kapitels über zu einer Selbstbefragung nach ästhetischer Legitimation und stellt den Zusammenhang zur Bachmann und ihrer Forderung nach Authentizität wieder her. Wolfs Selbstvergewisserung erfolgt dann auch in Form einer Umkehrung von Bachmanns Wittgenstein-Zitat: *Wovon man nicht sprechen kann, darüber muß man allmählich zu schweigen aufhören.* (KM, S. 167)

Dem geht – in die Romanwirklichkeit von *Kindheitsmuster* einmontiert – ein Nachruf auf Bachmann voraus, den ich in extenso zitieren möchte:

Selten kennt man das Gewicht der eben angebrochenen Stunde. Es ist Freitag, der 19. Oktober 1973 (Bachmanns Todesdatum – Anmg des Verf.) ... In Chile hat die junta den Gebrauch des Wortes 'companero' verboten. Es gibt also keinen Grund, an der Wirksamkeit von Wörtern zu zweifeln. Auch wenn jemand, auf dessen ernsthaften Umgang mit den Wörtern du seit langem zählst, keinen Gebrauch mehr von ihnen machen kann, sich gehenläßt und diese Tage zeichnet mit dem Satz: Mit meiner verbrannten Hand schreibe ich von der Natur des Feuers. Undine geht. Macht mit der Hand – mit der verbrannten Hand das Zeichen für Ende. Geh, Tod, und steh still, Zeit. Einsamkeit, in die mir keiner folgt. Es gilt mit dem Nachklang im Mund, weiterzugehn und zu schweigen.

Gefaßt sein? Worauf denn? Und von Trauer nicht übermannt? Erklär mir nichts. Ich sah den Salamander durch jedes Feuer gehen. Kein Schauer jagt ihn, und es schmerzt ihn nichts. (KM, S. 166)

Eine Text-Collage, eine Würdigung der Bachmann als Undine. Von ihr gilt es, Abschied zu nehmen. Aber ist es nur ein Abschied, oder verbirgt diese Würdigung nicht auch einen anderen Anspruch? Die Erzählerin von *Kindheitsmuster* fährt fort:

Ein ferner, früher, nun denn: schauerlicher Tod. ("Sollt ich die kurze schauerliche Zeit ...") Ein dunkler Faden schießt in das Muster ein. Unmöglich, ihn fallen zu lassen. Ihn aufzuheben beinah noch zu früh: Das Gebot ist: Sich verlassen, in des Wortes Doppelsinn. Nach kurzem Taumeln, verursacht durch die vermehrte Last auf den Schultern, sich straffen. Es muß geredet werden. (KM, S. 166)

Mit diesen Worten, scheint mir, tritt Christa Wolf das Erbe von Ingeborg Bachmann an. Sie selber 'hebt Bachmanns Faden auf', der mit ihrem Tod 'zu fallen' drohte. Kapitelende wie Kapitelanfang sprechen mit Ingeborg Bachmanns Stimme: *Nichts Schöneres unter der Sonne als unter der Sonne zu sein.* So macht Wolf sich mit Bachmann zu ihrer Erbfolge Mut.

Sagen wir es genauer: *Mit* Bachmann *gegen* Bachmann, denn der Salamander-Satz unter ihrer Feder ist nach wie vor Ermahnung zum männlichen Stoizismus, und nicht Aufforderung zur weiblichen Ekstase. Christa Wolf ist keine Undine. Sie wird im gleichen Maße von ihr angezogen, wie sie vor ihr zurückschreckt. Sie ist nicht von der Art der sich selbst zerstörenden Günderode, sondern ist eher der sich selbst erhaltenden Bettine verwandt. Nicht, daß ihre Weiblichkeit sich männlich gebärdet, soll hier moniert werden, wohl aber, daß sie der Bachmannschen Leidenschaft das Wort redet, während sie sie in ihrer ästhetischen Praxis sorgfältig ausgrenzt. Diesen Widerspruch zwischen Intention und Intentionalität gilt es aufzuzeigen.

Dazu ein letztes Beispiel. Ihre Kassandra-Erzählung leitet sie mit zwei glühenden Sappho-Versen ein: *Schon wieder schüttelt mich der gliederlösende Eros, bittersüss, unbezähmbar, ein dunkles Tier.* Dies ist kaum eine Charakterisierung der entkörperlichten Kassandra, die sich bewußt, im Gegensatz zu Penthesilea, im Gegensatz zu Polyxena dem Rausch der Sinnlichkeit verweigert. Die weibliche Gefühlsstruktur, die bei der Bachmann als Triebkraft für gesellschaftliche Veränderung eingesetzt wird, klammert Christa Wolf als veränderungshemmend aus. Im Diskurs plädiert sie für die Ungespaltenheit der Frau, in der Fiktion siegt die filternde Vernunft. Das Problem Frau ist für Christa Wolf ein ideologisches. Auch das 'Leben' und das 'Sehen' sozialisiert sie. Sie sind ihr Tätigkeitsfelder, in denen es gilt, sich gesellschaftlich zu bewähren. Die Frau ist die Unterdrückte in einem Klassensystem, aus dem es sie zu befreien gilt. Wolf begabt sie mit einer menschlicheren Wirklichkeitsauffassung, mit einer friedlicheren Geschichtsschreibung.

Bachmann stülpt den Prozeß um. Die Befreiung der Gesellschaft ist für sie nur über die Befreiung ihrer spezifisch weiblichen Gefühlsstruktur vorstellbar. Schutzstrategien verachtet sie; sie setzt sich ganz aus, gibt sich ganz hin. Unbezähmbarkeit und Verschwendung, Unbedingtheit und Konsequenz sind ihr Potential, Vorbedingung zu einem humanen Fortschritt, nicht Verhinderung. Die soziale Dimension ist bei der Bachmann ebenso aktiv, aber sie kann erst dann zum Tragen kommen, wenn eine Sprache gefunden worden ist, die die Existenzberechtigung der *Herzländer* sichert. Da, wo Bachmann eine Verschmelzung zwischen weiblicher Sensibilität und männlichem Ordnungssinn anstrebt, möchte Wolf den Mann von der Frau ersetzt sehen.

So erbringt Wolfs Bachmann-Rezeption zwei verschiedene Paradigmen weiblicher Sehart und weiblichen Schreibens. Wolf spricht zwar mit Bachmanns Worten, versieht sie aber, wie wir gesehen haben, mit anderen Vorzeichen. Daß Christa Wolf sich von Ingeborg Bachmann nimmt, was sie gebrauchen kann, ist ihr gutes Recht. Problematisch ist dasVerhältnis nur, weil Wolf Bachmann als Gewähr vor ihre eigene Produktion stellt, ohne die Diskrepanz, die sich aus beider Auffassungen vom Feminismus ergibt, zu reflektieren.

Anmerkungen

1 In Christa Wolf *Die Dimension des Autors (DA),* Luchterhand 1987, S. 86-100.

2 'Die Wahrheit ist dem Menschen zumutbar' in Ingeborg Bachmann, Gesammelte Werke (GW), Band 4, Piper 1978, hrsg. von Ch. Koschel und I. v. Weidenbaum, S. 275-278.

3 Christa Wolf *Voraussetzungen einer Erzählung: Kassandra* (VK), Luchterhand 1983, SL 456, S. 126-155.

4 Christa Wolf *Kindheitsmuster (KM),* Luchterhand 1979, SL 277, S. 153-176.

5 Christa Wolf *Kein Ort. Nirgends,* Luchterhand 1981, SL 325.

6 vgl. dazu Ingeborg Bachmann *Malina,* GW 3, S. 174 *zur Einleitung des 2. Kapitels Der dritte Mann:* 'Der Ort ist diesmal nicht Wien. Es ist ein Ort, der heißt Überall und Nirgends.'

7 Christa Wolf DA, 'Der Schatten eines Traumes. Karoline von Günderrode – ein Entwurf. S. 511-571.

8 Sigrid Weigel 'Vom Sehen zur Seherin. Christa Wolfs Umdeutung des Mythos und die Spur der Bachmann-Rezeption in ihrer Literatur', Text + Kritik, H.46, S. 67-92.

9 Christa Wolf *Gesammelte Erzählungen,* Luchterhand 1981, SL 361, S. 54-96.

10 Hans-Georg Werner 'Zum Traditionsbezug der Erzählungen in Christa Wolfs *Unter den Linden',* in *Weimarer Beiträge* 4/1976, S. 42-43.

11 Christa Wolf *Christa T.,* Luchterhand 1971, SL 31.

12 Ingeborg Bachmann, GW 3, S. 403.

Wilfried Van Rengen

Christa Wolfs feministische Interpretation von Aischylos' Oresteia

I. Christa Wolf und Aischylos' *Agamemnon*

Es gibt ein enges Band zwischen Christa Wolfs Erzählung *Kassandra* und Aischylos' *Oresteia*, insbesondere dem ersten Teil dieser Trilogie, dem *Agamemnon*. Die Fabel dieser Tragödie ist die auf die Zerstörung Trojas folgende Heimkehr Agamemnons, des Königs von Argos, und sein gewaltsamer Tod durch die Tat seiner Gattin Klytaimnestra und ihres Liebhabers, Aigisthos. Mit Agamemnon stirbt die trojanische Königstochter Kassandra, die ihn als Sklavin und Kebse begleitete.

Zur Bewertung von C. Wolfs Reaktion auf Aischylos' eindrucksvolles Meisterwerk verfügen wir zum Glück über ihre vier Frankfurter Poetikvorlesungen, die unter dem Titel *Voraussetzungen einer Erzählung: Kassandra* herausgegeben worden sind. Sie sind von wesentlicher Bedeutung für das richtige Verständnis des tieferen Sinnes der Erzählung und erlauben uns zu erkennen, wie die Figur der Kassandra im Geiste C. Wolfs allmählich Gestalt gewann. Im Grunde muß die Erzählung *Kassandra* als die *Fünfte Vorlesung* betrachtet werden, so daß es sich erweist, daß das Werk in den Augen der Autorin der Abschluß eines Prozesses ist, der durch C. Wolfs Lektüre von Aischylos' *Agamemnon* während müßiger Stunden nach dem mißlungenen Start einer Griechenlandreise in Gang gebracht wurde. Demnach befinden wir uns, als Leser und Interpretator, in einer eher außergewöhnlichen und privilegierten Stellung: Wir haben die Möglichkeit, die Entstehung eines Romans aus nächster Nähe zu verfolgen, über genaue Hinweise zu den Hintergründen der Figuren und der Erzählung zu verfügen und das Modell zu besitzen, auf dem die Erzählung beruht.

Betrachten wir erst einmal dieses Modell, den *Agamemnon*[1].

Das Stück fängt mit dem Monolog eines Wächters an, der auf das Fackelsignal achten soll, das Trojas Untergang ankündigt. Plötzlich wird das Signal bemerkt. Ein aus Greisen bestehender Chor tritt auf und erzählt die Geschichte von Agamemnons Schicksal: wie das in Aulis versammelte griechische Heer durch schlechtes Wetter am Wegsegeln gehindert wurde, und wie die Wut der Göttin Artemis Agamemnon zu der gottlosen Tat nötigte, ihr seine Tochter zugunsten des Heeres zu opfern. Der Chor weiß, daß Klytaimnestra ihm dies nicht verziehen hat.

Nun tritt Klytaimnestra auf und beantwortet Fragen des Chores. Plötzlich erscheint ein Bote und kündigt die Rückkehr seines Herrn, Agamemnons, an.

Er berichtet, daß die Flotte durch einen Sturm zersprengt worden sei, und daß nur Agamemnons Schiff schon sicher in den Hafen eingelaufen sei. Der König wird allein ankommen: eine leichte Beute.

Als Agamemnon auf seinem Wagen erscheint – Kassandra befindet sich hinter ihm – hat das Stück die halbe Spieldauer erreicht. Er spricht, ohne seine Gattin zu begrüßen. Seltsamerweise richtet sich Klytaimnestra zunächst an den Chor, und erst nachher bringt sie ihre Freude über die Wiederkehr ihres Gatten zum Ausdruck. Mit grober Schmeichelei kann sie Agamemnon endlich dazu überreden, den Palast zu betreten, wobei er über purpurne Teppiche schreiten soll. Man wird ihn nicht mehr lebendig wiedersehen.

Während der kurzen Begegnungsszene von Agamemnon und Klytaimnestra stand Kassandra, in Stillschweigen gehüllt, unbeweglich auf dem Wagen. Sie verharrt in Schweigen, sogar als Klytaimnestra erneut aus dem Palast kommt und versucht, sie zum Verlassen des Wagens und zum Eintreten in den Palast zu bewegen. Verdrossen tritt Klytaimnestra wieder in den Palast.

Die darauffolgende Szene ist eine der ergreifendsten der griechischen tragischen Dichtung. Nach einer langen Stille hören wir ein leises Gewimmer, das allmählich anschwillt. Kassandra ist es, die Apoll anruft (dies ist die Stelle, die C. Wolf tief beeindruckte und sie in den Bann der Gestalt Kassandra gelangen ließ[2]). In seherischem Rausch erzählt Kassandra, riecht sie das Blut, das bereits geflossen ist und noch fließen wird, und träumt sie den Mord an Agamemnon, bevor er stattgefunden hat. Wir sehen vor unseren Augen, wie sich Klytaimnestra ihrem badenden Opfer nähert, wie sie ihre Arme nach ihm ausstreckt, ein Netz über ihn auswirft, um ihn dann, ins Netz verstrickt und wehrlos, zu erstechen. Agamemnon stirbt. Schließlich jammert Kassandra über ihr eigenes Schicksal. Sie erzählt von Apolls Wut, prophezeit von neuem Agamemnons Tod. Während sie ihren Kranz wegwirft, sieht sie ihr eigenes Ende. Sie geht zum Palast, doch voller Abscheu schreckt sie zurück. Sie nähert sich wieder, zögert noch, doch tritt endlich in den Palast hinein, nachdem sie die Rache des Orest angekündigt hat.

Dann ein Schrei, und noch einer; Agamemnon ist nun wirklich tot. Wir erblicken das Innere des Palastes, in dem Klytaimnestra triumphierend, mit blutbefleckten Händen über den Leichen ihres Gatten und der Kassandra steht. Aufschneiderisch schildert sie, wie ihr Gatte starb, und schließlich enthüllt sie das Motiv für die Morde: Rache für die Opferung Iphigenies. Das Stück endet mit einem Frohlocken des Aigisthos und der Klytaimnestra, aber auch auf deren eigenes herannahendes Ende wird angespielt.

Der Tod Klytaimnestras durch die Hand ihres Sohnes Orest und dessen Prozeß und Freispruch bilden den Gegenstand der beiden übrigen Tragödien dieser Trilogie: *Choephoren und Eumeniden.*

Mit einigen leichten Abänderungen verwendet C. Wolf Aischylos' Kassandra-Episode und deren theatralische Darstellung in ihrem Roman. Kassandra wartet vor dem Palast in Mykene und steht dabei auf einem Wagen. Im Gegensatz zu ihrem Auftritt im *Agamemnon* ist sie hier von ihren beiden schweigend unter einer Decke liegenden Kindern[3], ihrer Zofe Marpessa und einem Wagenlenker begleitet. Der äschyleische Chor ist anwesend: Menschen kommen, um sie sich anzusehen, und obwohl sie zunächst schweigt, führt Kassandra am Ende doch ein (kurzes) Gespräch mit dem mykenischen Wagenlenker, der sozusagen die Funktion des Chorführers im Drama ausübt. Genau wie im *Agamemnon* ist Kassandra sich der Ereignisse im Palast bewußt, aber ihre Dialoge mit dem Chor, ihre Prophezeiungen, ihre Visionen in bezug auf die Vergangenheit, die Gegenwart und die Zukunft der Atriden sind zu einer ununterbrochenen Betrachtung der eigenen Lage umgestaltet worden. Sie sieht ihr Leben an ihrem inneren Auge vorüberziehen, sie analysiert den Ablauf der Geschehnisse, die den Trojanischen Krieg herbeiführten, und nicht zuletzt durchschaut sie die Mechanismen, die den Krieg unabwendbar machten, ihn andauern und eskalieren ließen, und der Grund dafür waren, daß die Trojaner ihn verloren.

Im *Agamemnon,* und in der antiken Literatur überhaupt[4], besitzt Kassandra die Gabe des Wahrsagens; C. Wolf hat sie in erster Linie mit Einsicht ausgestattet, obwohl Kassandra formal eine Apollopriesterin ist, wodurch die Mantik zu ihren Attributen gehört. Es ist jedoch deutlich, daß ihre unstreitige Kenntnis der Zukunft nicht in einer von irgendeinem Gott verliehenen Fähigkeit wurzelt, im Rausch, unter Ausschluß aller Sinne und der Vernunft, künftige Ereignisse sehen zu können. In den meisten Fällen ist ihr fast seherisches Wissen die Folge eines Fortführens, eines in die Zukunft Extrapolierens von Elementen aus der Gegenwart, die auf ihren genauen Wert hin geprüft werden. So wußte Kassandra zum Beispiel am Anfang des Krieges, zu dem Zeitpunkt, zu dem die Griechen unter dem fortwährenden Druck der Trojaner versuchten, die Küste zu erreichen, daß der Krieg für die Trojaner verloren war, indem sie bloß die rationale Weise beobachtete, wie es dem griechischen Helden Achill gelang, durchzubrechen und den Strand zu erreichen, und weil sie Zeuge des bestialischen, frevlerischen Mordes Achills an ihrem Bruder Troilos war.

Diese Episode rührt natürlich nicht von Aischylos her, dessen Werke eine äußerst geradlinige Handlung aufweisen, und der in seinem *Agamemnon* kein Interesse zeigt für das Schicksal der einzelnen Mitglieder des Geschlechts des Priamos, Kassandra ausgenommen. Um die Kriegsereignisse und das Vorspiel zum Krieg rekonstruieren zu können, hat C. Wolf zahlreiche antike Autoren und Kommentatoren, von Homer bis zu den byzantinischen Lexikographen, die ein breites Spektrum von Variationen zu den homerischen Themen bieten, in Anspruch nehmen müssen. Sie hat aus ihnen eine prächtige und von großem Urteilsvermögen zeugende Auswahl getroffen, und dies, weil ihr ein ganz bestimmtes Ziel vorschwebte. Wenden wir uns, zur Illustration dieses Vorgangs, nochmal Troilos, Kassandras Bruder, zu.

Die Einzelheiten der bereits im archaischen Zeitalter der griechischen Kultur beliebten Troilos-Episode beruhen in Wolfs Erzählung hauptsächlich auf späten Varianten, wie wir sie beim sogenannten Ersten Vatikanischen Mythographen und bei Tzetzes (12. Jahrhundert) antreffen. Achill ist soeben gelandet und läßt sich Troilos von seinen Myrmidonen zutreiben. Troilos, der nach den äußerst strengen Regeln des trojanischen Adels zu kämpfen gelernt hat, eröffnet den Kampf, als ob es sich um ein Duell handelte, aber Achill, in einer Szene, die mutatis mutandis eine unwillkürliche Erinnerung an eine berühmte Szene aus Spielbergs *Raiders of the Lost Ark* hervorruft, ergreift einfach sein eigenes Schwert mit beiden Händen, hebt es über seinen Kopf und versetzt Troilos einen gewaltigen Schlag.

Für immer fielen alle Regeln in den Staub. So macht man das.

Troilos der Bruder fiel. Achill das Vieh war über ihm. Ich wollte es nicht glauben, glaubte es sofort, wie schon oft war ich mir dabei selbst zuwider. Wenn ich recht sah, würgte er den Liegenden. Etwas ging vor, was über meine, unsere Begriffe war. Wer sehen konnte, sah am ersten Tag: Diesen Krieg verlieren wir. Diesmal schrie ich nicht. Wurde nicht wahnsinnig. Blieb stehn. Zerbrach ohne es zu merken den Tonbecher in meiner Hand.

Das Schlimmste kam noch, kommt noch. Troilos, leicht gepanzert, war noch einmal hochgekommen, hatte sich den Händen des Achill entwunden, lief – ihr Götter! Wie er laufen konnte! – zuerst ziellos davon, dann – ich winkte, schrie – fand er die Richtung, lief auf mich, lief auf den Tempel zu. Gerettet. Den Krieg verliern wir, aber dieser Bruder, der mir in dieser Stunde als der liebste schien, der war gerettet. Ich lief ihm entgegen, packte ihn am Arm, zog den Röchelnden, Zusammenbrechenden herein, ins Innere des Tempels, vor das Bild des Gottes, wo er sicher war. Abgeschlagen keuchte Achill heran, den ich nicht mehr beachten mußte. Dem Bruder, der um Luft rang, mußte ich den Helm abbinden, den Brustpanzer lösen, wobei Herophile die alte Priesterin mir half, die ich nie vorher und nie nachher weinen sah. Meine Hände flogen. Wer lebt, ist nicht verloren. Auch mir nicht verloren. Dich werd ich pflegen, Bruder, lieben, endlich kennenlernen. Briseis wird froh sein, sagt ich ihm ins Ohr.

Dann kam Achill das Vieh. Des Mörders Eintritt in den Tempel, der, als er im Eingang stand, verdunkelt wurde. Was wollte dieser Mensch. Was suchte er bewaffnet hier im Tempel. Gräßlichster Augenblick: Ich wußt es schon. Dann – lachte er. Jedes Haar auf meinem Kopf stand mir zu Berge, und in die Augen meines Bruders trat der reine Schrecken. Ich warf mich über ihn und wurde weggeschoben wie ein Ding aus Nichts. Wie näherte sich dieser Feind dem Bruder. Als Mörder? Als Verführer? Ja gab es das denn: Mörderlust und Liebeslust in einem Mann? Durfte unter Menschen das geduldet werden? Des Opfers starrer Blick. Das tänzelnde Herannahn des Verfolgers, den ich jetzt von hinten sah, ein geiles Vieh. Das Troilos, den Knaben, bei den Schultern nahm, das ihn streichelte – den Wehrlosen, dem ich Unglückselige den Panzer abgenommen hatte! – ihn befingerte. Lachend, alles lachend. Ihm an den Hals griff. An die Kehle ging. Die plumpe kurzfingrige haarige Hand an des Bruders Kehle. Pressend, pressend. Ich an des Mörders Arm gehängt, an dem die Adernstränge vortraten wie Schnüre. Des Bruders Augen aus den Höhlen quellend. Und in Achills Gesicht die Lust. Die nackte gräßliche männliche Lust. Wenn es das gibt, ist alles möglich. Es war totenstill. Ich wurde abgeschüttelt, spürte nichts. Nun hob der Feind, das Monstrum, im Anblick der Apollon-Statue sein Schwert und trennte meines Bruders Kopf vom Rumpf. Nun schoß das Menschenblut auf den Altar, wie sonst Blut aus den Rümpfen unserer Opfertiere. Das Opfer Troilos. Der Schlächter, schauerlich und lustvoll heulend, floh. Achill das Vieh. (Kassandra, S. 86-88)

Man kann nicht umhin, die Meisterschaft zu bewundern, mit der C. Wolf die Varianten der antiken Überlieferung zu einem schlüssigen, bedeutsamen Ganzen zusammenfügt, hier beispielsweise eine lakonische, einzelne Mitteilung des Servius, des Kommentators von Vergils Aeneis, daß Achill in Troilos verliebt gewesen sei und ihn solchermaßen umschlungen habe, daß er erstickt sei[5]. In Wolfs Erzählung sind die Elemente Liebe, Umarmung und Tod anwesend, aber sie werden als Lust, bzw. Würgen und kaltblütiger Mord neu interpretiert und organisch in die Episode eingefügt.

Die ganze Stelle hindurch wird Achill als grausame, geile, jeder Norm bare, frevelhafte Bestie dargestellt. Immer wieder kommt seine Grausamkeit ans Tageslicht und erreicht bei der Einäscherung seines Freundes Patroklos einen Höhepunkt im Metzeln von zwölf der aristokratischsten trojanischen Gefangenen, zu denen zwei Söhne des Priamos und der Hekabe gehören. Es nimmt uns nicht wunder, daß der sonst verherrlichte Held meist als *Achill das Vieh* bezeichnet wird, mit einem neuen Epitheton ornans also, das vom ursprünglichen Homerischen, "mit schnellen Füßen", weit abliegt. Für C. Wolf ist Achill die Verkörperung alles Negativen, das in Männern vorhanden sein kann. Wiederholt betont sie dies, und zwar besonders treffsicher an der Stelle, in der Achill im Lauf des Kampfes Penthesilea, der Königin der mit den Trojanern verbündeten Amazonen, Auge in Auge gegenübersteht. Achill der Mann ist aufs höchste erstaunt:

Ihm mit dem Schwert begegnen – eine Frau! Daß sie ihn zwang, sie ernst zu nehmen, war ihr letzter Triumph. Sie kämpften lange, alle Amazonen waren von Penthesilea abgedrängt. Er warf sie nieder, wollte sie gefangennehmen, da ritzte sie ihn mit dem Dolch und zwang ihn, sie zu töten. Dafür, wenn für irgendetwas, sei den Göttern Dank.

Was dann kam, seh ich vor mir, als wär ich dabeigewesen. Achill der Griechenheld schändet die tote Frau. Der Mann, unfähig, die Lebendige zu lieben, wirft sich, weiter tötend, auf das Opfer. Und ich stöhne. Warum. Sie hat es nicht gefühlt. Wir fühlten es, wir Frauen alle. Was soll werden, wenn das um sich greift. Die Männer, schwach, zu Siegern hochgeputscht, brauchen, um sich überhaupt noch zu empfinden, uns als Opfer. Was soll da werden. Selbst die Griechen spürten, hier war Achill zu weit gegangen. Und gingen weiter, um ihn zu bestrafen: Schleiften die Tote, um die er nun weinte, mit Pferden übers Feld und warfen sie in den Fluß. Die Frau schinden, um den Mann zu treffen. (Kassandra, S. 140).

Außer einer weiteren Illustration der rücksichtslosen Bestialität Achills veranschaulicht diese Stelle typisch feministische Standpunkte in bezug auf Männer: Männer nehmen Frauen nicht ernst, Männer sind innerlich Schwächlinge und brauchen Frauen als Opfer zur persönlichen Selbstbehauptung. Sogar wenn sie andere Männer treffen wollen, müssen Männer Frauen erniedrigen.

Die Episoden aus ihrem Leben, die Kassandra, während sie vor dem Palast auf ihre Ermordung durch Klytaimnestra wartet, an ihrem geistigen Auge vorüberziehen sieht, sind von C. Wolf zur Illustration dieses feministischen Standpunktes gewählt worden. Kassandra selbst ist der Prototyp einer Frau, die nicht ernstgenommen wird – im Mythos erhält sie von Apoll die Sehergabe, aber gleichzeitig lädt sie den Fluch auf sich, daß niemand ihren Prophezeiungen glauben wird – und die wiederholt zum Objekt gemacht wird, genau wie mehrere weibliche Figuren im Roman zum Objekt gemacht werden, um Männern zur Erreichung ihrer Ziele zu verhelfen. Kassandras Schwester Polyxena war ein Objekt, als die Trojaner sie zum Stellen einer Falle für Achill benutzten. Die List war erfolgreich und es gelang, Achill zu töten, aber während er im Sterben lag, bat er die Griechen flehentlich darum, Polyxena auf seinem Grab zu opfern. Und es geschah. Der männlichen Vorherrschaft können Frauen sich nicht entziehen. Wenn es schon ein Entkommen gibt, so ist dies nur zeitweilig, und zum Schluß müssen die Frauen doch den kürzeren ziehen. Kassandra versucht zu vermeiden, zum Objekt gemacht zu werden, aber sie wird auf Befehl des eigenen Vaters eingeschlossen. Auch Familienbande – und Kassandra war sogar das Lieblingskind ihres Vaters – müssen vor der männlichen Vormachtstellung weichen. Es ist offenbar sinnlos, sich den Regeln und Werten der Männergesellschaft: Ehre, Sieg, Recht, zu widersetzen. Am Ende hat Kassandra dies verstanden und weigert sie sich, unter diesen Umständen weiterzuleben. Ihre Abneigung gegen diese Art Welt bewirkt, daß sie bereit ist, einen zweifachen Tod zu sterben. Beim ersten Mal handelt es sich um einen Tod des Gefühls, als sie am Vorabend des Untergangs Trojas auf der Stadtmauer mit Äneas steht, der ihr Geliebter ist und sie bittet, Troja mit ihm zusammen zu entfliehen[6]. Mit einer kleinen Schar von Getreuen können sie entkommen und anderswo ein neues Troja gründen. Obwohl Kassandra Äneas, wie auch dessen Vater Anchises, als einzigen nicht durch typisch männliches Verhalten konditionierten Mann betrachtet (er weigert sich etwa, für eine verlorene Sache zu sterben), will sie sich nicht auf sein Angebot einlassen. Sie weiß, daß es Äneas' Schicksal ist, ein neuer Held zu werden. Sie weiß es einfach, nicht infolge ihrer Sehergabe, sondern weil sie sich der Tatsache bewußt ist, daß sie in einem Zeitalter lebt, das Helden unbedingt benötigt, und weil Äneas als Anführer einer Gruppe bewaffneter Männer und künftiger Gründer einer neuen Stadt dazu vorbestimmt ist, ein Heros zu werden. Ein Held aber kann nur in einer Männergesellschaft funktionieren. "Einen Helden kann ich nicht lieben. Deine Verwandlung in ein Standbild will ich nicht erleben", sagt sie (S. 160). Zielbewußt läßt sie Äneas gehen, wohl wissend, daß Troja bald fallen wird, und daß dies gleichzeitig ihren eigenen Untergang bedeutet. Und das ist ihr zweiter, physischer, Tod, ein Tod, den sie, genau wie Aischylos' Kassandra, nicht aufzuschieben versucht. Bei Aischylos aber hat das tragische Schicksal der Kassandra eine andere Dimension. Kassandra ist nicht aus eigenem Willen in Gefangenschaft geraten. Ihre Sklaverei war unentrinnbar; die antike Kassandra hatte keinen Geliebten, wie Wolfs Kassandra ihn in Äneas hatte, der ihr eine Alternative bot, die sie zwar abschlug, die sie jedoch dazu befähigt hätte, ihrem sonst unabwendbaren Tod zu entgehen. Die Äschyleische Kassandra vergegenwärtigt die Ohnmacht jedes Wissens der *ἀνάγκη*[7], dem Schicksal, gegenüber, die moderne Kassandra die Ohnmacht der Erkenntnis, der Einsicht, und besonders der weiblichen Einsicht den Werten der Männergesellschaft gegenüber. Beide Kassandras denken sehr pessimistisch über die conditio humana. Im *Agamemnon* betrachtet Kassandra ihr und Agamemnons Schicksal als Symbol der Tragödie der ganzen Menschheit. Wolf zitiert den Text in ihren *Voraussetzungen*, aber hält es für undenkbar, daß eine Frau aus dem fünften Jahrhundert vor unserer Zeitrechnung dergleichen gesagt hätte. Es ist einer von Aischylos' Irrtümer:

> Was sie als letztes sagt, konnte keine griechische Zeitgenossin des Aischylos sagen, die ja nicht einmal im Theater, geschweige in irgendeiner öffentlichen Einrichtung, Sitz und Stimme hat; es ist einer Frau unangemessen:
>
> O Menschenschicksal, wenn es glücklich ist, könnt man
> Es einem Schatten gleichen; das mißlungene-,
> Ein feuchter Schwamm fährt drüber hin und löscht es weg!
> Und mehr als jenes tut mir solch Verlöschen weh.
> Was will sie denn: unsterblich sein? Als Frau?[8]

Letztere sarkastische Bemerkung ist wohl ein extremes Beispiel von Wolfs pessimistischem Blick auf die aussichtslose Stellung der Frau im Griechenland des klassischen Zeitalters. Lieber sterben denn als Frau in dieser verfluchten griechischen patriarchalischen Gesellschaft sein Leben fristen. Aus dieser Sicht hat C. Wolf ihre Kassandra denn auch konsequent und wohlüberlegt den Tod wählen lassen.

Wolf hat natürlich recht, wenn sie die unbedeutende soziale Rolle der Frau im Äschyleischen Athen schildert. Vor ihrem Standpunkt aus erliegt Aischylos in der Tat "Irrtümern" in dem Sinne, daß er Frauen (in diesem Falle Kassandra) Dinge sagen läßt, die sie nicht sagen würden, wenn sie sich ihrer Lage einigermaßen bewußt wären. Es kann in der Tat als Zeugnis männlicher Voreingenommenheit gelten, wenn er Kassandra und Klytaimnestra einander im Abscheu gegenüberstehen läßt, "haßvoll, eifersüchtig, kleinlich gegeneinander, wie Frauen werden können, wenn sie aus der Öffentlichkeit vertrieben, an Haus und Herd zurückgejagt werden" (*Vorauss.* 41). Wolf leugnet nicht, daß Frauen bestimmte negative Charaktereigenschaften aufweisen können, aber diese sind dann als Folge ihrer verkehrten Behandlung durch die Männer hervorgerufen worden. In ihrem Roman hat Wolf übrigens jene kurzzeitige Konfrontation der beiden Frauen in einer Art Palinodie neu geschrieben. In dem Augenblick, da Klytaimnestra und Kassandra sich erstmals vor dem Palast in Mykene begegnen, tragen beide die gleiche prächtige goldene Halskette. Agamemnon hatte in Troja zwei gleiche Exemplare dieses Schmuckstücks auf dem großen Herbstmarkt vor den Stadtmauern gekauft, und eines hatte er der zufällig dort anwesenden Kassandra geschenkt. Beide Frauen durchschauen sofort die Situation, benehmen sich aber nicht wie Rivalinnen. "Mit der gleichen Geste griffen wir danach, blickten uns an, verstanden uns, wie nur Frauen sich verstehen" (K. 121). Musterhaft! Wolf hat ebenfalls recht, wenn sie Aischylos als einen, wenn auch genialen, Exponenten des männlichen Denkens betrachtet, das, wenigstens ihrer Ansicht nach, neue Götter geschaffen und sich von Mutter Natur abgewandt habe, um sie zu beherrschen und eine naturfremde Geisteswelt aufzubauen, von der die Frauen ausgeschlossen sind.

Aischylos ist in der Tat nicht nur ein x-beliebiger Vertreter der damals vorherrschenden Auffassungen. Rezente Arbeiten auf dem Gebiet der Lage der Frau in der Antike, einem seit einigen Jahrzehnten beliebten Forschungsgebiet[9], haben uns tiefere Einblicke in die Motive frauenfeindlichen Verhaltens bei den Griechen gewährt. Eine Konstante dabei ist wohl die Angst vor weiblicher Vorherrschaft, die unvermeidlich zum Chaos auf gesellschaftlicher Ebene führen müsse und demzufolge verhindert, bzw. eingeschränkt werden müsse[10]. Mehrere griechische Mythen behandeln die Gefahr der Frauenherrschaft, und griechische Autoren haben diese Mythen benutzt und teilweise mitgestaltet. Nicht zuletzt Aischylos, dessen *Oresteia* sich als programmatisches Werk über den Zivilisierungsprozeß betrachten läßt. Von zentraler Bedeutung – dies zeigt sich vor allem in den *Eumeniden*, dem letzten Teil der Trilogie – ist die "polis". Sie hat die Macht bekommen, Ordnung zu schaffen, um menschliche, natürliche und göttliche Kräfte miteinander in Einklang zu bringen. In einem tiefschürfenden Artikel über Mythopoesis und misogyne Elemente in der *Oresteia*[11] hat Froma J. Zeitlin Aischylos' Auffassung über den Zivilisierungsprozeß treffend beschrieben: Zivilisation ist das Endprodukt eines Konfliktes zwischen zwei einander entgegengesetzten Kräften. Sie kommt nicht durch eine "coincidentia oppositorum" zustande, sondern durch eine Hierarchisierung von Werten; schließlich wird auf göttlicher Ebene das Olympische dem Chtonischen übergeordnet, auf kulturellem Gebiet das Griechische dem Barbarischen und im sozialen Bereich das Männliche dem Weiblichen[12]. Die drei Stücke der Trilogie führen in straffer dramatischer Linie zu einer Lösung, bei der Klytaimnestras sexuelle Zügellosigkeit und Drang nach Macht einerseits ihre Vernichtung herbeiführen, und zwar durch ihren eigenen Sohn, ein treffendes, paradigmatisches Ende für jemanden, der die patriarchalischen Werte mit Füßen tritt, bei der aber andererseits die nachher auftauchenden Erinnyen, rachsüchtige Verkörperungen der Klytaimnestra, endlich befriedet werden. Die Befriedung dieser ekelerregenden Töchter der Nacht, die im Grunde das bei den Männern tief eingewurzelte negative Bild der Frau vertreten, ist die einzige Möglichkeit zur Vermeidung der bei Gleichsetzung von Weiblichkeit mit Sterilität und Tod entstehenden Sackgasse, die das Ende der Gesellschaft und des Lebens selbst bedeuten würde. Nebenbei wird auch die Ehe angepriesen (es handelt sich dabei um eine Institution, die es ermöglicht, die zügellose Sexualität der Frau in Schranken zu halten, die Fortpflanzung sicherzustellen und die Frau selbst unter Kontrolle zu stellen, indem sie dem Mann untergeordnet wird) und verkündet der Gott Apoll die These, daß diejenige, die man Mutter nennt, kein Elter des von ihr getragenen Kindes sei: sie sei nur die Hüterin des neuen Samens, eine Art Wirtin. Als Beweis wird die Möglichkeit angeführt, daß ein Vater ohne Anteilnahme einer Frau ein Kind entstehen läßt. Beispiel dieser Verfahrensweise wäre die Göttin Athene, die einfach aus dem Gehirn des Zeus geboren worden sei. Patrilinearität: dies muß wohl der Traum eines jeden geradsinnigen Athener Mannes gewesen sein.

Es ist deutlich, und verständlich, daß diese Mythopoesis im Dienste des Patriarchats C. Wolf nicht gefällt. Nach anfänglichem Zögern – "Auf wessen Seite steht eigentlich dieser Aischylos? Oder versucht er das Kunststück, einem jeden gerecht zu werden" (Vorauss. 12) – stößt sie auf verschiedene "Irrtümer". Vor allem das letzte Stück der Trilogie, die *Eumeniden*, findet in ihren Augen keine Gnade. Es ist "vergleichsweise matt, ein Agit-Prop-Nachspiel, ein Tendenzstückende, die Entsühnung des Orest und die Bezähmung der matriarchalischen Erinnyen durch die klugredende Pallas Athene; die politische Absicht des Athener Bürgers Aischylos mindert ihm das Ende seiner Stücke" (Vorauss. 82). Die beiden anderen Stücke, *Agamemnon* und *Die*

Choephoren, sind ästhetisch befriedigender. Zwar hat der patriarchalische Propagandist Aischylos die Absicht, das Gewissen des Muttermörders Orest zu beruhigen und das Publikum davon zu überzeugen, Orest sei kein Mörder (was ihm übrigens nicht gelungen ist); im Innersten aber wird er unwiderstehlich von seinem ästhetischen Anliegen hingerissen, das ihn auf unnachahmliche Weise die Angst und den unlösbaren Gewissenskonflikt des Mörders darstellen läßt. Es ist auch nicht bedeutungslos, daß er die Chöre der um den Untergang des alten Rechtes trauernden matriarchalischen Erinnyen auf solch eindrucksvolle Weise auf die Bühne bringt. In den Augen Wolfs ist Aischylos offenbar innerlich zerrissen, ein Kampf zwischen seinen politisch-sozialen Absichten und seinem Unterbewußtsein, das Muttermord als das schlimmste erdenkliche Verbrechen auffaßt, wird in ihm selbst ausgetragen. Diese Zerrissenheit ist es, die in jedem Mann vorhanden ist und die, da sie "unaufhörlich geleugnet, übertüncht, umgedeutet und verdrängt werden muß, Angst, Haß, Feindseligkeit hervorbringt ..." (*Vorauss.* 82-83). Wie wir zuvor die Entstehung negativer Charaktereigenschaften bei der Frau als Folge männlicher Unterdrückung beobachtet haben, so stellen wir fest, daß auch beim Unterdrücker selbst negative Eigenschaften infolge seiner inneren Zerrissenheit, des Verleugnens seines innersten Wesens entstehen. Wenn "die heilige Scheu vor der Frau" zielbewußt vernichtet wird, kommt es zu Fehlschlägen.

Wo Aischylos' *Oresteia* auf subtile Weise Zivilisierung als einen Übergang von der von den Erinnyen vergegenwärtigten und mit Archaismus, Primitivität und Regression assoziierten weiblichen Vorherrschaft zur männlichen Vormachtstellung vorstellt, die ihrerseits im Fortschritt und männlichen Vorrang auf biologischer und sozialer Ebene propagierenden jungen Gott Apoll verkörpert wird, ist Wolfs *Kassandra* geradezu die Beschreibung eines gleichartigen Prozesses mit diametral entgegengesetztem Ergebnis: dem Untergang richtiger Gesittung, dem Verlust wichtiger Werte. Im Troja der Wolf hat der erste, anfänglich neutrale, später gewalttätige Kontakt mit den Griechen schädliche Folgen auf sozialem und moralischem Gebiet. Das langsame Abrutschen auf "patriarchalische" Werte in Troja wird spürbar in der allmählich häufigeren verkehrten Darstellung von Fakten (der offiziellen Erklärung in bezug auf das "erste Schiff", auf das "zweite Schiff", Helenas Entführung durch Paris), im Versehen von Begriffen wie "Ehre" mit einem veränderten Inhalt, im Auftauchen des Terminus Verrat (sogar das Ermuntern eines Gegners zum Verrat hatte es vorher nicht gegeben, K. 127); es wird symbolisch reflektiert im fortwährend aggressiveren Mundtotmachen der Hauptgestalt, Kassandra, und in der Benutzung mehrerer Frauen, in ihrer Erniedrigung zum Objekt. Wenn das patriarchalische Muster vollständig übernommen worden ist, erfolgt die Verwüstung der Stadt. In der Art und Weise der Athener, die aus Angst vor weiblicher Vorherrschaft paradigmatische Mythen entwickelten, in denen das Matriarchat oder die "Gynaikokratie" mit der Versklavung oder gar der Vernichtung der Männer assoziiert wird[13], schrieb C. Wolf eine paradigmatische Erzählung, in der das Patriarchat auf genauso polarisierende Weise zur Versklavung und/oder Vernichtung eines ganzen Gemeinwesens führt.

III. Christa Wolf und J.J. Bachofen

Für C. Wolf ist Matriarchat, im Sinne der politischen und wirtschaftlichen Vorherrschaft der Frau in einer bestimmten Kultur, eine reale Gegebenheit, ein jetzt endgültig vergangenes Stadium in der Menschheitsentwicklung, das der patriarchalischen Gesellschaft voranging.

> Was hilft es uns zu wissen, daß die alten Griechen allmählich "Mutterrecht" durch "Vaterrecht" ersetzten; was beweist die anscheinend verbürgte Tatsache, daß den frühen, Ackerbau treibenden Clans Frauen vorgestanden haben; daß die Kinder, die sie zur Welt brachten, ihnen gehörten, daß sie auch in späteren hochorganisierten Königreichen noch die Erbfolge bestimmten, daß aller ursprüngliche Kult, daß Tabu und Fetisch, Tanz, Gesang und viele frühe Handwerke von ihnen ausgingen? Zeigt nicht vielleicht dieser Rückgriff in unwiederbringliche Früh-Zeiten mehr als alles andre die verzweifelte Lage, in der Frauen sich heute sehn? (Vorauss., S. 12).

Dies ist ein deutlicher Hinweis auf die Theorie des J.J. Bachofen, dessen 1861 veröffentlichtes Werk *Das Mutterrecht. Eine Untersuchung über die Gynaikokratie der alten Welt nach ihrer religiösen und rechtlichen Natur* mehr oder weniger tiefgreifend einwirkte auf diverse Autoren, als da sind: Friedrich Engels, S. Freund, Wilhelm Reich, C.G. Jung, K. Kerényi und Joseph Campbell[14]. Der Lehre Bachofens zufolge war das erste Stadium in der Entwicklung der Gesellschaft eine promiskuitive Gemeinschaft, in der weder Verwandtschaft noch Eigentumsrecht berücksichtigt wurde. Dagegen hätten die Frauen schließlich rebelliert, und es habe sich ein Stadium entwickelt, in dem die Bande zwischen Mutter und Kind die gesetzliche Grundlage geworden seien, auf der die Gesellschaft sich entwickelt habe, und Weiblichkeit und Fruchtbarkeit zur Essenz von Religion und Symbolik geworden seien. Auf diese Ära bezieht sich der Terminus Mutterrecht. Mutterrecht impliziert nicht notwendig Gynaikokratie, aber als Idee wird es in einer Gynaikokratie politisch verwirklicht: Hier treten seine Erscheinungsformen, etwa Liebe, Frieden, Freiheit, Gleichheit, Brüderlichkeit, Menschlichkeit usw., am ausgeprägtesten hervor und bestimmen den Charakter der ganzen Gesellschaft. Dabei soll bemerkt werden, daß Frauenherrschaft nicht, wie die Athener glaubten, unvermeidlich zur Unterdrückung oder Ausschaltung des Mannes führen muß. Auswüchse sind möglich, wie das verwerfliche Amazonentum, das nach Bachofens Überzeugung dennoch ein "wohltätiger Durchgangspunkt der menschlichen Entwicklung" gewesen ist, der normale Zustand aber ist die eheliche "dionysische" Gynaikokratie, in der die Beziehungen der Geschlechter harmonisch verlaufen. In Bachofens Rekonstruktion folgt auf die Kulturstufe des Mutterrechts eine patriarchalische Reaktion: Das dionysische Prinzip wird durch das apollinische ersetzt, männliche Himmelsgötter verdrängen oder ersetzen die früheren Göttinnen, das Uranische tritt an die Stelle des Chtonischen, Geist ersetzt Materie.

Matriarchalische Werte	Patriarchalische Werte
Unveränderlichkeit	Veränderlichkeit
Passivität	Aktivität
	Ehrgeiz
Friede	Kampf
Selbstverleugnung	Egozentrismus
Gleichheit	Hierarchie

In Wolfs *Voraussetzungen* finden sich häufige Hinweise auf diese Entwicklung, die auch durch Beispiele veranschaulicht wird. Ihre Erzählung *Kassandra* ist gleichsam eine Illustration des Übergangs von der einen Bachofenschen Stufe zur anderen, von der Heranreifung patriarchalischer Werte innerhalb einer Gesellschaft, in der zuvor matriarchalische Werte vorherrschten, wenn Troja auch keine Gynaikokratie ist und kein Matriarchat im engen Sinne des Wortes dort herrscht. Bezeichnenderweise ändern sich neben den moralischen Werten auch die Kulthandlungen. Zu einem bestimmten Zeitpunkt erfährt Kassandra, daß der Befehl erteilt wurde, den Schwerpunkt aller Feiern von den toten Helden auf die lebenden zu verlegen (*Kassandra,* S. 118), d.h. vom herkömmlichen Heroenkult, der ein chtonischer Kult ist[15], auf den Kult des neuen patriarchalischen Heros, des lebenden Kriegers. Neben dem zum Untergang verurteilten Leben in der Stadt aber zeigt Wolf einen Schimmer einer anderen Art zu leben, die sich parallel dazu außerhalb der Stadtmauern Trojas, in den Bergen, im Wald, in den Grotten am Skamander abspielt. Dort ist das richtige Leben. Gelegentlich beteiligt sich Kassandra daran, zusammen mit Sklaven, Verstoßenen, unwichtigen Menschen. Dort sind alle gleich, und die in der anderen Welt vorkommenden Feindschaften sind verschwunden. Sogar griechische Sklavinnen und trojanische Frauen begegnen sich dort. Man bekommt übrigens den Eindruck, daß es sich trotz der Anwesenheit einiger Männer wie Anchises, Äneas' Vater, um eine hauptsächlich weibliche Welt handelt. Kybele, die Magna Mater, wird verehrt, die Frauen tanzen in ihrem Heiligtum, geraten in Ekstase. Sie leben, im prägnanten Sinne des Wortes, in einer abseitigen, friedlichen Welt, in der es noch Raum für alltägliche Beschäftigungen, Humor, Gefühl und Solidarität gibt.

Diese idyllische Welt sieht der Bachofenschen matriarchalischen Gesellschaft auffallend gleich. Die Figuren und Situationen vertreten alle obengenannten matriarchalischen Werte, und sogar die Gottheit ist bezeichnenderweise eine Göttin. Es ist eine vom Autor zweifelsfrei als musterhaft aufgefaßte Welt, eine mögliche Alternative, aber gleichzeitig eine Utopie: Mit der Vernichtung Trojas wird auch diese Welt offensichtlich ausgeschaltet.

Wolfs nostalgisches Heimweh nach verlorengegangenen Werten verläuft parallel mit Bachofens unverkennbarer Sehnsucht nach der verflossenen matriarchalischen Ära, obwohl er schließlich das Patriarchat höher einstuft. Dieses verkörpert die Erhebung des Geistes über die Materie, der Vernunft über das Gefühl, des Fortschritts über den Stillstand. Für Wolf hingegen bedeutet die Einführung patriarchalischer Werte einen ungeheueren Rückschritt. Der Umstand, daß die Stellung der Frau sich seitdem drastisch verschlechtert hat und schlecht bleibt, die heutige prekäre nationale und internationale Lage auf politischem Gebiet – und es sind Männer, die Politik betreiben und Entscheidungen treffen – bewirkt, daß Wolf jene Werte nur in ihrer negativsten Erscheinungsform darstellen will und mit dem negativsten Inhalt versieht. Die Überzeugung, daß in längst verflogenen Zeiten die Situation völlig anders war, hebt das bittere Gefühl des Rückschritts hervor und steigert die Reaktion.

Kassandra ist eine Erzählung, deren Handlung vor einem historischen und sozialen Hintergrund spielt, über den die Autorin sich besonders gut informiert hat. In ihren *Voraussetzungen* betont sie den Umfang des gesammelten Materials, das sich zuletzt ihrer Kontrolle entzieht. Nachdem sie in den Bann ihrer Gestalt Kassandra geraten ist, gerät sie in den des historischen Kontextes:

> Ich lese nicht mehr, um der inneren Ausformung der Kassandra-Gestalt, die mein eigentliches Anliegen ist, eine glaubwürdige sinnliche Umgebung zu schaffen. Ich lese, weil ich nicht mehr loskomme von der Frühgeschichte, der Mythologie, der Archäologie (Vorauss., S. 95).

Aus Wolfs Literaturnachweisen am Ende der *Voraussetzungen* (S. 156-160) erweist sich das Ausmaß, aber auch die Heterogenität ihrer Information. Neben wissenschaftlichen Werken finden sich Sachbücher und einige radikal-feministische Traktate, die eine Widerspiegelung, eventuell in Jungscher Reflexion, der Bachofenschen These sind. Dies gilt u.a. für Göttner-Abendroth, Heide: *Die Göttin und ihr Heros. Die matriarchalen Religionen in Mythos, Märchen und Dichtung* (München 1980), und bestimmt für das seltsame Werk Sir Galahads (Pseudonym von B. Eckstein-Diener): *Mütter und*

Amazonen (West-Berlin o.J., Ullstein Sachbuch 39044), das 1932 zum ersten Mal veröffentlicht wurde und in der späteren englischen Neuauflage und Übersetzung den aufschlußreichen Titel trug: H. Diener, *Mothers and Amazons. The first feminine history of culture* (New York 1965). Dieses Werk steht symptomatisch für die pseudowissenschaftliche und leichtsinnige Weise, wie man mit antiken Quellen umspringt[16]. Unter den wissenschaftlichen Werken gibt es mehrere, die als tendenziös bezeichnet werden dürfen. Wenn Wolf sich über Kreta oder die kretische Kultur äußert, die sie, vielleicht nicht zu Unrecht, als gynaikozentrisch betrachtet, greift sie männliche Wissenschaftler an, denen sie vorwirft, auf eine Vorzugsstellung der Frau hindeutende Tatsachen und Indizien zu übersehen. Es heißt etwa:

> Es gab es doch einmal, das Land, in dem die Frauen frei und den Männern gleichgestellt waren. In dem sie die Göttinen stellten (merkwürdig schwer fällt es vielen männlichen Archäologen und Altertumswissenschaftlern, zu erkennen, dann anzuerkennen, daß alle frühen Gottheiten weiblich sind: Oft, denke ich, ziehen sie es vor, weder Engels noch Bachofen noch Thomson und Ranke-Graves zu lesen). (Vorauss., S. 61).

Vielleicht ist es kein Zufall, daß die hier angeführten Autoren, die übrigens Monumentales und Epochemachendes geleistet haben, sich ausnahmslos an Bachofen anlehnen. Bekanntlich verwendet Engels in seinem *Ursprung der Familie, des Privateigentums und des Staats* (1884) die der marxistischen Ideologie angepaßten Ergebnisse Bachofens, auf Engels stützt sich seinerseits George Thomsons Kapitel über das Matriarchat in seinen *Studies in Ancient Greek Society I: The Prehistoric Aegean* (1949). Übrigens stellt die ganze kommunistische Geschichtsschreibung, unter Engels' Einfluß, das Matriarchat als geschichtliche Tatsache vor[17], und dies gilt auch für Robert Graves' *The White Goddess: a Historical Grammar of Poetic Myth* (1966) und *Greek Myths* (1955, 1960²), zwei sehr umstrittene Werke.

Man kann es der Schriftstellerin Wolf schwerlich übel ankreiden, daß sie, bei ihrer Suche nach gesellschaftlichen Strukturen aus der Bronzezeit, unkritisch vorgegangen ist. Vielleicht ist ihr hartes Urteil über männliche Wissenschaftler eine Reaktion auf die manchmal übertriebenen harten Angriffe gegen die Lehre von einer mutterrechtlichen Gesellschaftsstruktur in der Bronzezeit, eine feindliche Haltung, die gelegentlich als Folge der Assoziation dieser Lehre mit Marxismus und militantem Feminismus gedeutet wurde[18].

Meiner Ansicht nach ist es sowieso nebensächlich zu wissen, daß Bachofens Satz vom Mutterrecht jetzt allgemein als romantische Fiktion betrachtet wird, daß den Mythen, auf die sich seine Theorie gründete, den Frauen aus Lemnos, den Amazonen eine ganz andere Funktion zugeschrieben werden kann als die von ihm erdachte[19], daß die frühen weiblichen Gottheiten, die männlichen Göttern voranzugehen scheinen, eine ganz andere Bedeutung haben können und darüber hinaus nicht so harmlos sind[20].

Der Satz von einem früheren Matriarchat ist nicht wesentlich für die Botschaft, die C. Wolf bringen will. Ihre Allegorie *Kassandra* ist bedeutsam durch ihre Bezogenheit auf das Heute, nicht als geschichtliche Heraufbeschwörung eines zerredeten Kriegs aus der Bronzezeit. Es spricht für Christa Wolfs schriftstellerisches Talent, für ihr durchdringendes Denkvermögen und für ihren hinreißenden Stil, daß die Allegorie durch eine meiner Meinung nach in bezug auf bestimmte Einzelheiten überholte Interpretation des geschichtlichen Hintergrunds keineswegs entkräftet wird.

Anmerkungen

1 Verschiedene Einzelheiten der Inszenierung des *Agamemnon* sind unklar. Für eine gründliche Erörterung der damit zusammenhängenden Probleme, siehe O. Taplin, *The Stagecraft of Aeschylus* (Oxford 1977), S. 276-332.

2 *Kassandra. Ich sah sie gleich. Sie, die Gefangene, nahm mich gefangen, sie, selbst Objekt fremder Zwecke, besetzte mich. Später würde ich danach fragen, wann, wo und von wem die nötigen Übereinkünfte getroffen waren: Der Zauber wirkte sofort. Ihr glaubte ich jedes Wort, das gab es noch, bedingungsloses Vertrauen. Dreitausend Jahre – weggeschmolzen. So bewährte sich die Sehergabe, die ihr der Gott verlieh, nur schwand sein Richtspruch, daß ihr niemand glauben werde. Glaubwürdig war sie mir in einem andern Sinn: Mir schien, daß sie als einzige in diesem Stück sich selber kannte. (Voraussetzungen,* S. 10).

3 Aus dem Ende des Romans geht hervor, daß Äneas der Vater der Zwillinge ist. Nach einer Überlieferung der vom Periegeten Pausanias erwähnten späteren antiken Tradition war Agamemnon selbst der Vater.

4 Aber nicht in der *Ilias*, in der Kassandra zum ersten Mal in der Literatur erscheint.

5 Servius, Kommentar zur *Aeneis* I, 474.

6 Die Romanze zwischen Kassandra und Äneas ist eine Erfindung C.Wolfs: sie ist durch keine antike Quelle belegt.

7 Siehe P. Groeneboom, *Aeschylus' Agamemenon. Met inleiding, critische noten en commentaar* (Groningen 1944), S. 27.

8 Voraussetzungen, S. 18. Der aus Aischylos zitierte Text ist *Agamemnon*, 1327-1330, aber der Text selbst sowie seine Interpretation und Übersetzung sind umstritten: siehe etwa J.D. Denniston – D. Page, *Aeschylus. Agamemnon* (Oxford 1957), S. 191-192, Kommentar zu 1327-30.

9 Siehe z. B. die von Sarah B. Pomeroy zusammengestellte Auswahlbibliographie über Frauen in der Antike in: *Women in the Ancient World: The Arethusa Papers,* ed. by J. Peradotto and J.P. Sullivan (Albany 1984), S. 315-372.

10 Unter den zahlreichen Studien, in denen dieser Aspekt behandelt wird, fällt der rezente Beitrag Anne Carsons auf: *Putting her in her Place: woman, dirt, and desire, in: Before Sexuality. The construction of erotic experience in the ancient Greek world,* ed. by D.M. Halperin, J.J. Winkler, F.I. Zeitlin (Princeton 1990), S. 135-169.

11 Froma I. Zeitlin, *The Dynamics of Misogyny: Myth and Mythmaking in the Oresteia*, in: *Women in the Ancient World: The Arethusa Papers* (cf. Anm. 9), S. 159-194.

12 A.a.O., S. 159.

13 Die wichtigste Mythe ist in dieser Hinsicht die der Amazonen: unter den zahlreichen Studien zu diesem Thema siehe Mary R. Lefkowitz, *Princess Ida and the Amazons, in: Women in Greek Myth* (London 1986), S. 15-29. Weiterhin im allgemeinen S. Pembroke, *Women in Charge. The Function of Alternatives in Early Greek Tradition and the Ancient Idea of Matriarchy*, in: *Journal of the Warburg and Courtauld Institute* 30 (1967), S. 1-35. J. Bamberger, *The Myth of Matriarchy*, in: *Women, Culture and Society*, ed. M.Z. Rosaldo & L. Lamphere (Stanford 1974), S. 263-280. F.I. Zeitlin, a.a.O., S. 161-162. P. Vidal-Naquet, *Esclavage et gynécocratie dans la tradition, le mythe, l'utopie*, in: J.P. Vernant, P. Vidal-Naquet, *Travail et esclavage en Grèce ancienne* (1985), S. 125-146, insbesondere S. 130-131.

14 Johann Jacob Bachofen, *Das Mutterrecht*. Auswahl, hrsg. v. Hans-Jürgen Heinrichs (Frankfurt a.M. 1978). *Materialien zu Bachofens "Das Mutterrecht"*, hrsg. v. Hans-Jürgen Heinrichs (Frankfurt a.M. 1975). Ein Überblick über den Einfluß von Bachofens Werk findet sich in U. Wesel, *Der Mythos vom Matriarchat. Über Bachofens Mutterrecht und die Stellung von Frauen in frühen Gesellschaften vor der Entstehung staatlicher Herrschaft* (Frankfurt a.M. 1980). Zusammenfassend: J. Blok, *Sexual Asymmetry. A Historiographical Essay*, in: *Sexual Asymmetry. Studies in Ancient Society*. Ed. by J. Blok & P. Mason (Amsterdam 1987), S. 28-33.

15 Kassandra sagt: "Auf der Verehrung der toten Helden beruhte unser Glauben, unser Selbstgefühl" (S. 118); und etwas weiter nennt sie diese Verehrung "der Grund unsrer Zusammengehörigkeit". Für die Romantik sind Volksbewußtsein und Ahnenverehrung ein und dasselbe: siehe Alfred Baeumler, *Das mythische Weltalter. Bachofens romantische Deutung des Altertums* (München 1965 [1926]), S. 121.

16 Siehe dazu Mary R. Lefkowitz, *Women in Greek Myth*, S. 17.

17 Siehe dazu J. Blok, *Sexual Asymmetry*, S. 30-31. Zur Einwirkung der Evolutionslehre vom Matriarchat auf Marx und Engels siehe auch: S. Pembroke, *The Early Human Family: Some Views 1770-1880*, in: *Classical Influences on Western Thought A.D. 1650-1870* (Cambridge 1979).

18 Vgl. Sarah B. Pomeroy, Selected Bibliography ... (siehe n. 9), S. 325.

19 Vgl. Anm. 13.

20 Vgl. etwa W. Burkert, *Homo necans. The Anthropology of Ancient Greek Sacrificial Ritual and Myth* (Berkeley and Los Angeles 1983 [1972]) S. 80: "Bachofen's ingenious but fantastic theory of a prehistoric matriarchy has hindered the understanding of these female deities. Female dominance is no more possible in Neolithic farming cultures than it is among Upper Palaeolithic hunting societies. Moreover, these goddesses are characteristically savage and dangerous: they are the ones who kill, who demand and justify sacrifice".

Der Verfasser möchte hier nicht versäumen, J. Dalemans und M. Vanhelleputte für ihre Hilfe bei der Übersetzung seines niederländischen Textes ins Deutsche zu danken.

Mireille Tabah

Kassandras Liebesleben: ein paradoxes Modell weiblicher Utopie

"Ich kann die Liebe nicht vertagen. Nicht auf ein neues Jahrhundert. Nicht auf das nächste Jahr. Um keinen einzigen Tag": So spricht die Ich-Erzählerin zu dem geliebten Mann in Christas Wolfs Erzählung *Unter den Linden*[1]. Doch sie weiß: es ist nur ein Traum. In Wirklichkeit muß sie, die sich nur durch Liebe mit der Welt verbinden kann, auf die Liebe verzichten. Denn der Mann, den sie liebt, ist unfähig zu der Liebesbeziehung, die sie von ihm erwartet. Gefangen im männlichen Rollenzwang, der die Frau als Objekt setzt, innerlich gebunden an eine jahrhundertelange Tradition kalten Nützlichkeitsdenkens, das auch mit den Gefühlen nach dem Prinzip der Zweckmäßigkeit wirtschaftet, kann er die Forderung der Frau nach unbedingter Anerkennung ihrer selbst als selbständiges Subjekt nicht begreifen. Mit einem solchen Mann leben hieße für die Erzählerin sich selbst und alles, was in ihr nach Glück und Leben strebt, verleugnen. Sie trennt sich von dem geliebten Mann, um ihre utopische Vision einer idealen Liebesbeziehung, in der Frau und Mann einander als ebenbürtige Subjekte schätzen, aufzubewahren: Sie entsagt der Liebe, um die Hoffnung auf ein authentisches Liebesverhältnis wachzuhalten, das sie nicht oder kaum gekannt hat.

Eine paradoxe Situation, zweifelsohne. Sie ist nach Christa Wolf jedoch kennzeichnend für die Lage der Frau in der patriarchalischen Welt, denn das gleiche Muster kehrt 14 Jahre nach *Unter den Linden* kaum abgewandelt in der Erzählung *Kassandra* wieder. Auch Kassandra trennt sich von dem geliebten Mann, Aineias, um die Utopie einer authentischen Liebesbeziehung nicht zu zerstören, sondern um sie als Modell für die Zukunft zu retten. Die Liebe zu Aineias wird für Kassandra unlebbar, als Aineias die Rolle des Helden übernimmt, die ihm die Geschichte aufzwingt. Kassandra weiß: auch Aineias wird den Gesetzen des Patriarchats nicht entgehen; durch ihn wird das Prinzip prometheischer Machtentfaltung, wird der tödliche Eroberungs- und Herrschaftszwang der Männer, deren erste Opfer die Frauen immer gewesen sind, weiter herrschen.

Indem sie den Entschluß faßt, Aineias nicht zu folgen, will Kassandra ihre weibliche Spezifizität und die Liebe, in der sie sich, wie sie glaubt, als autonomes Subjekt hat entfalten können, vorbildlich gegen eine Welt behaupten, die vom männlichen Unterwerfungs- und Zerstörungswahn regiert ist. Ihre Entscheidung, der Liebe zu Aineias zu entsagen, bedeutet für sie den Tod. Der – angeblich – frei gewählte Tod der Figur erscheint auf den ersten Blick als äußerster Ausdruck weiblicher Freiheit und Autonomie in einer Welt fortschreitender Patriarchalisierung, in der authentische Liebe, die die Anerkennung der Frau als autonomes Subjekt voraussetzt, unmöglich geworden ist. Betrachtet man jedoch die Situation genauer, so stirbt Kassandra im Grunde aus enttäuschter Liebe. Aineias habe sie zuletzt nicht verstanden, sagt sie: Er, "der mich nie bedrängte, der mich immer gelten ließ (...), bestand darauf, daß ich mit ihm ging. Er wollte es mir befehlen"[2]. Kassandra, die sich als Subjekt geliebt glaubte, wird zum Schluß auf den Rang eines Objekts zurückgeworfen, auf das Aineias ein souveränes Recht beansprucht.

Daß Liebeserfüllung Kassandra zuletzt versagt bleibt, daß der Tod sich ihr als einzige Alternative zu einem Leben bietet, in dem sie nicht einmal von dem geliebten Mann als freies Subjekt erkannt wird und in dem sie auch nicht als solches an den geschichtlichen und gesellschaftlichen Prozessen teilhaben kann –, das ist ein klassisches Muster. Darin spiegelt sich das Los wider, das seit den Anfängen des Patriarchats dem weiblichen Geschlecht zugeteilt ist: das Objektmachen und der Ausschluß der Frau aus der Geschichte. In dem historischen Kontext des beginnenden Patriarchats hatte Kassandra objektiv keine andere Wahl als den Tod, wollte sie sich selbst nicht verleugnen. Ihr Entschluß entspricht dabei Christa Wolfs Konzept der Rückführung der Figur"aus dem Mythos in die (gedachten) sozialen und historischen Koordinaten" (V.111), und er hat in dieser Hinsicht einen unbestreitbaren Wahrheitsgehalt. Dieser Wahrheitsgehalt aber offenbart sich nur auf der Ebene der erzählten Geschehnisse. Diese werden nun in einer Art Selbstgespräch durchweg aus der Perspektive der sich erinnernden Kassandra erzählt, die wenige Stunden vor dem Tod die Etappen ihres tragischen Werdegangs im Widerstand gegen das Patriarchat als ebensoviele Stufen nach ihrer jetzt vollendeten Subjektwerdung deutet. Höhepunkt dieser Subjektwerdung ist aus Kassandras Sicht eben ihr freiwilliger Verzicht auf die Liebe und der damit verbundene Entschluß zum Tode. Doch Kassandras Entsagung ist kein Akt selbstverantwortlicher Entscheidung; sie ist ihr vielmehr von den konkreten geschichtlich-gesellschaftlichen Umständen aufgezwungen worden, die seit Jahrtausenden der Frau eben die Rolle der Entsagenden diktieren – nicht zuletzt in der Liebe. In dieser Diskrepanz zwischen den dargestellten, objektiven Geschehnissen und der subjektiven Weise, auf die sie von Kassandra erzählt und ausgelegt werden, liegt eine grundsätzliche Paradoxie. Sie tritt besonders deutlich zutage in dem als Beweis weiblicher Subjektwerdung umgedeuteten Verzicht Kassandras auf die Liebe zu Aineias, doch sie kennzeichnet die Darstellung von Kassandras Liebesleben überhaupt: Zwischen dem als utopisches Modell gedachten erotischen Leben Kassandras und dem, was die Figur auf diesem Gebiet tatsächlich erreicht, klafft ein unübersehbarer Widerspruch.

In ihren Frankfurter Poetik-Vorlesungen zitiert Christa Wolf folgende Stelle aus Friedrich Engels' *Ursprung der Familie:* "Der erste Klassengegensatz, der in der Geschichte auftritt, fällt zusammen mit der Entwicklung des Antagonismus von Mann und Frau (...), und die erste Klassenunterdrückung mit der des weiblichen Geschlechts durch das männliche" (V.89). Anders formuliert: Das herkömmliche Subjekt-Objekt-Verhältnis zwischen Mann und Frau entspricht der Subjekt-Objekt-Struktur der zwischenmenschlichen Beziehungen in der patriarchalischen Gesellschaft überhaupt; es ist gleichsam ein Modell für die "Entzweiung" der Menschen im Prozeß der Unterwerfung der Natur durch "jenes instrumentale Denken, das als blanker Nützlichkeitswahn in das Industriezeitalter eingetreten ist" (DA 612). Die Herrschaft des Subjekts Mann über das Objekt Frau offenbart sich am deutlichsten in der Reduktion der Erotik auf eine brutale Sexualität, die nur die Begierden und die Interessen des Mannes befriedigt. Christa Wolf zeigt dies in "Kassandra" an besonders krassen Beispielen. Die fast ausschließlich negativ gezeichneten Männer – übereinstimmungssüchtige Schwächlinge, deren Unfähigkeit zur Liebe sich in blinder Aggressivität ausdrückt – setzen die Frauen auf Sexualobjekte herab, die nach Belieben vergewaltigt oder als Lockvögel und Tauschobjekte benutzt werden. Kassandra lehnt sich exemplarisch gegen das Schicksal des Sexualobjekts auf, das seit dreitausend Jahren das Verhältnis der Frau zum Manne bestimmt und in dem sich die ganze Ohnmacht des Objektseins ausdrückt. Das herkömmliche Liebesverhältnis, das einseitig durch den sexuellen Willen des Mannes bestimmt ist, erweist sich dabei als der Inbegriff verfehlter zwischenmenschlicher Beziehung: Es ist eine Herrschaftsstruktur, in der nur der eine Partner sich als souveränes Subjekt setzt und seine Freiheit dadurch behauptet, daß er den anderen auf die Rolle des Objekts herabsetzt. Zu diesem Zweck muß er in dem anderen wie in sich selbst die Eigenschaften verleugnen, die mit seiner Herrschaft unvereinbar sind. Es sind die von Christa Wolf immer wieder betonten Qualitäten der Sinnlichkeit und Naturverbundenheit, der Phantasie, der Offenheit und Unbefangenheit, des Vertrauens, der Anteilnahme, der Freundlichkeit, Solidarität und Humanität, die sich nach der Autorin die Frauen als beherrschte Objekte bewahrt haben und die das herrschende Subjekt, der Mann, verdrängt hat zugunsten "jenes Unterordnungs- und Leistungszwangs, der ihm, historisch bedingt, zur zweiten Natur geworden ist" (DA 205).

Er soll nun kraft der Liebe im anderen wie in sich selbst diese menschlichen Eigenschaften wiederentdecken als Korrektur absolut gesetzter und mißbrauchter Freiheit. Echte Liebe setzt für Christa Wolf das ebenbürtige Verhältnis zweier autonomer Subjekte voraus. Sie impliziert das Transzendieren des Objekts "Frau" in ein freies Subjekt und die gegenseitige Anerkennung des anderen auf der Grundlage spontaner, sowohl geistiger als auch sinnlicher Zuneigung. Die auf solcher Liebe gründende Beziehung ist erotisch, insofern der Eros das lebensbewahrende Prinzip ist, das die gewaltsam getrennten Bereiche des Geistigen und des Sinnlichen wiedervereinigt. Das Geistige, das sich nach C. Wolf beim Mann zu einem zerstörerischen Zweckmäßigkeitsdenken und bei der Frau oft zu einer ausweglosen Gefühlsseligkeit entwickelt hat, und das Sinnliche, das bei der Frau unterdrückt wird und beim Mann als bloße Sexualität erscheint, korrigieren und ergänzen einander in der erotischen Liebe. Trotz aller Unterdrückung ihrer psychischen und physischen Bedürfnisse und noch im Überschwang der Leidenschaft hat sich die Frau, meint C. Wolf, gerade durch ihren Ausschluß aus der männlichen Sphäre eine unverfälschte Erotik bewahrt, die beim Mann weitgehend zerstört ist; die von Maxie Wander befragten Frauen und die Bettine weisen jene erotische, sowohl geistig-seelische als auch sinnliche Erlebnisfähigkeit auf, die dem "ganzen Menschen" eigen ist und von der der Mann in der Liebesbeziehung lernen soll. Das auf solcher Erlebnisfähigkeit beruhende Liebesverhältnis bedeutet umfassende Erkenntnis und Anerkennung des anderen; es bedeutet Zusammengehörigkeit, Fähigkeit zur Kooperation, damit auch Glück und unbefangene Lust am Leben, d. h. eben jene Qualitäten, die der Mann im Laufe der Geschichte eingebüßt hat. Die Erotik, vor allem die weibliche Erotik, die zum erstenmal in "Kassandra" von C. Wolf offen angesprochen wird, soll jene Utopie der "Berührung" der Geschlechter verwirklichen, von der Kleist und Günderrode in *Kein Ort. Nirgends* nur ein "Vorgefühl" haben. In dem Günderrode-Essay heißt es: "Eine kühne Idee, zwischen Mann und Frau könnten andere Beziehungen walten als die von Herrschaft, Unterordnung, Eifersucht, Besitz: gleichberechtigte, freundschaftliche, hilfreiche" (DA 531). Diese "kühne Idee" kann in der authentischen Liebesbeziehung, in der die Erotik ihren Platz hat, Wirklichkeit werden, und das Zitat zeigt dabei eindeutig genug, daß solche Liebesbeziehung für C. Wolf das Modell eines friedlichen, solidarischen zwischenmenschlichen Verhältnisses überhaupt ist, in dem die verhängnisvolle Herrschaft des Subjekts über das Objekt, in der die Autorin die "Hauptquelle der Gewalt" sieht (V.114), aufgehoben ist: Eros siegt über Thanatos.

Es ist daher kein Zufall, daß sich C. Wolf beim Heraufbeschwören dieser utopischen Vision auf Verse der griechischen Dichterin Sappho beruft, die den weiblichen Eros als Lust- und Lebensprinzip feiern: Sappho wird in der vierten Frankfurter Poetik-Vorlesung im Zusammenhang mit Ingeborg Bachmann zitiert (V.146), und zwei Verse der griechischen Dichterin sind der Erzählung "Kassandra" als Motto vorangestellt. Das heitere, unbefangene Leben der Frauen in den Höhlen am Skamandros, in dem sich die Vision eines gewaltfreien menschlichen Zusammenlebens in "Kassandra" konkretisiert, ist von jenen Qualitäten der Ebenbürtigkeit und Solidarität geprägt, die auch auf Lesbos unter Sapphos Freundinnen und Schülerinnen geherrscht haben dürften und welche die Patriarchalisierung der Geschlechterbeziehung zwischen Mann und Frau unmöglich gemacht hat. Diese spontane Verbundenheit gründet nicht zuletzt in der erotischen Anziehungskraft, die Frauen aufeinander ausüben können, wenn sie fern von den Herrschaftsstrukturen der Männerwelt ihre sinnlichen und geistigen Fähigkeiten frei entfalten können. So heißt es in dem Essay *Der Schatten eines Traumes:* "Frauen fühlen sich heftig zueinander hingezogen und widersetzen sich der Anziehung nicht, die keine Vermittlung und Sanktionierung durch Männer braucht (...). Diese jungen Frauen haben einander etwas zu geben, was ein Mann ihnen nicht geben könnte, eine andre Art Verbundenheit, eine andre Art Liebe. Als könnten sie, allein miteinander, mehr sie selbst sein; sich ungestörter finden, freier ihr Leben entwerfen" (DA 540).

Dieses erotisch geprägte Gemeinschaftsgefühl entwickelt sich zwischen Kassandra und Myrine zu einer sapphischen Liebesbeziehung. Die beiden Verse Sapphos, die der Erzählung als Motto dienen: "Schon wieder schüttelt mich der gliederlösende Eros,/ bittersüss, unbezähmbar, ein dunkles Tier" beziehen sich grossenteils auf Kassandras Zuneigung zu der Amazone. In Myrine erkennt Kassandra den Mut, den Trotz und die Furchtlosigkeit wieder, die sie selbst in ihrem Widerstand gegen das Patriarchat beweist: Freudig sieht sie Myrine sich als einziges Weib bewaffnen und sogar unter den Schlägen der Griechen sterben, und sie folgt dem Vorbild der Amazone, als sie dem Überleben mit Aineias den Tod durch die Griechen vorzieht. In Myrine erkennt Kassandra weiterhin die eigene "Abneigung gegen die Annäherung irdischer Männer" wieder, mit der sie sich ihrer Herabsetzung auf die Rolle des Objekts widersetzt, sowie ihren eigenen Anspruch, sich als autonomes Subjekt zu behaupten, der ihren Wunsch, Priesterin und Seherin zu werden, begründet. Doch indem sie ihre Hand in die blonde Mähne der Amazone wickelt und – wie es vorsichtig heißt – sich keiner Zärtlichkeit mehr enthält (K.3), streichelt Kassandra auch die Frau, die sie selber ist: sie gibt und nimmt zugleich eine zärtliche Lust, die ihr der Mann sonst gewaltsam raubt. Ich möchte hier Simone de Beauvoir kurz zitieren: "Entre femmes l'amour est contemplation (...); il n'y a ni lutte, ni victoire, ni défaite; dans une exacte réciprocité chacune est à la fois le sujet et l'objet (...); la dualité est complicité"[3].

Es ist schade, daß C. Wolf diesen Aspekt der sapphischen Liebe nur angedeutet hat. Denn so gesehen, ist die gleichgeschlechtliche Liebe tatsächlich das Modell einer Erotik ohne Gewalt- und Herrschaftsstrukturen, wie sie in einer nicht-patriarchalischen Welt auch zwischen Mann und Frau möglich sein soll. Doch selbst diese Anschauung enthält eine grundsätzliche Paradoxie. Die sapphische Liebe ist der Versuch einer Alternative zu der traditionellen Rollenverteilung der Geschlechter in der patriarchalischen Welt: Die Lesbierin lehnt sich gegen das Schicksal des Objekts auf, das der Frau zugeteilt ist, und behauptet eine Autonomie, die sonst dem Mann vorbehalten ist, ohne dafür ihre Weiblichkeit aufzugeben. Dabei zieht sie sich aber in die Wärme und Intimität einer Frauenwelt zurück, die dem Gynäkeion nicht unähnlich ist – dies gilt sicherlich für die Frauengemeinschaft am Skamandros –, während sie in der Männerwelt genau wie die kriegerische Penthesilea ihre Selbständigkeit im Kampf gegen den Mann durchsetzen muß, der in ihr mehr noch als in der "normalen" Frau das Andere, Fremde sieht und kein ihm ebenbürtiges Subjekt. Ein Liebesverhältnis wie dasjenige zwischen Kassandra und Myrine, das C. Wolf als Alternative zur Unterwerfung der Frau in der zwischengeschlechtlichen Liebesbeziehung und als utopisches Modell einer authentischen zwischenmenschlichen Beziehung überhaupt entworfen hat –, ein solches Liebesverhältnis führt paradoxerweise zur Reproduktion des patriarchalischen Modells: Trennung bzw. Kampf der Geschlechter, Mißtrauen des Mannes gegen das Weib, das er sich vom Leibe hält, indem er es zum Objekt macht. Im Endergebnis wiederholt sich jene Subjekt-Objekt-Struktur, die Vertrauen und Solidarität zwischen den Geschlechtern und zwischen den Menschen überhaupt ausschließt.

Sexuelle Potenz ist im patriarchalischen Klischeedenken Synonym für Macht und Herrschaft. Der Abscheu gegen die aggressive Sexualität des Mannes, der die Frau zum Objekt reduziert, kann sowohl zur Homosexualität wie zur Frigidität führen. Auch Kassandra zeigt eine ausgeprägte Neigung zur Frigidität, von der nur Aineias' Zärtlichkeit und Panthoos' Geschicktheit sie befreien. Wie die spröde Günderrode verdrängt Kassandra zunächst ihre fleischlichen Begierden, indem sie in den Genüssen des Geistes einen Ersatz für jene sinnlichen Lüste sucht, vor denen sie sich scheut. In dem Priesteramt sieht sie ein Mittel, sich der Berührung der Männer zu entziehen und zugleich ihre geistige Überlegenheit über das "Vieh" zu behaupten – wie sie Achill nennt –, das in jedem Mann schlummert. Auch Kassandras Sehergabe ist eine geistige Tätigkeit, durch welche die Seherin "eine Souveränität wiederzugewinnen" sucht, "die durch Unterwerfung verlorengegangen war" (DA 89). Selbst dem Gott Apollon, der ihr die Gabe verleiht, verweigert sich Kassandra im Traum, als er sich ihr als Mann nähert, wofür der Gott sie dadurch bestraft, daß ihre Weissagungen niemals Glauben finden. Ein traditionelles Schema: Intellektuelle Autonomie ist der Frau nur in den Grenzen erlaubt, die ihr vom Manne gesetzt werden – ein scheinbares Geschenk, durch welches er sie auf ihre eigentliche Rolle als Sexualobjekt zurückverweist; die Frau rächt sich durch Frigidität und wird dafür vom Mann bestraft.

Um so heftiger wehrt sich Kassandra gegen die erlittene Demütigung: Sie besteht auf ihrer "Lust" am Sehen (K.6) und ihrer Abneigung gegen alles

Triebhafte. Will sie kein Objekt, vor allem kein Sexualobjekt sein, so darf sie auch kein Objekt ihrer eigenen Triebe und Begierden werden; der Körper darf nicht die Herrschaft über ihr Denken übernehmen (K.26), in dem sie die ganze Kraft des autonomen Subjekts versammelt sieht. Aus Angst vor der sexuellen Gewalt des Mannes, aus Ablehnung der männlichen Herrschaft, deren Symbol sie geworden ist, verzichtet Kassandra weitgehend auf die spontanen Freuden der Sinnlichkeit, die sie bei den Frauen am Skamandros bewundert. Sie beraubt sich damit paradoxerweise eines großen Teils dessen, worin ihre Autorin C. Wolf einen wesentlichen Aspekt der weiblichen Identität sieht. Lust findet Kassandra selbst in der Liebe vor allem im geistig-seelischen Bereich. Wie die meisten Frauengestalten Christa Wolfs ist sie viel zu beherrscht, zu besonnen, um sich ganz den "gliederlösenden" Genüssen zu überlassen, die im Motto heraufbeschworen werden: der "unbezähmbare" Eros erscheint bei Kassandra sehr zahm, und die Erotik, die geistige und sinnliche Liebe umfaßt, ist bei ihr weitgehend um jene Dimension unbefangener sinnlicher Hingabe verkürzt, die zur erotischen Identität der Frau gehört.

Für die unterdrückten Begierden, die dennoch Befriedigung verlangen, findet Kassandra ein Ventil in der rein sexuellen Beziehung zu dem Apollonpriester Panthoos. Der Grieche ist ein boshafter Zyniker, der wie Kassandra die Blindheit der Trojaner durchschaut und dennoch opportunistisch auf ihr Spiel eingeht; er ist ein Feigling, der Angst vor körperlichem Schmerz hat und um sein Leben bangt. Für einen solchen Mann kann Kassandra weder Achtung noch Liebe empfinden. Doch gerade er vermag sie in die Geheimnisse der Sexualität einzuweihen: denn er ist ein geschickter Liebhaber, der es versteht, eine Frau zu lieben, ohne sie zu vergewaltigen. Panthoos besitzt eben nicht die sexuelle Aggressivität der Männer, vor denen sich Kassandra in die Frigidität flüchtet. Er selber zeigt homosexuelle Neigungen, und er empfindet Angst und Ekel vor dem bestialischen Herrschafts- und Zerstörungstrieb der Griechen. In ihm erkennt Kassandra bei allem Abscheu gegen seine Feigheit einen Verwandten, vor dem sie sich nicht fürchten muß. Aber so sehr sie den Geschlechtsverkehr mit Panthoos braucht, so vollzieht sie ihn doch ohne jede Lust wie einen Tribut, den sie ihrem Körper schuldet, damit er sie in Ruhe läßt. Um so mehr hasst sie den Griechen, nachdem er sie einmal gewaltsam nehmen wollte (K.77); sie versucht, ihre fleischlichen Begierden mit einem anderen, ebensowenig "männlichen" jungen Priester zu stillen, bei dem sie aber kalt bleibt, und kehrt zu Panthoos zurück. Kassandras Beziehung zu Panthoos reproduziert Polyxenas Verhältnis mit dem Offizier Andros: Wie ihre Schwester ist Kassandra rein sexuell an einen Mann gebunden, den sie verachtet, und dafür verachtet sie sich selbst: eine demütigende

Lage, in die seit je Frauen geraten, denen die volle Entfaltung ihrer Erotik versagt bleibt.

In Panthoos' Armen träumt Kassandra stets von Aineias: die widernatürliche Trennung des Gleichgewichts zwischen geistig-seelischer und sexueller Liebe, das in einer vollendeten Erotik erreicht werden soll, findet hier einen prägnanten Ausdruck. Gewiß, das Liebesverhältnis zwischen Kassandra und Aineias weist Momente jener erotischen Beziehung zweier autonomer, ebenbürtiger Subjekte auf, in der C. Wolf das utopische Modell einer authentischen zwischenmenschlichen Beziehung sieht. Aineias' Verhältnis zu Kassandra ist von der gleichen sinnlichen Zärtlichkeit geprägt, die auch Kassandras Beziehung zu Myrine kennzeichnet. Auch ihm ist die übliche männliche Aggressivität fremd, vor der sich die Priesterin fürchtet. Symbol jenes vertraulichen Verhältnisses zwischen den Liebenden ist ihr Erkennungszeichen: Aineias' Hand auf Kassandras Wange. Zu Aineias hat Kassandra ein grenzenloses Zutrauen. Sie hat das Gefühl, er lasse sie als Subjekt gelten: er bedrängt sie nicht, versucht nichts an ihr zu biegen oder zu ändern. Die bloße Existenz des Geliebten gibt Kassandra den Rückhalt, den sie bei der schmerzlichen Loslösung von den Ihrigen braucht, und wenn Aineias bei ihr ist, erwachen ihr Körper und ihre Seele zu einer ungeahnten Lebensfreude. Wie die Frauen, die in den Höhlen am Skamandros Zuflucht gefunden haben, ist auch Aineias aus Troja und vor dem Tod geflohen, damit das Leben weitergeht: In ihm verkörpert sich der Eros als Lust- und Lebensprinzip. Das Wort vom gliederlösenden Eros findet denn auch seine Entsprechung in einer sehr schönen Liebesszene zwischen Aineias und Kassandra (K.101): Die Liebenden werden Subjekt und Objekt in einer einzigen gegenseitigen Bewegung: Trennung und Herrschaft sind aufgehoben.

Doch dies ist die einzige Liebesszene in der ganzen Erzählung – und wohl auch eine der wenigen, die Kassandra gewährt worden sind. Denn unter dem Anschein des rücksichtsvollen Liebhabers stellt sich Aineias, noch lange vor der Abschiedsszene, als patriarchalischer Held heraus. Kassandras Bedürfnisse wiegen wenig gegenüber der männlichen Aufgabe, die er sich gestellt hat. Aineias handelt und geht in der weiten Welt wichtigen Geschäften nach, an denen Kassandra nicht teilhat. Gleich Penelope wartet sie demütig auf die Rückkehr des Geliebten, gebunden an ihr Heim – sei es der Palast des Vaters oder die Höhlen am Skamandros –, und nur selten kommt Aineias zu ihr, wenn er eben Zeit hat: das traditionelle Schema wiederholt sich. Das ist bereits bei der Entjungferungsfeier der Fall: Aineias, auf den Kassandra insgeheim gewartet hat, kommt erst mittags zu ihr, nachdem alle anderen Mädchen schon abgeholt worden sind; "Verzeih, sagte er, eher konnte ich nicht kommen" (K.21), und er verläßt sie gleich nach der halb erfüllten Pflicht. Kassandra verzehrt sich in Sehnsucht nach dem fernen Geliebten, doch als dieser von weiten Reisen endlich nach Troja zurückkommt, besucht er sie ein einziges Mal, in der Nacht vor seiner Abfahrt. Aineias meidet Kassandra, wenn sie ihn am meisten braucht: nach ihren Wahnsinnsanfällen (K.76,82); auch ihn überkommt wohl die uralte Angst der Männer vor der Entfesselung der unterdrückten Leidenschaften in hysterischen, unkontrollierbaren Frauen. Zwischen ihm und Kassandra herrscht auch kaum ein geistiger Austausch. Kassandra wagt den Vorwurf, daß, selbst wenn er bei ihr ist, Aineias nicht auf sie und ihre Situation eingehe (K.116). Niemals widerspricht er ihr – nicht einmal, als sie folgsam in die Heirat mit Eurypilos einwilligt. Aineias' Toleranz gegenüber Kassandra grenzt an Gleichgültigkeit, und selbst die sinnliche Liebe zu der Seherin scheint er eher als Entspannung denn aus echter Zuneigung zu brauchen.

Umgekehrt bewundert Kassandra in Aineias den unbeugsamen Widerstandskämpfer, den nie aufgebenden Partisanen. So wird Aineias in C. Wolfs zweiter Frankfurter Poetik-Vorlesung geschildert (V.46f): kein todbringender Held, aber immerhin ein Held, ein autonomes Subjekt, das die innere Kraft besitzt, sich dem herrschenden Zerstörungswahn zu widersetzen. Eben deshalb liebt ihn Kassandra. Sie, die an die unmittelbare Gegenwart des Krieges gefesselt ist, die dazu erzogen wurde, zu den Männern – dem Vater Priam, den vielen Brüdern – liebevoll aufzusehen, vergöttert nun Aineias. Kein Wunder, daß sie von Träumen heimgesucht wird, in denen sie Lust empfindet, wenn der Geliebte sie bedroht (K.43); daß sie in sich selbst die Schuld an Aineias' Ausbleiben sucht und sich ihm gegenüber minderwertig fühlt (K.99). Kassandra bleibt in ihrem Verhältnis zu Aineias sowohl körperlich als auch geistig frustriert, und sie reagiert durch jenes traditionelle Ausweich- und Ausgleichmanöver, auf das erotisch frustrierte Frauen seit je zurückgreifen: Selbsttäuschung. Denn Kassandra besteht bis zuletzt darauf, daß Aineias sie stets als freies, selbständiges Subjekt behandelt habe und daß bis auf das letzte Mißverständnis beim Abschied die Liebesbeziehung zwischen Aineias und ihr auf gegenseitiger Anerkennung beruht habe. Doch Kassandra irrt sich. Gerade weil ihr erotisches Verhältnis zu Aineias so enttäuschend war, wurde sie zu den Notlösungen gezwungen, die ich angedeutet habe. Kassandra hat die erotische Entfaltung nicht erreicht, die Zeichen jener vollendeten, autonomen Persönlichkeit sein soll, welche die selbstbewußte Heldin, die auf ihr erfahrungsreiches Leben zurückblickt, entwickelt zu haben glaubt. Das dürftige Liebesleben der Figur spiegelt dabei die Widersprüche modellhaft wider, in denen selbst die Frau verfangen bleibt, die dem patriarchalischen Prinzip trotzt und den mühsamen Weg der Selbstwerdung wählt. Kassandras erotisches Scheitern bildet somit ein notwendiges realistisches Gegengewicht zu C. Wolfs Vorstellung von einer authentischen Liebesbeziehung zwischen Mann und Frau und zu der Utopie eines friedlichen, heiteren menschlichen

Zusammenlebens, dessen Vorbild sie sein soll. Doch Kassandra vermag ihre Abhängigkeit von den patriarchalischen Normen der Geschlechterbeziehung in der Liebe nicht zu reflektieren: Die Seherin, die sonst die patriarchalischen Herrschaftsverhältnisse klar durchschaut, scheint hier blind zu sein. Kassandras Subjektwerdung, die grossenteils auf der Hellsichtigkeit der Figur beruht und zu der auch eine entfaltete Erotik gehört, erscheint unter diesem Gesichtspunkt problematisch. Kassandras Liebesleben ist als Vorbild weiblicher Selbstverwirklichung in einer authentischen erotischen Liebesbeziehung konzipiert worden. Diese wiederum soll als utopisches Modell eines gewaltfreien, solidarischen zwischenmenschlichen Verhältnisses fungieren, wenn man den engen Zusammenhang von Sozialismus, Pazifismus und Feminismus bei C. Wolf berücksichtigt. Diese weibliche Utopie vermag Kassandras weitgehend gescheitertes erotisches Leben jedoch kaum zu vermitteln.

Anmerkungen

1 C. Wolf, *Gesammelte Erzählungen,* Luchterhand Literaturverlag, Darmstadt 1988 (= SL 361), S. 94.

2 C. Wolf, *Kassandra,* Luchterhand, Darmstadt und Neuwied 1983, S. 156. Die im folgenden verwendete Abkürzung K verweist auf diese Ausgabe. Die Siglen V und DA verweisen jeweils auf C. Wolf, *Voraussetzungen einer Erzählung: Kassandra,* Luchterhand, Darmstadt und Neuwied 1984 (= SL 456) und C. Wolf, *Die Dimension des Autors,* Luchterhand, Darmstadt und Neuwied 1987. Die darauffolgende Zahl entspricht der Seite des Zitats.

3 Simone de Beauvoir, Le deuxième sexe, Gallimard, Paris 1976 (= folio essais 38), Bd II, S. 208.

Monique Boussart

Zur Verschränkung von Feminismus und Pazifismus bei Christa Wolf

"Literatur heute muß Friedensforschung sein" erklärte Christa Wolf 1980 in ihrer Büchner-Rede[1]. Ein Jahr später stellt sie die Frage: "Ist Europa, sind wir zu retten?" und kommt zum Befund: "Hitler hat uns eingeholt"[2]. In ihrer dritten Frankfurter Poetik-Vorlesung (1983) fallen mehrmals in bezug auf Krieg und Nachrüstung die Wörter "Irrsinn" und "Wahndenken"[3]. Diese Mahnungen und Urteile dokumentieren, wie intensiv sich Christa Wolf in jenen Jahren der Selbstzerstörungsgefahr unserer Zivilisation und der Bedrohung "des Bestands des Irdischen"[4] bewußt wurde. Eine diffuse Angst waltet seitdem in den meisten ihrer Schriften, sogar noch in ihren zuletzt erschienenen Erzählungen *Störfall* und *Sommerstück*.

Eine ernsthafte Beschäftigung mit dieser Problematik ist – wie Alexander Stephan[5] schon bemerkte – seit den Jahren 1977-78, unter anderem seit dem Aufsatz über Maxie Wander (1977), in ihrem Werk erkennbar, und zwar sowohl in ihren Aufsätzen, Reden und Gesprächen als auch in ihren fiktionalen Texten[6].

Gerade als Frau wollte sie dazu Stellung nehmen, denn sie rebelliert gegen die Tatsache, daß Frauen auf diesem Gebiet bisher nicht zählten und daß Krieg und Frieden eine Männerangelegenheit waren[7]. Von Anfang an vertritt sie die These, daß die Dominanz der männlichen Werte in unsrer patriarchalischen Gesellschaft zu dieser verhängnisvollen Situation geführt habe, die übrigens das Versagen des Systems beweise. Alternativen sind in ihren Augen mit der Durchsetzung eines weiblichen Wertgefüges verbunden.

In den achtziger Jahren wurde Christa Wolfs Auseinandersetzung mit dieser Problematik noch intensiver. Im Rahmen der Protestbewegung, die sich gegen den Rüstungswettlauf und die Aufstellung neuer nuklearer Waffensysteme in Europa entwickelte, nahm sie 1981 und 1982 an Friedenskonferenzen in Berlin und Den Haag teil. Ihre Inanspruchnahme durch dieses Thema gipfelte in den *Frankfurter Vorlesungen* (1983), insbesondere in der dritten (1980-81 entstanden) und in *Kassandra* (1983), die wohl die differenzierteste Behandlung jener Fragen repräsentieren. Nach diesem Höhepunkt klingen noch einzelne Aspekte derselben Motivkonstellation in *Störfall* (1987) und *Sommerstück*[8] nach, obwohl die Akzente sich hier verschieben. Die Warnung vor den Gefahren eines Übergewichts der Technik im allgemeinen und die Schilderung eines Zurück zur Natur und zum einfachen Leben gewinnen in der Tat die Oberhand, während auf den Unterschied zwischen männlicher und weiblicher Erlebnisweise flüchtiger hingewiesen wird. Dies hängt natürlich auch mit der politischen Entwicklung zusammen, mit den Verhandlungen zwischen der U.d.S.S.R. und den U.S.A über die atomare Abrüstung. In ihrem Diskussionsbeitrag zum Internationalen Schriftstellergespräch "Berlin – ein Ort für den Frieden"[9] stellt Christa Wolf 1987 mit Genugtuung fest, daß die Beschwörungen der Intellektuellen konkrete Vorschläge, sogar Verhandlungsgegenstand geworden sind und daß die "heillose" Fixierung auf ein Feindbild einem neuen Denken gewichen ist. Trotzdem betont sie weiter die Priorität der Abrüstung und die Notwendigkeit einer Auseinandersetzung mit der Aggressivität unsrer Zivilisation überhaupt. Ein Lernprozeß sei erforderlich, der im Umgang mit Andersdenkenden zu beginnen habe. Friede auf Dauer sei nicht die Abwesenheit von Krieg, sondern "Konfliktfähigkeit".

In den Schriften jener Jahre wiederholen sich die klassischen Warnungen, Argumente und Appelle der Friedenskämpfer. Christa Wolf weigert sich, mit Statistiken und Tabellen, mit Zahlen von Raketen und Sprengköpfen zu jonglieren, sie stellt vielmehr als Moralistin die allgemeinen Prinzipien in Frage, die zu dieser Weltlage geführt haben[10]. Sie prangert nicht nur die Gewaltverhältnisse an, sondern denunziert auch die "Vorkriegsatmosphäre", die in der Welt herrscht.[11] Wie viele Friedensforscher entlarvt sie die Lage der achtziger Jahre als einen bloß "negativen Frieden" und fordert sie den Abbau auch der strukturellen Gewalt. In Anlehnung an H.H. Jahnn erklärt sie: "Einen bewaffneten Frieden gibt es nicht. Friede ist unbewaffnet, oder er ist kein Friede"[12]. Ihre Diagnose lautet: "Eine Zivilisation, die imstande war, derartig exakt ihren eigenen Untergang zu planen und sich, unter solch furchtbaren Opfern, die Instrumente dafür zu beschaffen – eine solche Zivilisation ist krank, wahrscheinlich geisteskrank, vielleicht todkrank"[13]. Vehement verwirft sie die These von der nuklearen Abschreckung und vom Gleichgewicht des Schreckens, das sie, auf Atomwaffen bezogen, "sinnlos", "irrational" und "absurden Wahnsinn" nennt[14]. Das Risiko, daß die atomare Vernichtung durch einen Zufall oder durch das "Wahndenken" einiger Politiker ausgelöst würde, sei nicht zu unterschätzen[15].

Diese Angst vor der globalen Vernichtung äußert sich später noch, nach der Katastrophe von Tschernobyl, im April 1986 in *Störfall*, wo Chr. Wolf ihre Besorgnis um die Bedrohtheit der Menschheit durch den Sternenkrieg zum Ausdruck bringt. In ihren Augen sind die von der Faszination der Technik besessenen Wissenschaftler, die sich dafür begeistern, dem "Sog des Todes", einer Perversion zum Opfer gefallen, die darin besteht, "Lustbefriedigung an Zerstörungsdrang" zu koppeln[16]. Vielsagend sind in *Störfall* das Bild vom riesengroßen, "ekelhaft in Zersetzung übergegangenen Mond" und das "Ich schrie" der Erzählerin[17] sowie die leitmotivisch wiederkehrenden

Verse aus Grimms Märchen vom "Brüderchen und Schwesterchen":

"Was macht mein Kind?
Was macht mein Reh?
Nun komm ich noch diesmal und dann nimmermehr"[18]

Unmißverständlich ist der Appell, der aus einer anderen angeführten Märchenzeile herauszuhören ist: "Königssohn, was machst du, schläfst du oder wachst du"?[19]

Christa Wolf beschränkt sich nicht auf Feststellungen und Warnungen, sie fragt auch nach den Gründen des Zerstörungsdrangs. Außer dem Todestrieb nennt sie vor allem die Angst vor dem Fremden, dem Andersdenkenden und Anderssprechenden. "Raketen sind (...) verkörperte Angst" schreibt sie noch 1987[20]. Die Vorkriegssituation ist in ihren Augen das Ergebnis eines instrumentalen Denkens, das Zweck und Mittel vertausche[21], das Resultat von Fehlentwicklungen, deren Grundlage der Positivismus, die Vergottung des Rationalismus und des technischen Fortschritts, die Ausschaltung alles Nicht-Rationalen sei[22]. Als Marxistin sieht sie in dieser verhängnisvollen Lage den "Ausdruck des Entfremdungssyndroms der Industriegesellschaften", die alle anderen Werte dem Werte Effektivität untergeordnet hätten und die durch Machtstreben und Gigantismus gekennzeichnet seien[23]. "Die Rakete, die Bombe sind ja keine Zufallsprodukte dieser Kultur, sie sind folgerichtige Hervorbringungen expansionistischen Verhaltens über Jahrtausende" schreibt sie 1981[24]. Die eben genannten Phänomene bringt die Autorin in Zusammenhang mit den patriarchalischen Denkstrukturen und Verhaltensweisen. Mit dem Übergang vom Matriarchat zum effektiveren Patriarchat sei auch der Grund für die spätere Entwicklung gelegt worden[25]. Folglich ist nach Christa Wolf eine Therapie, d. h. die Entwicklung neuer Lebensformen und neuer Strukturen menschlicher Beziehungen vom Überhandnehmen des weiblichen Weltbilds zu erhoffen. Schon 1977 hatte die Autorin in ihrem Maxie-Wander-Aufsatz betont, daß Frauen mehr als Männer vor politischem Wahndenken gefeit seien. Die gesellschaftlichen Bedingungen hatten die Männer "deformiert", beschädigt, "auf gefühlfernes, sachliches Denken und Verhalten dressiert". Unterwerfungs- und Leistungszwang seien dem Mann zur zweiten Natur geworden, was Selbstverstümmelung gleichkomme. Die Frau dagegen, die immer am Rande lebte, sei weniger deformiert und einer menschlicheren Wertskala treu geblieben, in der Emotionen, Glückssehnsucht und Sinnlichkeit auch ihren Platz fänden[26]. Insoweit die Frau infolge ihres gesellschaftlichen Status durch einen geschärften Sinn für Unterdrückung charakterisiert ist, insoweit sie nie am "Objektmachen", der Hauptquelle von Gewalt nach Christa Wolf, teil hatte, sondern immer vom Mann zum Objekt gemacht wurde, könnte sie entscheidend zur Umwandlung der Werte beitragen[27].

Der alte Topos der Gegenüberstellung von Männer- und Frauenwelt, der bei Ch. Wolf schon in *Unter den Linden* (1969) und *Selbstversuch* (1972) zu finden war, dann in *Kein Ort. Nirgends* (1979) und den Essays über die Günderrode und Bettina von Arnim (1979) weiter ausgearbeitet wurde, wird in den achtziger Jahren aktualisiert, indem er mit der Krieg-Friedensproblematik und mit der Vorstellung von der weiblichen Immunität gegen politische Wahnideen in Verbindung gebracht wird. Ch. Wolf nimmt die traditionelle Gleichsetzung des Mannes mit Herrschsucht, Geist, Ratio und Liebesunfähigkeit wieder auf, der die Identifikation der Frau mit Einfühlung, Hingabe, Sinnlichkeit und Naturverbundenheit gegenübersteht. Der "Männerkultur der Aggressionen" wird "eine andere, nicht tötende Art, auf der Welt zu sein", entgegengestellt.[28]

Zu dieser Verzahnung von Pazifismus und Feminismus gehört auch eine Zivilisationskritik, die von der besprochenen Motivkonstellation kaum zu trennen ist. Die Auseinandersetzung mit den Gefahren einer atemlos expandierenden und zum Selbstzweck entartenden Technik[29] war schon in den sechziger Jahren bei Ch. Wolf zu erkennen[30], sie verstärkte sich 1970-1972, u. a. in *Selbstversuch*, und führte später zur eindringlichen Warnung vor ihren destruktiven Gesetzen[31], besonders in *Störfall*, wo die Anklage zugleich nuanciert wird, da die Ambivalenz der Technik diesmal im Vordergrund steht.

Die Reflexionen über die Rolle der Frau in der Friedensstrategie werden in der Erzählung *Kassandra* veranschaulicht. Gerade eine Frau wird hier zur mahnenden Seherin; sie ist nicht nur die Zeugin, sondern vor allem die "Nichtmordende, die Nichtwahnbesetzte"[32]. Sie verkörpert die "Bewußtheit" und durchschaut die Mechanismen, die zum Kriege führen: den Heldenkult, die falschen Ehrbegriffe, vor allem die ideologische und psychologische Manipulation der öffentlichen Meinung durch eine lügenhafte Propaganda. Kassandra sieht ein, daß Macht und Lüge aufeinander angewiesen sind: Priamos und Eumelos brauchen einander. Eumelos, für den der Krieg das Normale ist, verbreitet falsche Nachrichten, um die wahren Motive zu verschleiern; der Rüstungswettlauf wird als Verteidigungshaltung präsentiert, Feindbilder werden geschaffen, Sündenböcke: nach Margarete Mitscherlich, eine vor allem bei Männern entwickelte Tendenz, um mit ihren Aggressionen fertig zu werden[33]. Nur Kassandra erkennt die wahre Natur der sogenannten Feinde: "Sie sind wie wir" und warnt:" Laßt euch nicht von den Eignen täuschen"[34].

Eine besondere Form der Entfremdung wird hier angeprangert, nämlich die Autoritätshörigkeit, das Verlangen nach Auszeichnung und Billigung durch die Herrschenden. Der Rekurs auf Kampf und Krieg erscheint auch als eine Flucht vor der Realität und vor sich selbst: "Ameisengleich gehn wir in jedes

Feuer. Jedes Wasser. Jeden Strom von Blut. Nur um nicht sehn zu müssen. Was denn? Uns" (S. 49). An Macht ist Blindheit gekoppelt. Im Tonfall der griechischen Tragödie wendet sich Kassandra an die Sieger: "Wenn ihr aufhörn könnt zu siegen, wird diese eure Stadt bestehn" (S. 132).

Die Mängel und Verbrechen des Patriarchats, Machtbesessenheit und Zerstörungswut, vereinen sich in den Figuren des Eumelos und des Griechenhelden Achill. Eumelos ist für den Terror und den Polizeistaat verantwortlich; Achill, "das Vieh", "der Jäger", "der Schlächter", braucht Opfer, "um sich überhaupt noch zu empfinden" (S. 137). Vielsagend sind die Worte, die auf die Szene der Ermordung des Troilos folgen: "Ja gab es das denn: Mörderlust und Liebeslust in einem Mann?" "Und in Achills Gesicht die Lust. Die nackte gräßliche männliche Lust" (S. 85).

Kassandra tritt bewußt aus dieser Sphäre heraus, sie will nicht länger Ereignissen unterworfen sein, die "auf den Krieg süchtig machen", nicht länger als bloßes Objekt "zum Ziel gestoßen werden, das andere setzen" (S. 28). Ihre Selbstfindung und Selbstverwirklichung bestehen gerade in der allmählichen Loslösung von den Herrschenden, im Widerspruch: "... und mein Teil war, nein zu sagen" (S. 148). Sie behauptet ihre Autonomie durch eine radikale Ablehnung von Gewalt und Lüge (S. 130).

Das "Umfühlen" und "Umdenken", das Ch. Wolf in ihren Essays fordert[35], ist also nur möglich, insoweit die Frauen die Integration und die Anpassung ablehnen und sich nicht mehr auf den Mann hinordnen[36]. Hierin stimmt Christa Wolf mit Margarete Mitscherlich überein. Die Psychiatrin führt nämlich aus, daß die Frau lange dazu beigetragen hat, den Kreislauf des männlichen Aggressionsverhaltens aufrechtzuerhalten, weil sie auf die Erhaltung der Liebe ausgerichtet ist, sich daher leichter manipulieren ließ und unkritisch mit männlichen Gesetzen identifizierte. Sie sollte aber das Zusammenspiel männlicher Angriffs- und Zerstörungslust und weiblicher Unterwerfungs- und Opferungsfreude durchkreuzen[37].

Appelle zur Überwindung der Angst und der Hoffnungsmüdigkeit[38], zur Selbsterziehung und Selbsterkenntnis, sogar zur einseitigen Abrüstung[39] durchziehen Christa Wolfs Essays. In keiner bestehenden Institution findet sie eine annehmbare Alternative zu einer von Eroberungswillen und Aggressivität geprägten Welt, auch nicht im Christentum, dessen Doppelmoral sie scharf kritisiert, um so mehr als diese die Macht der Prozesse, die zur Selbstvernichtung führen, unsichtbar mache[40]. Träger der Hoffnung sind in ihren Augen Gruppen, die sich nicht in Kämpfe mit den zerstörerischen Systemen verstricken, sondern anders zu leben versuchen[41]. Genau das ist das Ziel der Frauenkolonie am Skamandros, die in *Kassandra* ein gewaltfreies Zusammenleben zu realisieren versucht und zu einer Gegenwelt wird, "die, anders als die steinerne Palast- und Stadtwelt, pflanzenhaft wuchs und wucherte, üppig, unbekümmert" (S. 56). Einfühlung, Selbsterkenntnis sowie der Kult der Natur und des Lebens stehen hier im Vordergrund: "Zwischen Töten und Sterben ist ein Drittes: Leben" (S. 134). "... das Dritte, (...) das lächelnde Lebendige, das imstande ist, sich immer wieder aus sich selbst hervorzubringen, das Ungetrennte, Geist im Leben, Leben im Geist."[42]

Auffallend ist in dieser Vision das Zurück zur Natur, das in *Störfall* und vor allem in *Sommerstück* ökologische Töne annimmt. Die Schilderung einer Sommeridylle in der Abgeschiedenheit eines mecklenburgischen Dorfs, wo das Leben wie ein langes Fest genossen wird, wo "Miteinandersein" und "Gemeinsamkeit" unter der sanften Führung von Frauen praktiziert werden[43], erscheint als ein Erzeugnis des neuen "Seh-Rasters", der mit der Wiederentdeckung "des kostbaren Alltags" verbunden ist[44].

Der Hektik der Zivilisation wird eine Art Quietismus entgegengestellt, das "Stillhalten": Man soll "den Strom" durch sich "hindurchfließen lassen" (S. 202).

Jene andere, bessere Welt liegt aber im Abseits, außerhalb der Geschichte, wie Sigrid Weigel in bezug auf *Kassandra* feststellte; die Autorin läßt eine ihrer Figuren in *Sommerstück* fragen, ob der Rückzug ins Elementare und Private keine Flucht, keine Kapitulation sei (S. 95, 216). Auf jeden Fall bleibt die Zerstörbarkeit dieser Gegenwelt der Erzählerin immer bewußt. In *Sommerstück*, das F.J. Raddatz zu Recht als eine "idyllische Elegie" bezeichnete[45], wird das Wissen um die Vergänglichkeit und Bedrohtheit des Glücks, die Ahnung vom Ende sogar zum Hauptthema[46]. Solange keine grundlegende Veränderung der gesamten Gesellschaft stattgefunden hat, solange diese Welt eine Heldenwelt ist, scheint es "keinen realen Lebensort"[47] zu geben, wo sich die ersehnte Existenz dauerhaft entfalten könnte. Die Bilanz lautet auch in *Kassandra*: "Kein Ort. Nirgends", "outopos". Angesichts der Entmenschlichung des Kriegs und der Grausamkeit Achills kann Kassandra nur die Göttin Kybele um Hilfe anrufen, Hekabe nur wie eine "heulende Hündin" klagen (S. 155). Trotz ihrer Rebellion bleibt Kassandra doch ein Objekt der Machthaber, sie erkennt schließlich: "Gegen eine Zeit, die Helden braucht, richten wir nichts aus" ... (S. 156).

Aber trotz der Einsicht in die Ohnmacht des Einzelnen, trotz gelegentlicher Zweifel und Ernüchterung[48] wird die Hoffnung, wenn auch nur "ein winziges Rinnsal", nicht aufgegeben. Charakteristisch ist, daß auch *Sommerstück* nach einem Gespräch über den Tod und das Altern mit der Evokation des Lichts und des Miteinanderseins schließt[49]. In *Kein Ort, Nirgends* sagt ja auch die Günderrode: "Wenn wir zu hoffen aufhören, kommt, was wir befürchten, bestimmt"[50]

Zur Utopie hat sich Christa Wolf schon immer bekannt, sie sieht es sogar als die Aufgabe der Literatur, die sie übrigens einen "Tresor für Utopisches nennt[51], "zum Unmöglichen" zu ermutigen[52] und mitzuhelfen, das zu schaffen, was noch nicht vorhanden ist[53]. Auch in bezug auf die Friedensbestrebungen und auf ein neues Wertsystem fungiert die Utopie als Annäherungswert.

Wenn Christa Wolf in ihrer Einstellung zu diesen Problemen auch mit anderen Feministinnen übereinstimmt[54], unterscheidet sie sich jedoch von vielen durch ihre Luzidität, ja die Ausgeglichenheit ihrer Position, so paradox dies angesichts gewisser Passagen von *Kassandra* und in Hinsicht auf die Idealisierung der Frau in einigen ihrer Schriften klingen mag. Sie verhehlt sich nicht die Versuchung, die Anpassung, Macht und Erfolg oder Geborgenheit für die Frau darstellen. Selbst Kassandra war dafür anfällig und mußte Angst und Schuldgefühle als Preis für ihre Autonomie in Kauf nehmen. Die Autorin ist nicht blind gegen die penthesileische "Abart" des Feminismus. Die Amazonen und Penthesilea, "die männermordende Kämpferin"[55], werden auch von Besitzgier und Vernichtungswünschen getrieben: sie repräsentieren daher eine ausweglose Linie des Matriarchats, einen "Irrweg", eine "sektiererische Tendenz", die Christa Wolf widerstrebt[56].

Die Schriftstellerin, die sich von extremen Positionen, sowohl von Polyxena als auch von Penthesilea, distanziert, ist im Grunde nicht so manichäisch, wie es auf den ersten Blick den Anschein haben könnte. Sie behauptet natürlich nicht, daß die Frau das Monopol des Pazifismus hätte, keine Aggressivität in sich trüge und von Natur aus friedfertiger wäre als der Mann[57]. Das spezifisch Weibliche auf diesem Gebiet sei nicht angeboren, sondern Ergebnis einer geschlechtsspezifischen Sozialisation und einer jahrhundertelangen Arbeitsteilung.[58]

Diese These entspricht der Beweisführung Margarete Mitscherlichs in ihrem Buch *Die friedfertige Frau,* das mit der Legende der Nicht-Aggressivität der Frau und der Gewalttätigkeit des Mannes aufräumt und auch betont, daß weibliche Friedfertigkeit anerzogen sei. Frauen seien von Natur aus nicht weniger aggressiv als Männer, würden aber mit ihren aggressiven Impulsen anders fertig: sie introjizierten nämlich die Aggressionen, wandelten sie masochistisch in Vorwurfs- und Opferhaltungen, in Schuldgefühle um, weil sie mehr objektbezogen seien und durch die Angst vor dem Verlust der Zuwendung getrieben würden[54]. Obwohl Margarete Mitscherlich – wie Christa Wolf – es als notwendig ansieht, daß die Frau sich von manchen Aspekten dieser passiv-aggressiven Haltung befreie, könnte diese in ihren Augen doch als Modell für einen weniger fremdzerstörerischen Umgang mit Aggressionen dienen.

Christa Wolf will die Antinomien nicht allzusehr auf die Spitze treiben, sie plädiert eher für Kooperation zwischen Mann und Frau, für gegenseitige Förderung[60]. Die Sehnsucht nach einer Synthese der gegensätzlichen Pole kennzeichnet ja ihre Weltanschauung. So wie sie die Spaltung zwischen Leib und Geist, zwischen Ratio und Emotion[61] ablehnt, verwirft sie letzten Endes auch eine allzu scharfe Trennung zwischen männlichem und weiblichem Prinzip. Das Motiv vom "ganzheitlichen Menschen" durchzieht ja ihr Werk[62], und die Vision von einer "androgynen Annäherung der Geschlechter"[63] prägt u. a. *Kein Ort. Nirgends* sowie die Essays über die Günderrode und Bettina von Arnim. Ihre Schriften sollen nicht als Verherrlichung einer Regression ins Vorrationale oder in den Schoß der Natur, als totale Weigerung der Wissenschaft und der Technik mißverstanden werden. Sie verwahrt sich oft dagegen[64]. Rationale Modelle der Konfliktlösung werden im Gegenteil ausdrücklich bejaht.

"Literatur muß Friedensforschung sein". Auf diese Forderung Bezug nehmend, meldete Sigrid Weigel zu Recht Skepsis an[65]. Christa Wolfs Aufsätze bezeugen aber, daß sie sich der Grenzen der Literatur wohl bewußt war. Sie räumt ein, daß die Literatur keinen unmittelbaren Einfluß auf die Ereignisse haben kann, betont aber doch, daß sie die Angst unsrer Zeitgenossen und Widerstandspositionen artikulieren könne. Die Literatur, die, wie S. Weigel hervorhebt, hier zur moralischen Instanz wird, soll die Gesellschaft auf das aufmerksam machen, was ihr helfen könnte, "zu leben und zu überleben"[66]. *Kassandra* und *Sommerstück* enthalten im Grunde jene "schöpferischen Phantasien", jene "konkreten Utopien", die "den Vernichtungsphantasien" entgegengesetzt werden sollten, um "Friedensfähigkeit" herzustellen[67].

Da die Auseinandersetzung mit der Realität und der Gegenwart für unsre Autorin die Aufgabe der Literatur ist, mußte sie sich mit den zwei großen Problemkonstellationen der letzten Jahrzehnte befassen. Ihre "subjektive Authentizität" liegt u. E. in der Gespaltenheit zwischen einem feministischen Voluntarismus und der elegischen Einsicht in die Ohnmacht des Einzelnen, in die Aporie des friedlichen Widerstands und eines mit der Macht unkompromittierten Handelns.

Anmerkungen

1 Christa Wolf: *Von Büchner sprechen. Darmstädter Rede,* in *Die Dimension des Autors. Essays und Aufsätze, Reden und Gespräche 1959-1985*, Luchterhand, Darmstadt-Neuwied, 1987, S. 623.
2 Christa Wolf: *Antwort an einen Leser,* 1981, in *Die Dimension des Autors,* S. 447, 451; *Voraussetzungen einer Erzählung: Kassandra. Frankfurter Poetik-Vorlesungen,* Luchterhand, Darmstadt, 1988, S. 107.
3 Christa Wolf, *Voraussetzungen einer Erzählung,* S. 87, 93.
4 Christa Wolf, *Von Büchner sprechen,* S. 624.

5 Alexander Stephan, *Frieden, Frauen und Kassandra*, in Manfred Jurgensen *Ch. Wolf. Darstellung. Deutung. Diskussion*, Francke, Bern, 1984, S. 154.

6 Schon 1967 hatte Christa Wolf in *Probe Vietnam* (*Die Dimension des Autors*, S. 424) Motive angesprochen, die sie erst später mit der feministischen Komponente verbinden und ausführlicher behandeln würde.

7 Christa Wolf, *Berliner Begegnung*, 1981, in *Die Dimension des Autors*, S. 438, 440.

8 Der 1989 erschienene Text wurde aber, wie im Buch vermerkt, in seinen frühen Fassungen bis 1982/83 niedergeschrieben und 1987 für den Druck überarbeitet.

9 Ch. Wolf, *Prioritäten setzen*, in *Christa Wolf. Ein Arbeitsbuch. Studien, Dokumente. Bibliographie*, hrsg. Angela Drescher, Aufbau-Verlag, Berlin u. Weimar, 1989, S. 434f.

10 Nach Alexander Stephan ist diese Weise, das Friedensproblem anzugehen, typisch für die Frauen. Die Männer beschränkten sich darauf, das Vokabular der Mächtigen wiederaufzunehmen und es mit negativen Vorzeichen zu versehen (*Frieden, Frauen und Kassandra*, S. 151).

11 Ch. Wolf *Berliner Begegnung; Antwort an einen Leser*, 1981, in *Die Dimension des Autors*, S. 441; Dritte Frankfurter Vorlesung in *Voraussetzungen*, S. 101.

12 Ch. Wolf, *Voraussetzungen einer Erzählung*, S. 122.

13 Ch. Wolf, *Berliner Begegnung*, S. 440.

14 Ch. Wolf, *Voraussetzungen*, S. 87f; *Prioritäten setzen*, S. 434.

15 Ch. Wolf, *Antwort an einen Leser*, S. 450; *Von Büchner sprechen*, S. 623f.; *Voraussetzungen*, S. 84, 88.

16 Ch. Wolf, *Störfall*, S. 119. Um so aufschlußreicher ist diese Passage, als die Assoziation Mond-Mutter-Erde auf der Hand liegt.

18 Op. cit., S. 79f.

19 Op. cit., S. 118: Brüder Grimm, *Die drei Männlein im Walde*.

20 *Prioritäten setzen*, S. 434. *Störfall*, S. 73, 82, 91. Aus Angst, sagt Ch. Wolf in einem Gespräch mit Th. Hörnigk, könnte sogar die Realität des Todes verdrängt werden: Th. Hörnigk, *Christa Wolf*, Steidl Verlag, Göttingen, 1989, S. 10

21 *Beispiele ohne Nutzanwendung*, 1978 in *Die Dimension des Autors*, S. 508; *Ursprünge des Erzählens, Gespräch mit J. Grenz*, 1983, in *Die Dimension des Autors*, S. 922.

22 *Aus einer Diskussion an der Ohio State University*, 1983, in *Die Dimension des Autors*, S. 906; *Berliner Begegnung*, 1981, S. 438, 440.

23 Berliner Begegnung, S. 440; *Voraussetzungen*, S. 97f.

24 Ch. Wolf, *Antwort an einen Leser*, S. 448.

25 Ch. Wolf, *Voraussetzungen*, S. 107, 122.

26 Ch. Wolf, *Kein Ort. Nirgends*, Luchterhand, Frankfurt, 1989, S. 81, 94; *Berührung. Maxie Wander*, in *Die Dimension des Autors*, S. 204, 208; *Antwort an einen Leser*, S. 449; *Voraussetzungen*, S. 53, 75, 76. Siehe auch die Gespräche mit H. Kaufmann 1973, A. Krzeminski (1976), R.A. Zipser (1978) und W.F. Schoeller (1979), in *Die Dimension des Autors*, S. 780, 845f., 859, 876.

27 Ch. Wolf, *Voraussetzungen*, S. 114f.

28 Ch. Wolf, *Nun ja! Das nächste Leben geht aber heute an. Ein Brief über die Bettina*, in *Die Dimension des Autors*, S. 610.

29 Ch. Wolf, *Störfall*, S. 39.

30 *Juninachmittag* (1967); *Nachdenken über Christa T.* (1968), *Gespräch mit Hans Stubbe* (1969).

31 Ch. Wolf, *Gegenwart und Zukunft,* 1970, in *Die Dimension des Autors,* S. 37; *Beispiele ohne Nutzanwendung,* 1978, ebd., S. 508.

32 Ch. Wolf, *Voraussetzungen,* S. 42.

33 Margarete Mitscherlich, *Die friedfertige Frau,* Fischer, Frankfurt, 1989, S. 5.

34 Ch. Wolf, *Kassandra,* Luchterhand, Darmstadt, 1983, S. 16, 77.

35 Ch. Wolf, *Antwort an einen Leser,* S. 451f.

36 Ch. Wolf, *Voraussetzungen,* S. 115.

37 M.Mitscherlich, op.cit. S. 8-16, 181-183.

38 Ch. Wolf, *Antwort an einen Leser,* S. 451f.

39 Ch. Wolf, *Voraussetzungen,* S. 88.

40 Ch. Wolf, *Voraussetzungen,* S. 40. Das Christentum mache das Gebot "du sollst nicht töten" theoretisch zur sittlichen Grundlage des Lebens, aber setze es gleichzeitig im praktischen Handeln außer Kraft.

41 Ch. Wolf, *Voraussetzungen,* S. 106.

42 Ch. Wolf, *Kassandra,* S. 121f. Siehe auch S. 152.

43 Deutliche Echos von *Kassandra* sind hier zu vernehmen: S. 73.

44 Schon 1973 in *Über Sinn und Unsinn von Naivität* und in der Büchner-Rede wurde dies angedeutet, indem von der künftigen Literatur als "von einem Gespräch über Bäume, über Wasser, Erde, Himmel, Mensch" die Rede war (in *Die Dimension des Autors,* S. 53, 624). Es wurde in der 3. Frankfurter Poetik-Vorlesung präzisiert, wo die Autorin vom "lebendigen Wort" träumt, das "den kostbaren Alltag" benennen würde und sich "von unten an sein Material heranzuarbeiten hätte" (S. 125).

45 F.J. Raddatz, *Sommerstück,* in *Die Zeit,* Nr. 13, März 1989. In seinem überschwenglichen Lob des Buchs würden wir aber Raddatz nicht folgen.

46 Das Motto von Sarah Kirsch "Raubvogel süß ist die Luft" und die Episode vom verwesenden Maulwurf, "vom lebenden Kadaver" (S. 193/4) sind diesbezüglich charakteristisch.

47 Ch. Wolf, *Voraussetzungen,* S. 104.

48 Z. B. in *Sommerstück,* S. 124 und *Störfall,* S. 95.

49 Auf ähnliche Weise ist in *Störfall* vom Licht im Herzen der Finsternis die Rede (S. 116-118). Eines der Leitmotive von *Sommerstück,* Verse aus der "Trost Aria", ist kennzeichnend für die nie aufgegebene Hoffnung auf eine bessere Welt: "Endlich blüht die Aloe/Endlich trägt der Palmbaum Früchte (...)/Endlich, endlich kommt einmal" (S. 18).

50 Chr. Wolf, *Kein Ort. Nirgends,* S. 117. In ihren Aufsätzen und Interviews hat sich die Autorin mehrmals auf das Wort Bobrowskis berufen, er schreibe "auf Hoffnung hin" (*Die Dimension des Autors,* S. 442, 929).

51 Ch. Wolf, *Ich bin schon für eine gewisse Maßlosigkeit* Gespräch mit W.F. Schoeller, 1979, in *Die Dimension des Autors,* S. 870.

52 Ch. Wolf, *Lesen und Schreiben,* 1968 in *Die Dimension des Autors,* S. 503. Charakteristisch ist diesbezüglich der Untertitel der dritten Poetik-Vorlesung: "Ein Arbeitstagebuch über den Stoff, aus dem das Leben und die Träume sind". Siehe auch die Büchner-Rede und die Interviews mit R.A. Zipser und W.F. Schoeller in *Die Dimension des Autors,* S. 624, 864, 867, 870, 877.

53 Ch. Wolf, *Berliner Begegnung,* S. 442.

54 Sie beruft sich u. a. auf Virginia Woolf, die 1938 schon festgestellt hatte, daß die Eigenschaften, die die Männer entwickeln müssen, zum Krieg führten (Ch. Wolf, *Krankheit und Liebesentzug*, 1984, in *Die Dimension des Autors*, S. 745

55 Ch. Wolf, *Kassandra*, S. 9f.

56 Ch. Wolf, *Ursprünge des Erzählens*. Gespräch mit J. Grenz, in *Die Dimension des Autors*, S. 925.

57 In *Kassandra* sind Anchises und Troilos Friedensmenschen bzw. Opfer.

58 Ch. Wolf, *Ursprünge des Erzählens*, S. 924.

59 Margarete Mitscherlich, *Die friedfertige Frau*, S. IX, 8-16, 181-183.

60 *Berührung. Maxie Wander*, S. 205; *Voraussetzungen*, S. 115f.; *Kiefern und Sand von Brandenburg. Gespräch mit A. Krzeminski, in Die Dimension des Autors*, S. 846f.

61 Ch. Wolf, *Haager Treffen*, S. 445; *Voraussetzungen*, S. 153f. Schon 1966 hat Ch. Wolf in *Selbstinterview* die alte Losung: "denkend fühlen und fühlend denken" positiv beurteilt (*Die Dimension des Autors*, S. 35).

62 Ch. Wolf, *Kein Ort. Nirgends*, S. 80, 118f. Siehe auch das Gespräch mit R.A. Zipser, S. 859. Aufschlußreich ist diesbezüglich folgende Passage in den *Voraussetzungen:* ... "und Frauen die sich auf ihre Weiblichkeit als einen Wert zurückziehen, handeln im Grunde, wie es ihnen andressiert wurde: Sie reagieren mit einem großangelegten Ausweichmanöver auf die Herausforderung der Realität an ihre ganze Person" (S. 116).

63 Ch. Wolf. *Materialienbuch*. Hrsg. K. Sauer, Luchterhand, 1983, S. 128.

64 Ch. Wolf, *Lesen und Schreiben*, S. 502; *Voraussetzungen*, S. 101, 115f.

65 Sigrid Weigel, *Vom Sehen zur Seherin*, in *Christa Wolf. Text und Kritik*, 46, München, 1985, S. 88/9.

66 Ch. Wolf, *Berliner Begegnung*, S. 442.

67 Ch. Wolf, *Haager Treffen*, S. 444.

Sonja Hilzinger

"Unerschrocken ins Herz der Finsternis". Überlegungen zur Funktion des Schreibens in "Störfall"

1. Die Grenzen der Angst überwinden und die Suche nach dem "blinden Fleck"

Unter dem Motto "Rettet das Leben auf der Erde" waren Künstler aus aller Welt aufgerufen, Friedensplakate zu gestalten, deren Grundidee ein weißer Kreis auf grünem Grund war. Im Sommer 1985 schreibt Christa Wolf ihre Gedanken auf: "Der weiße Kreis, der mich so fasziniert, erscheint mir jetzt als der blinde Fleck im Gesichts- und Bewußtseinsfeld unserer Kultur, der es uns verwehrt, gerade dasjenige zu sehen und wahrzunehmen, was wir am dringendsten kennen müßten: den Ursprung der Angst, die uns zwingt, uns so selbstmörderisch zu wappnen und die Lebensmittel für die nach uns Kommenden zu vernichten" (I 459). Anknüpfend an ein Erlebnis in einer us-amerikanischen Schule – ein junger Lehrer ließ ein weißes Mädchen und einen schwarzen Jungen als "Schwester Sonne" und "Bruder Mond" eine Sage von der Entstehung des Weltalls nachspielen – beschreibt Wolf in diesem Aufsatz auch eine Vision: daß es nicht nur im Spiel, sondern in der alltäglichen Wirklichkeit geschehe, daß ein schwarzer Junge zu einem weißen Mädchen "Schwester" sagt und sie zu ihm "Bruder".

Mit diesen beiden Motiven sind zwei zentrale Funktionen des Schreibens im Werk Christa Wolfs und besonders im "Störfall" benannt: die Suche nach dem "blinden Fleck" in der abendländischen patriarchalischen Kultur, in den modernen Industriegesellschaften, in der eigenen Biographie, in Sprache und Literatur. Diese Suche erfordert Nüchternheit und Genauigkeit, sie hat Widerstände und Schmerzgrenzen zu überwinden, sie braucht Furchtlosigkeit und Mut. Die Suche nach dem "blinden Fleck" ist zugleich Suche nach zwischenmenschlichen, gesellschaftlichen und blockübergreifenden humanen Umgangsformen und Konfliktlösungen und die fortwährende Ermutigung zu solchen Alternativen, zu solidarischem Umgang der Menschen untereinander ("Brüderlichkeit"/"Schwesterlichkeit") und mit den Ressourcen der Erde.

Der Mut, "unerschrocken ins Herz der Finsternis" vorzudringen, erfordert die Überwindung von Angst; in "Störfall" ist es die Angst um den Bruder, der sich einer Gehirnoperation unterziehen muß – eine sehr konkrete, faßbare Angst, und es ist die Angst vor der unsichtbaren Radioaktivität, der schleichenden Verseuchung von Menschen und Natur, die unvorstellbar bleibt.

Die beiden Funktionen des Schreibens – die schonungslose Konfrontation mit der vorgefundenen Wirklichkeit und der Angst, die sie auslöst, einerseits, und die nachhaltige Ermutigung zu dieser Angst als verändernder Angst, aber auch zur Freude am Leben andererseits – möchte ich im folgenden an den wichtigsten Themenkreisen in "Störfall" untersuchen: die Stichworte sind feministische Wissenschaftskritik, das Weiterwirken faschistischer Strukturen, das Umschlagen von Utopien in ihr Gegenteil, das Erproben von Solidarität und die Entwicklung der Empfindungsfähigkeit für Anlässe zur Hoffnung. Ich vernachlässige dabei das Aufzeigen von Zusammenhängen zwischen diesen Funktionen und der ästhetischen Struktur des Textes. "Störfall. Nachrichten eines Tages" entstand in einer für Wolf ungewöhnlich kurzen Produktionszeit, sie schrieb den Text, dessen realer Bezugspunkt die Reaktorexplosion in Tschernobyl im April 1986 ist, zwischen Juni und September 1986. Bestimmende Ebene des chronikalischen Tagesberichts ist nicht die Handlung, sondern das Nachdenken der Erzählerin, das verschiedene Gedankenfäden zu einem "Prosa-Netz"/"Gewebe" zusammenfügt. Strukturelle Grundlage des Textes ist das kathartische Prinzip, das in jeweils modifizierter Form fast alle Prosa-Texte Wolfs bestimmt: die Überwindung einer existentiellen Krisensituation und damit die zum Leben und zum Schreiben notwendige Identität mit sich selbst geschieht durch das Schreiben selber. Thema und Form stehen sich in äußerster Spannung gegenüber: der schwierigen und schmerzhaften Auseinandersetzung mit Angst, Schuld, Erinnerung und Sprachlosigkeit steht der entschlossene Versuch entgegen, im Aufspüren von "Alternativen zu diesen Untergangstendenzen ..., seien sie noch so schwach, oder mögen sie noch so utopisch erscheinen" (1987, M 452), aufs neue die humanisierende Wirkung von Literatur zu erproben, wozu auch ästhetische Geschlossenheit gehört.

2. Feministische Wissenschaftskritik

Im Zentrum dieser Kritik steht der Mythos von Faust, der das beste, nämlich das menschlichste, was er besitzt: seine Seele, um den Preis von Wissen und Macht dem Teufel verschreibt. In Essays wie "Lesen und Schreiben", "Ein Besuch" und "Glauben an Irdisches" vom Ende der 60er Jahre war Christa Wolf – ausgehend vom Beispiel Büchners, der zugleich Naturwissenschaftler, Revolutionär und Dichter war – von der gemeinsamen moralischen Verantwortung für den Fortbestand der Menschheit von Schriftstellern und Naturwissenschaftlern überzeugt. "Epische Prosa" definierte sie als eine Gattung, die es vermag, in das Innerste des Menschen vorzudringen, "dorthin, wo der Kern der Persönlichkeit sich bildet und festigt", um in diesem Kern "seelische Kräfte freizusetzen, die an Gewalt mit den im Atom gebundenen Energien zu vergleichen sind" (1968, II 34) und die die Selbstwerdung des Menschen in Übereinstimmung mit der sozialistischen Gesellschaft vorantreiben.

"Wie merkwürdig, daß A-tom auf griechisch das gleiche heißt wie Individuum auf lateinisch: unspaltbar. Die diese Wörter erfanden, haben weder die Kernspaltung noch die Schizophrenie gekannt" (S 35) – so die Replik fast zwanzig Jahre später in "Störfall".

Zur gleichen Zeit hat Wolf Anlaß zu fragen, was denn einen neuen Faust dazu bewegen könnte, sich erneut dem Teufel zu verschreiben; "gesellschaftliche Isolierung", "technische Neugier", "zynische Hybris" – aber vor allem das: "äußerste(r) Unglauben an den Wert menschlicher Arbeit, menschlichen Daseins" (1968, I 317). Die Informationen und Überlegungen in "Störfall" belegen diesen Befund: einem Bericht über das us-amerikanische Kernwaffenforschungszentrum Livermore entnimmt die Erzählerin, daß diese jungen Männer, "Menschen auf einer Isolierstation" (S 70), ohne Kontakt zum 'wirklichen' Leben und zu anderen Menschen ihrem Computer und dem Fetisch Technik verfallen sind "wie nur je ein Sklave" (S 70), und daß sie ausschließlich vom "Sog des Todes", von der "Machbarkeit des Nichts" (S 71) angetrieben sind. "Die lernen doch nichts", sagt im Telefongespräch die jüngere Tochter der Erzählerin über die Betreiber von Kernkraftwerken. "Die sind doch alle krank. Oder was noch passieren müsse, als daß die Milch weggekippt werde, tausendliterweis, und daß man fürchten müsse, mit den besonders gesunden Nahrungsmitteln die Kinder besonders schnell zu vergiften. Während auf der anderen Seite des Erdballs die Kinder zugrunde gingen, weil ihnen genau diese Nahrungsmittel fehlten" (S 23). Die Erzählerin macht sich nun in Gedanken eine Liste aller der Tätigkeiten, die diese Männer, die in Wissenschaft und Politik das Sagen haben, nicht aus eigener Erfahrung kennen: "Einen Säugling trockenlegen. Kochen, einkaufen gehn, mit einem Kind auf dem Arm oder im Kinderwagen. Wäsche waschen, aufhängen, abnehmen, zusammenlegen, bügeln, ausbessern ... (S 26f.) – es handelt sich also um eben jene Alltagsarbeiten, die gesellschaftlich notwendig, aber nicht gerecht unter Männern und Frauen aufgeteilt sind, sondern weitgehend den Lebensalltag von Frauen bestimmen. Aus der Tatsache der Entfremdung – oder der Freiheit – von Männern von diesem Lebensbereich leitet die Erzählerin die zwanghafte Hinwendung zur Technik und Wissenschaft als "Ersatzbefriedigung" ab. "Was will der Mensch", fragt die Erzählerin, mit Blick auf diese Männer, und gibt die Antwort: "Der Mensch will starke Gefühle erleben, und er will geliebt werden" (S 38). Wird ihm (oder ihr?) diese Liebe nicht gegeben, schafft er (sie?) sich eine "Ersatzbefriedigung", hängt sich an ein "Ersatzleben, Lebensersatz, die ganze atemlos expandierende ungeheure technische Schöpfung als Ersatz für Liebe" (S 38). Wer nicht leben, wer nicht lieben kann, muß zerstören – ein 'Naturgesetz'? Als Grundlage des Patriarchats die Kompensation der männlichen Lebensangst und Liebesunfähigkeit mit Zerstörungs- und Selbstzerstörungslust? Solche Erklärungsansätze eines derart komplexen Sachverhalts mögen bei einer Autorin, die dem dialektischen Materialismus verpflichtet ist, erstaunlich oder sogar befremdlich wirken. Ich möchte dagegen halten, daß die argumentative Verkürzung in "Störfall" nur deshalb möglich ist, ohne undifferenziert zu sein, weil diese Überlegungen sich wie rote Fäden durch die Prosa und Essayistik Wolfs ziehn. In "Unter den Linden" (1969), "Selbstversuch" (1972), "Kein Ort. Nirgends" (1979) und in "Kassandra" (1983) werden männliche Liebesunfähigkeit, die Verbindung von Lust und Zerstörung und das Objektmachen der Frauen in verschiedenen psychologischen und historischen Kontexten untersucht und kritisiert; schärfer und kompromißloser wird diese Kritik in den Essays über schreibende Frauen (die Romantikerinnen-Essays, die 4. Poetik-Vorlesung) formuliert. Im "Brief über die Bettine" wird Bettine von Arnim, die ihr Schreiben auch als soziales Engagement begreift, zu einem menschlichen Gegenbild zur "Hybris des 'faustischen' Menschen", weil sie "nicht aufhören konnte, Vorschläge zu machen für eine andere, nichttötende Art, auf der Welt zu sein" (1979, II 149). (vgl. auch den Essay "Krankheit und Liebesentzug" (1984) mit der These, die Angst vor Impotenz sei für Männer in einer Kultur, die ihnen 'Über-Potenz' abverlange, "eine der Quellen der wachsenden Gewalttätigkeit und Zerstörungslust"; II 280.)

Daß die Lage nicht ganz hoffnungslos ist, daß der neue Faust seine Seele nicht endgültig dem Teufel verschrieben hat, sondern zur Vernunft gekommen ist – das belegt das Beispiel des us-amerikanischen Atomwissenschaftlers Peter Hagelstein. Als die Erzählerin in "Störfall" erfährt, daß er, die Verkörperung des neuen Faust, das Kernwaffenforschungszentrum Livermore verlassen hat, schöpft sie neue Hoffnungen, daß die Setzungen von 'männlicher' Zerstörungslust und 'weiblicher' Vernunft nicht naturgegeben, sondern historisch und sozial erzeugt und deshalb veränderbar sind. "Einer hat es geschafft. Nichts ist endgültig. Ich muß erneut über die Schicksale und Entscheidungen des modernen Faust nachdenken" (S 102), resümiert die Erzählerin. (Vgl. auch die Umdeutung des Faust-Motivs in Irmtraud Morgners Roman "Amanda")

3. Das Weiterwirken faschistischer Strukturen

Ohne zu trennen zwischen 'innen' und 'außen', gibt die Erzählerin ein ganz genaues Bild vom Erleben dieses Tages im April, an dem in jeder, auch der alltäglichsten Verrichtung, in jeder Wahrnehmung, jedem Gedanken und jedem Gespräch, in jedem Blick auf Wolken und Kirschbäume schmerzhaft gegenwärtig ist, daß nichts mehr so sein wird, wie es war. Gerade die Unsichtbarkeit der Radioaktivität, die Unvorstellbarkeit der Dauer von Zerfallszeiten, die schleichende Wirkung des radioaktiven Niederschlags auf Menschen und Natur und die an die Grenzen psychischer Erträglichkeit stossende permanente und unentrinnbare Gegenwärtigkeit der Folgen des "Störfalls" schaffen geradezu zwingend eine Analogie zu einer früheren Erfahrung der Erzählerin: die Erfahrung des alltäglichen Faschismus. Sommer 1945. Soldaten der Roten Armee holen einen Mann ab, der als Fahrer bei der Gestapo gearbeitet hat – "Nichts hat er gemacht, Fahrer ist er gewesen"; er ist nicht wiedergekommen. Mehr als vierzig Jahre später erzählt der Schwager dieses Mannes, ein Nachbar der Erzählerin, jener sei "sich nichts Böses gewahr gewesen". "Da mag er recht haben", denkt die Erzählerin. "Ich habe die bewußten Autos vor mir gesehen, die ohne Fahrer niemanden hätten fahren, transportieren, irgendwo hinbringen, irgendwo abliefern können" (S 48). Das ist es ja gerade, was auch heutzutage immer noch funktioniert, das einfache, fraglose Gehorchen im Kleinen, das Rädchen-im-Getriebe-Sein, an einer scheinbar unbedeutenden Stelle des gigantischen, menschenvernichtenden Apparats mitzumachen. Aber wie kann jeder Mensch lernen, die Grenze dessen, was er oder sie nicht mehr mittragen kann und will, zu sehen, zu empfinden und seine Unterstützung aufzukündigen? Kein spektakulärer Widerstand ist hier gemeint; der Gestapo-Fahrer hätte seine Arbeit verloren und ein anderer hätte sie gemacht. Also wäre es sinnlos, nein zu sagen? Hätte er seine Selbstachtung retten, ein Stück Menschlichkeit bewahren, für andere ein Beispiel sein können? Die Erzählerin trifft auf ihrem Grundstück einen ihr fremden Mann, der in der Nachkriegszeit in ihrem Haus gewohnt hat und nicht vergessen konnte, daß seine kleine Schwester, die an Typhus gestorben war, hier begraben worden ist – dies habe sich ihm "doch unauslöschlich eingeprägt" (S 83). Und die Erzählerin begreift, "daß im Leben dieses Mannes eine Art Lücke eingetreten sein konnte, in der plötzlich das Gesicht und die kleine Gestalt der verhungerten Schwester wieder auftauchte" (S 84), und dieser Mann hat die schmerzende, von dem vagen Gefühl möglicher Schuld und deshalb gegen den Widerstand des Vergessens zu befreiende Erinnerung ausgegraben. Auch dieses Motiv, der Kampf um die Erinnerung und gegen das Vergessen, die genaue Analyse des Weiterwirkens faschistischer Denk- und Verhaltensstrukturen in der unmittelbaren Gegenwart und das Festhalten an der Kategorie "moralisches Gedächtnis" (KM 459) gehört zu den Themen, die Wolf immer wieder, am nachhaltigsten in "Kindheitsmuster" (1976), an die Grenzen des Sagbaren geführt haben. In Sätzen wie "Was ich nicht weiß, macht mich nicht heiß" (S 19) oder "... aber unsereins könne ja sowieso nichts dagegen tun" (S 41) begegnet der Erzählerin in "Störfall" aus dem Mund von Nachbarn diese Haltung des Nicht-sehen-, Nicht-hören, Nicht-verantwortlich-sein-Wollens, und das wird zu einem weiteren Anlaß für sie, darüber nachzudenken, wie – auch: mit welcher Art von Literatur – dieses geheime Einverständnis vieler Menschen mit einer Politik, von der sie nichts wissen wollen und die sie dennoch mittragen, aufzubrechen ist.

4. Das Umschlagen von Utopien in ihr Gegenteil

Jene Wissenschaftler, die dem "friedlichen Atom" nachjagten, waren von der Utopie besessen, "genug Energie für alle und auf ewig" in die Nähe des Machbaren zu rücken. Die Utopie schlug in ihr Gegenteil um – dieser Gedanke führt die Erzählerin mitten in ihr eigenes Leben: "Treiben die Utopien unserer Zeit notwendig Monster heraus? Waren wir Monster, als wir um einer Utopie willen – Gerechtigkeit, Gleichheit, Menschlichkeit – für alle –, die wir nicht aufschieben wollten, diejenigen bekämpften, in deren Interesse diese Utopie nicht lag (nicht liegt), und, mit unseren eigenen Zweifeln, diejenigen, die zu bezweifeln wagten, daß der Zweck die Mittel heiligt?" (S 37) Die Überzeugung, daß die Perspektive einer sozialistischen Gesellschaft falsche Schritte auf einem richtigen Weg fordere, hat die Erzählerin geteilt, die Autorin geteilt. In einem frühen Aufsatz hatte Wolf die sowjetische Weltraumrakete als "Aufklang des Kommunismus" und als "Verkörperung der Alternative, die heute vor uns steht, schärfer denn je: Kommunismus oder Barbarei" (NdL 3/1959) apostrophiert. Und die NACHRICHT von der Reaktorexplosion in Tschernobyl verweist auf eine andere NACHRICHT, auf die vom ersten bemannten Weltraumflug der Sowjets im April 1961, der in Wolfs Kurzroman "Der geteilte Himmel" (1963) die symbolische Bedeutung zukommt, den historischen Fortschritt des Sozialismus zu belegen. Daß dieses technizistische Symbol ungeeignet ist, den Fortschritt in der Selbstwerdung des Menschen zu symbolisieren, zeigt seine Rücknahme in "Nachdenken über Christa T." (1968, v.a. 16. Kapitel). Gegen die hastig und aus Versatzstücken gebaute 'neue Welt' setzt Christa T., eine Vorläuferin der Günderrode in "Kein Ort. Nirgends" und auch der Kassandra, ihre Vision, mutig, phantasievoll und zweifelnd ein nützliches Mitglied der sozialistischen Gesellschaft zu werden. Ein der Setzung "Kein Ort. Nirgends" vergleichbares krisenhaftes Zeitempfinden artikuliert auch die Erzählerin des "Störfall", indem sie eine neue, "böse(n) Art von Freiheit" (S 30) benennt, die Verlust und Befreiung einschließt; einerseits die Befreiung von Angst und Gehorsam, andererseits den Verlust ihrer grundsätzlichen Lebensperspektive (S 9f.): "Wie aber könnte ich gehen ohne Ziel?" (S 30). Ihre Krise ist existentiell auch in dem Sinn, daß sie ihre zentrale Lebensaufgabe, das eingreifende Schreiben, in Frage stellt. Denn das Schreiben steht nicht mehr allein im Zeichen der Förderung menschlicher Selbstverwirklichung, sondern es ist zugleich zerstörerisch ("Worte können treffen, sogar zerstören wie Projektile", S 55) und selbstzerstörerisch (es führt zu den "Abgründen in mir selbst", S 46). Die Erzählerin macht sich bewußt, daß sie beim Schreiben den "Punkt des stärksten Schmerzes" (S 37) zugleich zwanghaft sucht und aus Angst vor Verletzung flieht. Die "Lust an Spaltung, an Zertrümmerung" (S 54), welche die Erfindungen und Entdeckungen der Wissenschaftler antreibt, ist auch eine der Voraussetzungen des eigenen Schreibens, denn die Erzählerin braucht ja "jenes Ich, das sich zum Zwecke des Nachdenkens von 'mir' abzuspalten pflegt" (S 38), um schreiben zu können. So wie die Wissenschaft einen Januskopf trägt – Leben zu bewahren und Leben zu zerstören –, so auch die schriftstellerische Arbeit: das Erfinden von Figuren und Geschichten macht das Leben selber zum Material und Objekt, das Schreiben kann verletzend und schmerzend sein, und es ist dennoch notwendig, die Grenzen des Wissens über uns selbst voranzutreiben, Breschen zu schlagen in unwegsames Gelände, sich mutig an den "blinden Fleck" in der eigenen Seele anzunähern. Die Erzählerin sucht nach diesem, ihrem "blinden Fleck" in verschiedenen Richtungen – Lebensangst, Leistungs- und Machtanspruch, unterdrückte Gefühle – und am nächsten glaubt sie ihm zu kommen im Umkreisen des Problems Gebrauch und Mißbrauch der Sprache (S 99). Im Gespräch mit der älteren Tochter wird der Erzählerin bewußt, daß der wieder und wieder unternommene Versuch, schreibend seelische "Grenzschutzsicherungen" (S 102) zu überwinden und so unerschrocken ins Herz der Finsternis, in die tabuisierten Bereiche der eigenen Seele vorzudringen – "der eigenen Wahrheit ohne Angst ins Gesicht zu sehen" – jeden Preis wert ist. Denn "die Bedrohung nicht dem äußeren Feind aufzubürden, sondern sie da zu lassen, wo sie hingehöre, im eigenen Innern", das ist, so glaubt die Erzählerin, "die allerutopischste von allen Utopien" (S 103, vgl. auch S 113) – und so wäre die Überzeugung von der humanisierenden Kraft der Literatur, die solche Selbsterforschung zum Nutzen der Gesellschaft furchtlos betreibt, realistisch.

5. Das Erproben von Solidarität

Nicht jede Utopie schlägt in ihr Gegenteil um – das erfährt die Erzählerin nicht nur im Nachdenken über das Schreiben, sondern auch über das, was sie "Brüderlichkeit" nennt. Bereits in dem Essay "Lesen und Schreiben" (1968) hat Wolf aus der Einsicht, daß humanitäres Denken und Handeln nicht in der Natur des Menschen liege, sondern gesellschaftlich erlernt werden müsse, die

Aufgabe von Literatur begründet, "Lebensformen (zu entwickeln), auf die das altmodische Wort 'brüderlich' paßt" (II 45). Vor dem Hintergrund ihrer feministischen Kritik an patriarchalischen Strukturen in den 70er Jahren gewinnt die weibliche Form, "Schwesterlichkeit", für Wolf aktuelle Gültigkeit. In "Berührung", dem Essay, der Maxie Wanders Protokollen von Frauen in der DDR vorangestellt ist, nennt Wolf als "Merkmale von Schwesterlichkeit" "Anteilnahme, Selbstachtung, Vertrauen und Freundlichkeit", "Fähigkeit zur Kooperation" (1979, I 197). Der Versuch, auf dieser Grundlage solidarische Beziehungen zwischen Mann und Frau in einem Liebesverhältnis zu realisieren, scheint mir in Wolfs Prosa nirgends wirklich gelungen. Auch in "Kein Ort. Nirgends" (1979) ist die Kluft, die Front zwischen den Repräsentanten Kleist und Günderrode – trotz intellektueller und politischer Gemeinsamkeiten – nur in der Vision einer Berührung, aber nicht de facto zu überwinden. Liebe und Leidenschaft zwischen Mann und Frau, solange ihr jeweiliges Anderssein als Verschiedenwertigkeit gesetzt wird, schließt Brüderlichkeit und Schwesterlichkeit aus. Deshalb wird die solidarische Verantwortung für einen anderen, nahestehenden Menschen als gelebte Alternative zu Gleichgültigkeit, Feindseligkeit und Aggressivität in "Störfall" nicht am Beispiel des (Ehe-)Mannes (der, mit "Lieber" angeredet, nur am Rand im Text vorkommt), sondern des Bruders der Erzählerin entwickelt. Das Stärke-Schwäche-Verhältnis zwischen den Geschlechtern ist hier umgekehrt als z. B. in Bachmanns "Franza"-Fragment, wo der Bruder "das einzige männliche, das einzige menschliche Wesen (ist), das die verstörte Schwester um Hilfe anrufen kann", und er, der Bruder, ist es, der die den Stoff organisierende Frage stellt "Wodurch konnte sie so zerstört werden?" (1983, II 200). Die beschwörende Zwiesprache mit dem Bruder, um dessen Leben sie Angst hat, ist für die Erzählerin einer der Antriebe für die Suche nach den Ursprüngen späterer Empfindungs-, Denk- und Handlungsmuster in ihrer Kindheit – eine Annäherung an ihren "blinden Fleck". "Unsere stummen, unerbittlichen Kämpfe im Kinderzimmer", erinnert sie sich. "Die große Schwester renkt dem kleinen Bruder den Arm aus. Unaussprechliche Schande, daß die Kinder einer Mutter sich nicht innig lieben sollen. Wenn sein Arm steif bleibt, bist du schuld. Die Ur-Schuld. Das Ur-Verbrechen, das man nur am Bruder, an der Schwester begehen kann. Mutter und Vater, um deren Liebe der Kampf eigentlich entbrennt, ziehen sich hinter ein noch dichteres Tabu zurück. Die unendliche Dankbarkeit für den brüderlichen Arm, der uns den Gefallen tut, nicht steif zu bleiben. Diesmal (...) bleibt es noch bei der Warnung, die wir zu beherzigen haben. Erleichtert beherzigen wir sie. Stoßen die Leidenschaften, die zu den zähen, erbitterten Kämpfen mit dem Bruder geführt hatten, in jenen Krater in uns, der sich, als Endlagerungsstätte für untragbare radioaktive Gefühle, frühzeitig genug gebildet hat. Was soll es uns nutzen, den dauernd im Auge zu behalten. – Den blinden Fleck. – Das Herz der Finsternis" (S 97f.). Die neben der Beziehung zur Mutter vielleicht wichtigste frühe Beziehung, die konfliktreiche und kameradschaftliche Beziehung zwischen Geschwistern sucht die Erzählerin in verschiedenen Varianten auf – in der Geschichte von Kain und Abel, im Märchen vom Brüderchen und Schwesterchen –, bis sie begreift, daß das das "Grundmuster dieses Tages (ist), Brüderchen und Schwesterchen" (S 80), und daß dieses Muster eng mit einem anderen zusammenhängt: der Koppelung von Lust und Angst, dem Akzeptieren falscher Alternativen – im Märchen ist es die 'Wahl', zu verdursten oder sich in ein wildes, menschenfressendes Tier zu verwandeln, also die Entscheidung, Opfer und Täter zu sein. An dieser falschen Alternativstellung setzt das Nachdenken der Erzählerin ein: "Da hat meine herzzerreißende Trauer immer angefangen, und oft und oft habe ich versucht, dir deinen Durst auszureden, aber wir wußten ja beide, wie das Märchen ging, und wir konnten nichts daran ändern" (S 80). Gegen die kindliche Ohnmacht, gegen das Ausgeliefertsein an die Macht des Zaubers hilft nur eine andere Macht: "wir schworen uns, uns nie, niemals trennen zu lassen" (S 81). Tatsächlich bleibt die Beziehung zum Bruder – "Er ist das genaue Gegenteil von mir (...) Er steht mir nahe" (S 61) – eine der wichtigsten und stabilsten für die Erzählerin, denn er ist "einer der wenigen Menschen, die mich nicht anders haben wollen, als ich bin" (S 101). Deshalb gibt es für die Erzählerin auf die zunächst neue und bestürzende Frage "Soll ich meines Bruders Hüter sein?" (S 60) auch nur eine Antwort. Und die Verantwortung, welche die Erzählerin dem Bruder gegenüber übernimmt, indem sie ihn in Gedanken tröstet, ermutigt, ihm Kraft zum Leben gibt, ist nicht allein eine solidarische und menschliche Haltung dem leiblichen Bruder gegenüber, sondern einem Menschen gegenüber, der sie braucht, gerade sie.

6. Ansätze zur Hoffnung

"Sollen wir unsere Gefühle durcheinanderbringen lassen; sollen wir sie, was schlimmer wäre, unterdrücken? Unerheblich, gemessen an den Werten der Geigerzähler?" (S 62) fragt die Erzählerin und plädiert für das Gegenteil, denn erst das Eingeständnis der Todesangst, der Angst ums Leben kann Kräfte freisetzen, um dieses Leben zu kämpfen. Deshalb geht es – wie auch in "Kassandra" – um die Befreiung der Angst, um den Mut zur Angst. Wenn die Erzählerin trotz des Endzeitgefühls, das sie empfindet, keine Resignation aufkommen lassen will, dann deshalb, weil sie Anlässe zur Hoffnung sieht. Diese findet sie in den "haltbaren Genüssen" des Alltags, welches das Leben auch über tote Zeiten trägt" (S 14), in der "winzige(n) Forsythie" (S 30), die zu blühen beginnt, in den japanischen Friedensbäumchen in den Töpfen (S 75), von denen eines angewachsen ist, in der Gewißheit, "es würde wieder einen Sommer geben. Alle zusammen, viele Menschen, würden wir um den riesigen Tisch hinter dem Haus sitzen" (S 40), und nicht zuletzt darin, daß ihr Bruder die Operation unbeschadet überlebt hat, eine "Wiedergeburt", ein "Neubeginn" (S 93), begleitet von einer veränderten Lebenseinstellung, die die Erzählerin auch für sich selbst in Erwägung zieht: "Sind nicht vielleicht unsere Ansprüche zu hoch oder falsch gerichtet. Ist nicht deine Lebensaufgabe jetzt möglicherweise: dich entspannen, dich gehenlassen, dich erholen; genießen, was ohne Anstrengung zu erreichen ist" (S 96).

In dem Essay "Über Sinn und Unsinn von Naivität" hatte Wolf geschrieben: "Neue Arten von Nachrichten erfordern neue Entschlüsse und Techniken, sich einzumischen. (...) Für jede eingreifende, nicht nur mechanische Tätigkeit brauchen wir aber wieder jenes Grundvertrauen in uns selbst", das "uns instand setzt, Häuser zu bauen, Bäume zu pflanzen, Kinder in die Welt zu setzen, Bücher zu schreiben – zu handeln, so anfechtbar, ungeschickt und unvollkommen, wie uns eben möglich. Was doch allemal vernünftiger ist als eine Kapitulation vor den verschiedenen, manchmal schwer kenntlichen perfekten Techniken der Destruktion" (1973, I 53). Dieses Grundvertrauen zu stärken, ist eine der Aufgaben von Literatur. Am Ende dieses Tages im April findet die Erzählerin in Joseph Conrads Geschichte "Das Herz der Finsternis" diese Ermutigung. Sie erfährt jenes Überwältigtsein durch die Sprache eines Autors, "der aus der Tiefe seiner Selbsterfahrung zu mir spricht" (S 115). Sie liest vom Aufbruch in die Wildnis des afrikanischen Kontinents, so wie sie als Kind Märchen gelesen hat, "erschrocken und entzückt" (S 116), sie liest, wie das Elfenbein der Wildnis entrissen wird und wie die 'Wilden' Opfer des 'Fortschritts' und der 'Zivilisation' werden. "Wie hat er Bescheid gewußt. Wie muß er allein gewesen sein. Und wie soll nun ich auch noch mit diesen sechs durch Ketten aneinandergeschmiedeten Schwarzen leben" (S 116), denkt die Erzählerin. "Der da, dieser Autor, hat gewußt, was Trauer ist. Er hat sich, nicht nur in Gedanken, mitten hineinbegeben in den blinden Fleck jener Kultur, der auch er angehörte. Unerschrocken ins Herz der Finsternis. Und das Licht, das ja auch ihn geleitet haben muß, hat er gesehen als einen 'wandernden Sonnenfleck auf einer Ebene, wie ein Blitz in Wolken.' Wir leben in diesem Aufblitzen – mag es währen, solang die Erde rollt." (S 117)

7. "Glauben an Irdisches"

Der Weg der Erzählerin durch die Schrecken dieses Tages im April, ihre immer wieder von neuem und gegen Angst und innere Widerstände unternommene Suche nach den "blinden Flecken" in der eigenen Biographie und der eigenen Seele führt sie zu einer vorbehaltlosen Hinwendung zum Leben, das nicht kampflos preisgegeben werden soll: "Wie schwer, Bruder, würde es sein, von dieser Erde Abschied zu nehmen" (S 118), dies ist der letzte Satz des Berichts und zugleich der Wendepunkt dieses Tages, von dem aus es der Erzählerin überhaupt möglich wird, sich der Aufgabe des Schreibens erneut zu stellen. Der Mut, "unerschrocken ins Herz der Finsternis" vorzudringen, erfordert die Überwindung der Angst; erst dann wird Schreiben zum "Schlüssel zu dem Tor, hinter dem die unerschöpflichen Bereiche (des) Unbewußten verwahrt sind", zum "Weg zu dem Depot des Verbotenen; zu den Quellen des Traums, der Imagination und der Subjektivität" (1985, I 75).

Eine der Antworten, die Wolf auf die Frage gab, was denn einen neuen Faust dazu bringen könnte, erneut seine Seele dem Teufel zu verschreiben, war "äußerster Unglauben an den Wert ... menschlichen Daseins" (1968, I 317). Diese Frage stellt Wolf in einem Essay über Anna Seghers, der den Titel trägt "Glauben an Irdisches", an "die irdische Vernunft, denkende, mitfühlende, verstehende und handelnde Vernunft" (1968, I 317). Die Funktionen des Schreibens in "Störfall" folgen dieser Setzung, in der vielleicht eine Überschätzung der humanisierenden Wirkung von Literatur liegt – aber eben auch eine notwendig gebrauchte Hoffnung: "Soll endlich einmal die Literatur der Deutschen nicht folgenlos bleiben (...) Soll Literatur endlich einmal, dieses eine Mal, beim Wort genommen und herangezogen werden, um sichern zu helfen den Bestand des Irdischen" (1980, II 168).

Literaturangaben:

Christa Wolf, Störfall. Nachrichten eines Tages. Berlin/Weimar 1987 (= S)

Christa Wolf, Die Dimension des Autors. Essays und Aufsätze, Reden und Gespräche 1959-1985. Berlin/Weimar 1986. 2 Bände (= I, II)

Christa Wolf. Ein Arbeitsbuch. Studien – Dokumente – Bibliographie. Herausgegeben von Angela Drescher. Berlin/Weimar 1989 (= M)

Madeline Lutjeharms

"Doch schreiben wir weiter in den Formen, an die wir gewöhnt sind." Überlegungen zum "weiblichen Schreiben" aus sprachwissenschaftlicher Sicht am Beispiel der "Kassandra" von Christa Wolf.

Der Titel dieses Referats ist großenteils aus Zitaten von Christa Wolf zusammengesetzt. Das erste Zitat: "Doch schreiben wir weiter in den Formen, an die wir gewöhnt sind" stammt aus folgender Textstelle der "Kassandra":

> "Aber es wächst das Bewußtsein der Unangemessenheit von Worten vor den Erscheinungen, mit denen wir es jetzt zu tun haben. Was die anonymen nuklearen Planungsstäbe mit uns vorhaben, ist unsäglich; die Sprache, die sie erreichen würde, scheint es nicht zu geben. Doch schreiben wir weiter in den Formen, an die wir gewöhnt sind. Das heißt: Wir können, was wir sehen, noch nicht glauben. Was wir schon glauben, nicht aussprechen" (S. 110-111).

Es handelt sich hier um ein Kommunikationsproblem, das sowohl die Ebene der zwischenmenschlichen Kommunikation betrifft wie die der Auseinandersetzung des Menschen mit der Welt, in der er lebt, und mit den eigenen Gedanken und Gefühlen. Das Thema, auf das sich C. Wolf hier bezieht, ist das der nuklearen Bedrohung und der Friedensproblematik, ein wichtiges Thema der "Kassandra", ein Thema, das Wolf wohl auch mit Hilfe dieses Buches – und nicht nur mit der Erzählung, sondern auch mit deren Vorbereitung – besprechbar machen möchte. Dies in der literarischen Tradition, die sie in den vorhergehenden Zeilen erwähnt, von den Dramatikern des klassischen Griechenland bis zu der Literatur des Klassenkampfes.

Dieses Zitat habe ich wohl nicht zweckentfremdet, wenn ich es auf die Frauenproblematik anwende, denn es gibt diesen Zusammenhang auch bei Wolf. Einige Seiten weiter schreibt sie über Europa, die griechische Königstochter und den Kontinent, folgendes:

> "Ein Gewaltakt an einer Frau begründet im griechischen Mythos die Geschichte Europas. Mein Schmerz um diesen Erdteil ist teilweise auch ein Phantomschmerz: Nicht nur der Schmerz um ein verlorenes Glied, auch der um noch gar nicht ausgebildete, nicht entwickelte Glieder, um nicht wahrgenommene, nicht gelebte Gefühle, um uneingelöste Sehnsucht. Dies alles aufgehoben in der Literatur – seit wann? Gibt es, wenn man einen anderen Seh-Raster anlegt, auch bei Homer schon ein utopisches Element, oder muß er seine ganze Kraft darauf richten, gegenwärtig zu sein und im Gesang zu retten, was an Überlieferung über die vier, fünf dunklen Jahrhunderte der Dorer-Einfälle hin allein durch

Lieder und Epik bewahrt wurde?" (S. 117) und etwas weiter: "Und was die Ilias angeht, der erste uns bekannte Versuch, einer unter das Gesetz der Schlacht und des Schlachtens gestellten blanken Chronologie ein menschliches Gefühls-Maß aufzudrücken: den Zorn des Achill. Aber es ist die Linie männlichen Handelns, die der Erzähler verfolgt. Nur in den Lücken zwischen den Schlachtbeschreibungen schimmert das Alltagsleben durch, die Welt der Frau" (S. 118, vgl. S. 284 oben).

Damit kommen wir zu einem weiteren wichtigen Thema der "Kassandra": dem Rückgriff auf eine fast verschollene Tradition des weiblichen Handelns, dem Rückgriff auf eine Zeit, in der die Frau – anders als heute – noch nicht schrieb, was das Anknüpfen an diese Tradition so erschwert (S 337). Kassandra hatte den Kontakt zu dieser Welt, die "einen schmalen Streifen Zukunft" vorschiebt (S. 339), noch nicht verloren – in der Erzählung ist es die Welt der Höhle; eine Welt, der Arisbe, Marpessa u. a. noch direkter angehören und in die auch bestimmte Männer hineingehören, besonders der Künstler Anchises, der Vater des Aeneas. Kassandra jedoch schrieb nicht, sie "sieht", also prophezeit oder – wohl eher – erkennt stattdessen, wie Wolf ausdrücklich erwähnt (S. 117). Daher, durch das Fehlen einer Tradition schreibender Frauen, wird "Unvermeidlich der Moment, da die Frau, die schreibt, ... nichts und niemanden mehr vertritt, nur sich selbst, aber wer ist das" (S. 117). Schreiben als Identitätsproblem, weil die Zugehörigkeit zur Gruppe fehlt, weshalb ein neuer Denkrahmen erst geschaffen werden muß. Dies ist auch das Problem von Kassandra, die vieles ahnt, ohne sich ihrer Ahnungen wirklich bewußt zu sein, sie deuten zu können oder sich überhaupt zu trauen, dies zu tun. Kassandra empfindet dies in einer Kriegssituation, die die ganze Gesellschaft beherrscht und schließlich zerstört. C. Wolf empfindet dies in einer Zeit der nuklearen Bedrohung, gegen die, wie sie schreibt, "Die Ästhetik des Widerstandes ... erst noch zu entwickeln" wäre (S. 121).

Die Zusammenführung der Thematik Frauenunterdrückung und Rüstungsgesellschaft ist ein traditionelles Thema in der Frauenbewegung, in der es im wesentlichen zwei große Richtungen gibt. Die eine ältere Richtung beruft sich auf Gleichberechtigung und versucht, die Diskriminierung u. a. durch Gesetzesänderungen und durch Richtlinien für die Personenbezeichnung zu beseitigen. Die neuere Richtung fordert eine andere, weibliche Kultur. Die neue Weiblichkeit wird stolz propagiert, der "Mythos Frau" emanzipierend eingesetzt. Die Mutterrolle wird in einer Weise betont, die sie mit Kreativität, Emotionen und Nähe zur Natur verbindet, eher als mit der kleinbürgerlichen Familie. Weiblichkeit wird bewußt mit Körperlichkeit und Irrationalität in Zusammenhang gebracht. Bezeichnungen für Frauen mit negativen Konnotationen werden positiv besetzt (z. B. "Weib", "Hexe"). Die technologische Welt mit der Rüstungsindustrie, der politischen und wirtschaftlichen Unterdrückung vieler Länder und gesellschaftlicher Gruppen wird als typisch männlich bewertet. Während die erste Richtung einen eher beschränkten Mentalitätswandel zustande bringen möchte, aber die Gesellschaft nicht grundlegend ändern will, strebt die zweite Richtung eine neue Gesellschaftsordnung an. Es ist klar, daß C. Wolf eher zur zweiten Richtung gehört, wenn auch in vorsichtiger, überlegter Art und Weise. So warnt sie in diesem Zusammenhang vor den Gefahren der Irrationalität, vor dem "Weiblichkeitswahn" anstelle des "Männlichkeitswahns", und betont den Wert des "vernünftigen Denkens" (S. 147f.).

Es stellt sich die Frage, ob die schreibende Frau durch ihr Schreiben einen Beitrag zur Entstehung der alternativen Gesellschaft leisten kann:

"Über Realität. Die irrsinnige Tatsache, daß die Literatur in allen 'zivilisierten' industrialisierten Ländern, wenn sie realistisch ist, eine vollkommen andre Sprache spricht als eine jede öffentliche Verlautbarung. So, als gebe es ein jedes Land zweimal. Als gebe es jeden Bewohner zweimal: Einmal als ihn selbst und als mögliches Subjekt einer künstlerischen Darstellung; zweitens als Objekt der Statistik, der Publizistik, der Agitation, der Werbung, der politischen Propaganda.

Das Objektmachen: Ist es nicht die Hauptquelle von Gewalt? Die Fetischisierung lebendig-widersprüchlicher Menschen und Prozesse in den öffentlichen Verlautbarungen, bis sie zu Fertigkeiten und Kulissen erstarrt sind: selbst tot, andre erschlagend" (Vgl. dazu den "Sprachkrieg", S. 266f., in dem die Sprache zur Verhüllung eingesetzt wird, ähnlich auch, S. 254, Agamemnons Sprache, und die Ironisierung der 'Männersprache', S. 167, die Sprache des "klugen und gebildeten Dichters").

"Inwieweit gibt es wirklich 'weibliches' Schreiben? Insoweit Frauen aus historischen und biologischen Gründen eine andre Wirklichkeit erleben als Männer. Wirklichkeit anders erleben als Männer und dies ausdrücken. Insoweit Frauen nicht zu den Herrschenden, sondern zu den Beherrschten gehören, jahrhundertelang, zu den Objekten der Objekte. Objekte zweiten Grades, oft genug Objekte von Männern, die selbst Objekte sind, also, ihrer sozialen Lage nach, unbedingt Angehörige der zweiten Kultur; insoweit sie aufhören, sich an dem Versuch abzuarbeiten, sich in die herrschenden Wahnsysteme zu integrieren. Insoweit sie, schreibend und lebend, auf Autonomie aus sind. Da begegnen sie dann den Männern, die auf Autonomie aus sind. Autonome Personen, Staaten und Systeme können sich gegenseitig fördern, müssen sich nicht bekämpfen wie solche, deren innere Unsicherheit und Unreife andauernd Abgrenzung und Imponiergebärden verlangen.

Sollte man nicht einmal versuchen, was herauskäme, setzte man in die grossen Muster der Weltliteratur Frauen an die Stelle der Männer? Achill Herakles Odysseus Ödipus Agamemnon Jesus König Lear Faust Julien Sorel Wilhelm Meister.

Frauen als Handelnde, Gewalttätige, Erkennende? Sie fallen durch den Raster der Literatur. Dieser heißt 'Realismus'. Die ganze bisherige Existenz der Frau war unrealistisch" (S. 145-6).

Das Wort "weiblich" steht zwischen Anführungszeichen, jedenfalls hier, nicht im Vorwort (S. 9). So wie die Männer in der Erzählung nicht aufgrund des Geschlechts von der Welt der Höhle ausgeschlossen werden, so wird auch hier das Einbeziehen von Männern vorausgesetzt (vgl. ebenfalls S. 148,

186). Es geht um die Autonomie der Person. Könnte das "weibliche" Schreiben die vorher erwähnte "Ästhetik des Widerstandes" hervorbringen? C. Wolf denkt wohl vor allem an Inhalte, denn "weibliches Schreiben" ist eben die Folge des Tatbestandes, daß Frauen "aus historischen und biologischen Gründen eine andere Wirklichkeit erleben als Männer" (S. 146). Diesen Aspekt des weiblichen Schreibens hat Hilzinger schon behandelt. Unter Einfluß der "écriture féminine", des theoretischen Ansatzes, an den man bei der Formel "weibliches Schreiben" natürlich denkt, hat Hilzinger vier Aspekte herausgearbeitet:

> "– Subjektivierung des Erzählens;
> – parteiische Kritik an patriarchalen Verhältnissen bei gleichzeitiger Antizipation besserer Verhältnisse;
> – Widerstand gegen Vergessen und Verdrängen auf persönlicher wie gesellschaftlicher Ebene;
> – formale Vielfalt und Experimentierfreudigkeit, keine kanonisierbaren Formen." (1989, S. 222).

Das alles gibt es deutlich in der "Kassandra", wenn auch in vorsichtiger Form. Es gibt die direkte und offene Einbeziehung der Schriftstellerin als Person mit ihren Erlebnissen – auch in der Form der Lektüre –, mit ihrem Denkprozeß und mit ihrer Überzeugung. Sie macht den Leser so, wie sie im Vorwort schreibt, "zum Zeugen eines Vorgangs, der meinen Seh-Raster verändert hat" (S. 8). Doch dies geschieht mittels traditioneller Formen, wie Reisebericht, Tagebuchnotizen und Brief, die deutlich voneinander getrennt werden. Durch das Zusammenbringen traditioneller Formen, der oben erwähnten und der Erzählung, wodurch sich die Autorin ihrem Stoff von mehreren Blickwinkeln her nähert, wird die traditionelle Form zwar überwunden, aber eben in vorsichtiger Weise. Dieses Problem sieht sie selbst, wenn sie im Vorwort meint:

> "ich empfinde selbst scharf die Spannung zwischen den Formen, in denen wir uns verabredungsgemäß bewegen, und dem lebendigen Material, das meine Sinne, mein psychischer Apparat, mein Denken mir zuleitete und das sich diesen Formen nicht fügen wollte" (S. 8) oder weiter "Empfinde die geschlossene Form der Kassandra-Erzählung als Widerspruch zu der fragmentarischen Struktur, aus der sie sich für mich eigentlich zusammensetzt. Der Widerspruch kann nicht gelöst, nur benannt werden" (S. 153-4).

Die Mischung aus Dichtung und Theorie, die als typisch für das weibliche Schreiben gilt (Moi 1988, S. 97), gibt es in der "Kassandra", aber in nichtchaotischer Weise. "Die Prägung unserer Gehirnwindungen, unser lineares Sprechen widerstehn dem Hexeneinmaleins" (S. 169), heißt es irgendwo. In den sogenannten Vorlesungen gibt es zwar dichterische Elemente, und die verschiedenen Ebenen der Auseinandersetzung mit dem Thema sind miteinander verbunden, sie werden aber nicht vermischt.

Gilbert und Gubar beschreiben die weibliche Textstrategie als "assaulting and revising, deconstructing and reconstructing those images of women inherited from male literature" (The madwoman in the attic, S. 76, zitiert nach Moi 1988, S. 60). Dies ist auch die Absicht von Wolf, wenn sie schreibt: "Mein Anliegen bei der Kassandra-Figur: Rückführung aus dem Mythos in die (gedachten) sozialen und historischen Koordinaten" (S. 142), so wird Kassandras Existenz realistisch (vgl. S. 146) gemacht.

Die Erzählung wird in diskreter und sehr kunstvoller Weise mit den vorhergehenden Texten verbunden, indem die Schriftstellerin am Anfang und am Ende der Ich-Erzählung mit Hilfe der dritten Person Einzahl, mit der "sie"-Form auf ihren eigenen Standpunkt – im wortwörtlichen Sinne – hinweist und die Erzählung zum Reiseerlebnis macht.

Neben den neuen Formen und dem weiblichen Schreiben als inhaltsbezogenen Kriterien gibt es auch die Formulierung auf der Wort- und Satzebene. Sucht C. Wolf eine neue Sprache auf dieser Ebene? Ich habe dafür in der "Kassandra" kaum Hinweise finden können, obwohl Wolf sich des Verlusts der Sprache bewußt ist:

> "Schreibend, ja, aber wie denn unter dieser glühenden Vernunft-Sonne, in diesem rigoros bewirtschafteten, vermessenen und enträtselten Gelände, unsrer Güter beraubt, darunter unsrer Worte, ..." (S. 198).

Doch denkt C. Wolf wohl auch hier eher an die Inhalte als an die Form des Ausdrucks. Sie denkt über Geschichte nach, nicht über Sprachgeschichte, obwohl Kassandra im Zusammenhang mit den nur Äußerlichkeiten überliefernden Schreibern Troias meint: "Für Schmerz, Glück, Liebe gibt es keine Zeichen. Das kommt mir wie ein ausgesuchtes Unglück vor" (S. 280, vgl. S. 254: "Wie weit ich mich, auch in meiner Sprache, von ihnen entfernt hatte").

Schreibende Frauen lesen vor allem Texte von Männern, weil es nun einmal mehr Texte von Männern gibt (vgl. S. 184) und weil Texte von Frauen aufgrund der gesellschaftlichen Entwicklung früher leicht in Vergessenheit gerieten (vgl. Brinkler-Gabler 1978). So ist es nicht verwunderlich, daß Frauen sich der ihnen vorgegebenen Sprache bedienen, um aus "weiblicher" Perspektive zu schreiben. In der Soziolinguistik wurden Unterschiede zwischen den von Frauen und den von Männern benutzten Sprachvarianten gefunden, doch es gibt auch starke Hinweise dafür, daß solche Unterschiede von der sozialen Situation geprägt sind (vgl. Coates 1986, besonders S. 79 ff.). Was stilistische Aspekte betrifft, muß zudem auch der Faktor Sprache der Unterdrückten/ der Unterdrücker berücksichtigt werden (Lutjeharms 1989, S. 49f.). "Die Literatur des Abendlandes, lese ich, sei eine Reflexion des weißen Mannes auf sich selbst. Soll nun die Reflexion der weißen Frau auf sich selbst dazukommen? Und weiter nichts?" (S. 109, vgl. dazu auch S. 116f. und 125). Die "weiße Frau", gerade die weiße intellektuelle Frau, gehört selbst oft zur sozialen Gruppe der Unterdrücker. Es muß natürlich zwischen "weiblichem Schreiben" und "Texten von Frauen" unterschieden werden.

Besonders in der Erzählung, aber auch in den anderen Teilen ihres Buches, meist dann, wenn sie sich auf Kassandra und ihre Zeit bezieht, benutzt Wolf eine archaisierende, poetisch wirkende Sprache, die deutlich von der griechischen Vorlage und deren Übersetzungen geprägt ist. Für Wolf wohl eine Form, an die sie "gewöhnt" ist. So wimmelt der Text von vorangestellten Genitivattributen und von Appositionen. Einige von vielen Beispielen: "Daß die Troer Helena, des Menelaos geraubte Frau, auf eine Warnung hin zurückgeben?" (S. 141)/ "Die Stationen ihrer Wanderschaft durch der Männer Betten" (S. 188)/ "in deines Vaters Seele" (S. 241)/ "alles übertraf der Briseis Gesicht" (S. 285)/ "des Königs Tochter" (S. 288)/ "Wo Herophile, die alte lederwangige Priesterin, inbrünstig Gaben weihte" (S. 288) usw. Archaisierend wirkt oft auch die Wortstellung: "nach der Seherin verstummte, die ihre Nachfolgerin war, die Dichterin, jahrtausendelang" (S. 186)/ "als ich, an längerer Leine hängend als die anderen Verschleppten, bedenkenlos, gedankenlos mich auf sie warf" (S. 202)/ "Wie der Arzt, um zu prüfen, ob es abgestorben ist, ein Glied ansticht" (S. 204)/ "Sie habe mir nicht gelegen, Penthesilea, die männermordende Kämpferin" (S. 205)/ "Dabei half dem Palast mehr noch als jeder andre unser bester Feind, Achill" (S. 288), usw. Es ist eine Sprache, die auch durch die oft kurzen Sätze an den Text von Aischylos erinnert oder jedenfalls an dessen deutsche Übersetzung, aus der Wolf am Anfang ihres Buches mehrmals zitiert. Sie benutzt diesen Stil wohl z. T. aus rhythmischen Gründen. Rhythmische Gründe dürften auch für das häufige Weglassen des unbetonten –e– anzuführen sein.

Im folgenden werde ich zwei Aspekte des sprachlichen Ausdrucks behandeln: einerseits möchte ich kurz der Frage nachgehen, wie die Welt der "autonomen Personen, Staaten und Systeme" beschrieben werden kann, und andererseits etwas ausführlicher darlegen, wie C. Wolf die männlich geprägte deutsche Sprache benutzt, um über Frauen und ihre Welt zu schreiben.

Es ist eine Erfahrung bei Diskussionen in der Friedensbewegung, daß es fast unmöglich ist, über Frieden in friedlichen Ausdrücken zu sprechen. Wir verfallen automatisch in Wendungen wie "Widerstand gegen Kriegsdenken". "Kampf für den Frieden", "Rüstungspolitik angreifen", "stärker werden" u.ä. Frieden wird leicht als Abwesenheit von Krieg definiert. Ähnlich hofft C.

Wolf angesichts der Bedrohung durch die Rüstung auf eine noch zu entwickelnde "Ästhetik des Widerstandes *dagegen*" und beschließt ihr Vorwort mit dem Hinweis: "Meine übergreifende Frage richtet sich auf, genauer: *gegen* das unheimliche Wirken von Entfremdungserscheinungen auch in der Ästhetik, auch in der Kunst" (S. 9). Die "autonomen Personen, Staaten und Systeme" beschreibt Wolf vor allem als Alternativen negativer Haltungen: "insoweit sie aufhören, sich an dem Versuch abzuarbeiten, sich in die herrschenden Wahnsysteme zu integrieren ... müssen sich nicht bekämpfen wie solche, deren innere Unsicherheit und Unreife andauernd Abgrenzung und Imponiergebärden verlangen" (S. 146, vgl. auch ibidem "eine andre Wirklichkeit ... Wirklichkeit anders erleben als Männer", S. 184 "ein andres Leben" oder im Zusammenhang mit "Malina", S. 193, wiederholt: "eine andere Art" und S. 310 "Es ist das andere ... das Dritte"). Diese negative Ausdrucksweise ist zwar ein Problem des Inhaltes, denn, so C. Wolf, "Nur wer Konflikte kennt, hat etwas zu erzählen" (S. 186), aber gleichzeitig auch ein Sprachproblem, denn um Wolf nochmals zu zitieren: "Wir können, was wir sehen, noch nicht glauben. Was wir glauben, nicht aussprechen." (S. 111, vgl. auch S. 229: "nämlich ... Nämlich?). Es ist ein Sprachproblem, weil wir eine neue Kultur mit der Sprache einer anderen, der alten Kultur, beschreiben müßten. Daher schreibt Wolf in bezug auf Bachmanns "Malina": "keiner von beiden wird bis zum Ende klipp und klar Bescheid geben können – nicht in den Worten jedenfalls, die uns zur Verfügung stehen. Und auch wir werden eher einen Schrecken erfahren als eine Antwort ..." (S. 194).

Die Sprache der heutigen Kultur ist von der Beherrschung durch die Männer geprägt. Das Wort "herrschen" zeigt es schon. Die "herrschenden ästhetischen Normen" (S. 7), von denen Wolf spricht, sind auch die der Herren. Inwiefern denken wir bei "herrschenden Normen" an Männer? Es gibt und gab ja auch "Herrinnen", Kassandra ist selbst eine (S. 211). Aber sprachgeschichtlich gesehen, sind "Herr" und "Herrscher" die älteren Formen, "Herrin" und "Herrscherin" die Ableitungen, dadurch haben die männlichen Formen eine prototypische Konnotation. Fallen solche Wortbildungen C. Wolf auf? Wolf erwähnt mehrmals, daß die ersten Gottheiten wie die ersten Priester weiblich waren:

> "Für eine Frau von Stand ist Priesterin, Seherin der einzig mögliche Beruf (den in grauer Vorzeit überhaupt nur Frauen ausgeübt haben: als die oberste Göttin eine Frau war, Ge, Gaia, die Erdgöttin; ein Beruf, den im Verlauf anscheinend jahrtausendelanger Kämpfe Männer den Frauen streitig machten, in dem Maße, in dem Götter sich an die Stelle der Göttinnen schoben" (S. 123, vgl. S. 73 und für Priesterinnen/Priester S. 172).

Im Griechischen gibt es für Gott/Göttin das sogenannte "Differentialgenus", also alternative Ableitungssuffixe weiblich/männlich zu einem Stamm

(Thea/Theos). Ähnliches gibt es im Deutschen bei den substantivierten Adjektiven. Aber bei den meisten deutschen Personenbezeichnungen muß für Frauen eine movierte Form verwendet werden, also eine Ableitung auf – in des männlichen Grundwortes. Mit den deutschen Bezeichnungen "Priesterin" und "Göttin" kann die von Wolf beschriebene geschichtliche Entwicklung also nicht gut ausgedrückt werden. Ich habe in der "Kassandra" keine Hinweise dafür finden können, daß diese Entwicklung bei den deutschen Personenbezeichnungen C. Wolf stört oder auch nur auffällt.

Wolf verwendet die movierten Formen und die als geschlechtsneutral empfundenen grammatisch männlichen Funktionsbezeichnungen genauso, wie es die Grammatiken in der DDR vorschreiben, d. h. movierte Formen werden nur verwendet, wenn das biologische Geschlecht hervorgehoben werden soll, sonst werden Maskulina geschlechtsneutral verwendet (Heidolph et al. 1981, S. 575f. sprechen von der "unmarkierten allgemeinen Grundform des Maskulinums" und von der "markierten Form des Femininums"). Deshalb geht die Verwendung des –in–Suffixes in der DDR eher zurück (v. Polenz 1985, S. 154). Einige typische Grammatikbeispiele: "Doris ist Lehrer an der neuen Oberschule" (Heidolph et al. S. 575) oder "Frau Professor Seidel wurde Verdienter Lehrer des Volkes" (Helbig/Buscha 1987, S. 270). Das Problem der Bezeichnungen für Frauen ist also anders gelöst als in der Bundesrepublik, wo die Verwendung der Doppelformen zunimmt, auch vorgeschrieben wird. Übrigens ist dies m. E. aus sprachwissenschaftlicher Sicht keine gute Lösung des Problems. Die Doppelformen sind höchstens mittelfristig und aus psychologischen Gründen vertretbar.

Das geschlechtsneutral verwendete Maskulinum kommt in der "Kassandra" häufig vor, so beispielsweise "westliche Müßiggänger, die sich – besonders wir Frauen – ..." (S. 64)/ "meine Angehörigen, Freunde, Bekannten und Feinde" (S. 167), "Naturwissenschaftler", "Diskussionsteilnehmer" (S. 173) oder Kassandra über sich selbst: "wie ein Schiffbrüchiger das rettende Festland ersehnte ich das Priesteramt" (S. 240) und: "ich war kein Stratege" (S. 273) usw. Daß grammatisch männliche Formen geschlechtsneutral verwendet werden, zeigt sich auch in folgender Formulierung "Daß die Minoer Sklaven arbeiten ließen, auch Sklavinnen natürlich, ..." (S. 81). Movierte Formen werden nur verwendet, wenn der Aspekt "weiblich" betont werden muß oder wenn ausschließlich Frauen gemeint sind, so "Seherinnen-Los" (S. 179, aber "Sehergabe" der Kassandra, S. 111, vgl. S. 214)/ "die weibliche Genealogie der Orakelsprecherinnen zu entthronen (Vorläuferinnen der Kassandra)" (S. 180)/ "die Verwandlung dieser Ahninnen in Schicksalsgöttinnen" (vgl. die vielen anderen Formen auf S. 181)/ "Priesterinnenkleid" (S. 307) usw. Bei dieser letzten Form und bei "Seherinnen-Los" fällt auf, daß Wolf Komposita mit movierten Formen bildet, wenn es aus inhaltlichen Gründen notwendig ist: "Seher-Los" (S. 239 schreibt sie "Seherlos"; "Seherinnen-Los" wird von Wolf wohl als ungewöhnliche Zusammensetzung empfunden, daher der Bindestrich) und "Priesterkleid" wären nicht dasselbe (vgl. "Königinnenhöfe", S. 151). Gelegentlich kommen der Deutlichkeit halber auch Formen vor wie "der männliche Dichter" (54), "männliche Altertumswissenschaftler" (59), "männlicher, 'junger' Gott" (112, vgl. 182) usw. Es gibt in dieser Hinsicht keinen Unterschied zwischen Vorlesungen und Erzählung.

Auch die Verwendung der Pronomina ist konventionell, d. h. es werden männliche Deklinationsformen verwendet, es sei denn, es wird ausdrücklich eine Frau gemeint: "Keiner von beiden" in bezug auf Geschwister (S. 194)/ eine "Angst ..., die keiner ihr glaubt" (S. 197)/ "Da von jedem etwas in mir ist, habe ich zu keinem ganz gehört" (S. 203)/ oder nochmals Kassandra auf sich selbst bezogen "das unvermeidliche Los dessen, der sich selbst aufgibt" (S. 273, vgl. 213) usw. Doch auch die weibliche Form wird - viel seltener allerdings – benutzt, z. B.: "daß Menschen auf die Dauer einer, die ihr Recht beweist, nicht Glauben schenken sollten" (S. 223) oder "eine nach der anderen" (nur Frauen in der Frauenwelt der Höhle, S. 219, vgl. 197). Einmal gibt es jedoch Zweifel bei der geschlechtsneutralen Verwendung des Maskulinums: "'Muß einer denken' soll vielleicht heißen: Muß einer – oder eine? – *so* denken?" (S. 163).

Während die pronominalisierte Verwendung des kleingeschriebenen "frau" statt des Indefinitpronomens "man" – das eigentlich "Mensch" bedeutet – in feministischen Texten aus der Bundesrepublik gar nicht mehr auffällt, benutzt Wolf diese Form nur zweimal, aber noch großgeschrieben und nach "man". Die Stellen sind: "wenn man (und Frau) es durch ein anderes Raster ansähe ..." (S. 160) und "da hat man – und Frau – diesen Begriff ... gebraucht" (S. 189). Normalerweise benutzt Wolf das Pronomen "man" geschlechtsneutral ohne Problematisierung.

Bei Namen von Schriftstellern werden nur selten Artikel verwendet, aber wenn, dann bei Frauen, auch das traditionell, vor allem im Genitiv: "ein Gedicht der Bachmann" (S. 162)/ "Tiefseefisch der Fleißer" (S. 189), auch mal "... von Marie-Luise Fleißer" (S. 185), mit Vornamen, also anders als im allgemeinen bei Männernamen wie "'Isis und Osiris' von Musil" (S. 194). Es gibt gelegentlich "die Bachmann" im Nominativ, z. B.: "Meinst Du, die Bachmann wußte nicht, wie Goethe, Stendhal, Tolstoi, Fontane, Proust und Joyce Romane schrieben?" (S. 191, vgl. 193). Es fällt anscheinend schwer, über Schriftstellerinen so zu sprechen wie über Goethe oder Flaubert und andere männliche Schriftsteller, nicht nur ein Problem bei Wolf.

Ein weiterer Punkt, der hier zu besprechen wäre, ist die Reihenfolge bei Wortpaaren, die Personen männlichen und weiblichen Geschlechts bezeichnen. Außer bei der Anrede ist die gerade von mir benutzte Reihenfolge die übliche. So auch bei Wolf: "Jungen und Mädchen" (S. 57f.)/ "mit Priestern und Priesterinnen" (S. 115)/ "Mann und Frau von heute" (S. 148)/ "ihr brüderliches, schwesterliches Aufeinandergehen" (S. 196)/ "aus dem großen Kreis der Brüder und Schwestern" (S. 227)/ "Mann oder Weib" (S. 319)/ "Vater, Mutter" (S. 237), also die übliche Hierarchie. Gegenbeispiele sind: "Mein Wagenlenker führt, heimlich, scheint es, Greisinnen und Greise zu mir heran, alte Leute aus Mykene ..." (S. 319) und "auch im Schlafgemach der Königin und des Königs" (S. 238).

Zum Schluß noch einige Worte über die Verwendung von "Weib". Wie ich schon erwähnt habe, ist dieses Wort in der westdeutschen Frauenbewegung aufgewertet worden. Es fällt sehr auf, daß Wörter für "Frau" so leicht abgewertet werden: "Weib" wurde von "Frau", einer Femininbildung zu einem alten Wort für Herr, abgelöst; "das Mensch" wurde zum Schimpfwort. Bei Wolf hat das Wort "Weib" eine negative Konnotation. Sie benutzt es in der Erzählung zur Bezeichnung der sehr negativ dargestellten Wächterinnen, die sie bewachten, als sie im Turm eingesperrt war ("jene beiden wüsten Weiber", S. 332, vgl. 333 ff.), sonst auch einige Male für Penthesilea, "welche die ausweglose Linie des Matriarchats verkörpert" (S. 151): "Freudig sah ich sie, ein Weib, als einzige sich bewaffnen ..." (S. 206, 319), und für die anderen Amazonen (S. 321). Für Klytaimnestra wird das Wort "Weib" einmal im Sinne von Ehefrau benutzt. Der Kontext ist deutlich sexuell, es geht um Agamemnons Impotenz (S. 209). Sexuell ist ebenfalls der Kontext bei der Verwendung in der Zusammensetzung "Weiberrituale" (S. 176). Schließlich gibt es noch den Satz "Magie aber war einst die Kunst ausschließlich der Weiber (die, in die Lieblosigkeit getrieben, nicht ohne Grund zu 'Zaubersprüchen' zurückkehren)" (S. 172), aber diese Verwendung hängt mit einer Quelle zusammen, gleich vorher werden nämlich die "vier grauen Weiber" aus Goethes "Faust" erwähnt.

Wolf läßt sich von der männlich geprägten deutschen Sprache also nicht einzwängen, sie benutzt sie so, wie sie ihr vorgegeben ist, um ihr zögerndes, fragendes Denken über die Frauenproblematik (die schließlich auch eine "Männerproblematik" ist) zu äußern. Sie benutzt die Sprachvariante ihrer sozialen, nationalen Gruppe, denn sie zeigt sich als Bürger der DDR in der Art und Weise, wie sie Personen bezeichnet. Obwohl ich keine bessere Lösung bei der Verwendung des Deutschen vorschlagen könnte – es sei denn die allgemeine geschlechtsneutrale Verwendung des Maskulinums mit, falls notwendig, dem Zusatz "weiblich" oder "männlich" statt der Verwendung der movierten Formen –, muß ich doch gestehen, daß ich etwas erstaunt bin, daß C. Wolf sich bei ihren vielen Überlegungen kaum Gedanken über die sprachbedingten Aspekte ihrer Thematik gemacht hat oder dies jedenfalls in ihrem

Text nicht zeigt. Ist die männliche Prägung des heutigen Deutsch für sie kein Problem?

Literaturverzeichnis

Seitenzahlen ohne weiteren Hinweis beziehen sich auf:

Wolf, C. (1987), Kassandra. Vier Vorlesungen. Eine Erzählung, Berlin und Weimar, Aufbau-Verlag.

Brinkler-Gabler, G. (1978), Deutsche Dichterinnen vom 16. Jahrhundert bis zur Gegenwart. Gedichte und Lebensläufe, Frankfurt, Fischer Taschenbuchverlag.

Coates, J. (1986), Women, men and language. A sociolinguistic account of sex differences in language, London/ New York, Longman.

Heidolph, K.E., Flämig, W. und W. Motsch, Autorenkollektiv unter der Leitung von (1981), Grundzüge einer deutschen Grammatik, Berlin, Akademieverlag.

Helbig, G. und J. Buscha (1987), Deutsche Grammatik. Ein Handbuch für den Ausländerunterricht, Leipzig, VEB Verlag Enzyklopädie.

Hilzinger, S. (1989), Weibliches Schreiben als eine Ästhetik des Widerstandes. Über C. Wolfs "Kassandra"-Projekt, in: C. Wolf. Ein Arbeitsbuch, Studien – Dokumente – Bibliographie, Weimar, Aufbau-Verlag.

Lutjeharms, M. (1988), "Liebe Leser " oder "Liebe Leserinnen und Leser": Zum Verhältnis von Genus und Sexus im Deutschen, in: Germanistische Mitteilungen 26, 33-41.

Lutjeharms, M. (1989), Die Mehrheit als Sonderfall oder die sprachliche Diskriminierung der Frau, in: A. Gross (Hg.), Gewaltsprache – Friedenssprache, Polaritäten in der Friedenserziehung, Dokumentation einer internationalen Fachtagung, Jugendakademie Walberberg, 38-53.

Moi, T. (1988), Sexual/ Textual Politics: Feminist Literary Theory, London etc., Routledge.

Polenz, P. von (1985), Deutsche Satzsemantik, Berlin usw., W. de Gruyter.

Pusch, L. F. (1984), Das Deutsche als Männersprache, Aufsätze und Glossen zur feministischen Linguistik, Frankfurt am M., Suhrkamp Verlag.

Magda Michielsens

Das Geschlecht des Denkens
Christa Wolf und der Unterschied

Meine Vorgehensweise in bezug auf das Werk von ChristaWolf ist philosophisch geprägt. Die Philosophie ist mein Fachgebiet, und ich beabsichtige nicht, das der Literaturexperten zu betreten. Denn ich bin weder hauptberufliche Literaturkritikerin noch begeisterte Konsumentin literarischer Texte. Zu sehr mißtraue ich den Bedeutungen, der symbolischen Überzeugung und den verborgenen Werten, durch die die Lektüre fiktionaler Texte meinen Geist beeinflußt. In den Tagen nach 1968 – als ich mein Studium beendete – habe ich meinen übermäßigen Literaturkonsum eingestellt. Seit etwa 20 Jahren mache ich nun eine Art kultureller Magersucht durch. Ich will nicht, daß dieses Zeug in mein System eindringt. Allerdings leide ich wie jeder Magersuchtpatient an meinen Eß-/Lesewutanfällen. Während eines solchen Anfalls erfreute ich mich am Werk Christa Wolfs.

Das heißt also, daß ich hier als Außenstehende spreche, als Philosophin nämlich, deren Interessengebiet die Frauenstudien sind.

Von diesem Außenseiterposten aus gebe ich nun eine eher persönliche Darstellung meiner Christa Wolf-Rezeption, und zwar angesichts meiner Vorstellungen von dem "geschlechtsbedingten Unterschied". Den Anlaß hierfür bietet ein interessantes Phänomen in feministischen Leserkreisen, nämlich der warme Empfang, der Christa Wolfs Werk von Frauen bereitet wird: Christa Wolf wird als Feministin weltweit von Frauenrechtlerinnen begrüßt. Christa Wolf in feministischer Sicht, das ist auch das Thema dieses Kolloquiums. Meine Frage lautet nun, weshalb ihre Texte diese Wirkung haben. Die Antwort darauf suche ich weder in persönlichen noch in politischen Erklärungen oder Interviews der Autorin. An dieser Stelle interessiere ich mich nicht für die direkten Aussagen Christa Wolfs über (ihren) Feminismus und auch nicht für andere Erklärungen auf ideologischer oder politischer Ebene (obwohl dies während der letzten Wochen sehr spannend war).

Ich konzentriere mich auf die feministischen und/oder weiblichen Qualitäten ihrer literarischen Produktion. Gibt es etwas in der FORM des Werkes, das als feministisch bzw. weiblich identifiziert werden kann? Ich suche nach abstrakten, strukturellen Qualitäten im Werk, die möglicherweise bei Frauen eine starke Affinität zu den Texten hervorrufen. Gibt es etwas über den konkreten Inhalt der Geschichte hinaus, das Frauen stärker macht, das Frauen ermutigt, tröstet oder fasziniert oder aber Frauen miteinander verbindet?

Welche Hilfsmittel stehen uns nun zur Verfügung, wenn wir dieses Thema behandeln wollen? Besitzen wir Maßstäbe für Feminismus oder Weiblichkeit? Glücklicherweise nicht. Feminismus ist weder ein ethisches System noch eine soziale Insel oder ein Ghetto. Aber 20 Jahre Feminismus der zweiten Generation und 15 Jahre Frauenstudien haben mehrere allgemeine Theorien über Weiblichkeit hervorgebracht. Mehrere Theorien – nicht nur eine einzige –, und eine lebhafte Diskussion zwischen den Anhängern von "Gleichheit" und denen der "geschlechtlichen Unterschiede" geht weiter. Die Positionen des sogenannten Gleichheitsfeminismus und des sogenannten Feminismus der Unterschiede scheinen unversöhnlich. Wenn die Diskussion mit Genauigkeit geführt wird, braucht sie für die Frauen nicht vernichtend zu sein. Trotzdem zielt die Diskussion auf den Kern dessen, was mit "Emanzipation" gemeint wird. Besonders französische Autorinnen und Philosophinnen haben zu diesem Punkt deutlich Stellung genommen. Diese Frauen – Vertreterinnen der "Unterschiede" – haben die Aufmerksamkeit auf die sonderbare Rolle der Frau im Hinblick auf die existente Sprache gelenkt, auf die männlich dominierte symbolische Ordnung. Sie heben die schwierigen (harten), aber brillianten Versuche der Frauen hervor, sich selbst von der männlichen Norm und Form zu befreien, die uns Frauen alle tief prägt. Frau sein heißt für sie, die Unterschiede zu leben, nicht identisch zu sein mit allem, was immer menschlich, d. h. männlich gewesen ist, nämlich zu erfinden, was niemals vorher existiert hat, d. h. zwei Geschlechter und die Möglichkeit eines Kontakts zwischen ihnen.

Diese Frauen sind über den Gleichheitsgrundsatz, über die Gleichberechtigung der Frau als gesellschaftliche und politische Forderung hinaus. Die meisten frühen Feministinnen der zweiten Generation – und ich gehöre zu dieser Gruppe – haben ihren Standpunkt aus der Sicht von Simone de Beauvoirs Paradigma des Feminismus heraus entwickelt. Dabei handelt es sich um einen Feminismus der Gleichheit mit dem Ziel, den Männern gleich zu werden. Der Feminismus des Unterschieds will nicht zu den von Simone de Beauvoir so verabscheuten alten weiblichen Werten zurückkehren, sondern versucht vielmehr, der Weiblichkeit eine Chance zu geben. Das hat es vorher noch nicht gegeben. Wir haben die Zukunft vor uns. Sie stimmt zwar nicht übermäßig optimistisch, aber wir haben nun einmal keine eigene Vergangenheit.

In jüngster Zeit haben die Vorstellungen über den "Unterschied" den Feminismus vor dem Moralismus geschützt. Die Frau gibt es nicht, einen einzigen echten Feminismus genausowenig, und es gibt auch nicht EINE EINZIGE Strategie: Auch innerhalb des Feminismus ist Pluralismus erforderlich. Niemand besitzt den Schlüssel zum einen und einzigen Tor zur Emanzipation. Und Freiheit kann sich auf sehr unterschiedliche, sogar fragmentarische,

Weise zeigen. Der Feminismus, der den "Unterschied" für sich beansprucht, versucht, den einfachsten aller Fehler zu vermeiden: in die Welt des Mannes einzutreten, so wie sie ist. Der Preis, den Frauen dafür zu zahlen bereit sind, daß sie das Spiel des Mannes spielen und sein gleichberechtigter Partner sind, hat seine Grenzen. Nie hat der Feminismus den Frauen erlauben wollen, am bestehenden Wahnsinn teilzunehmen. Dies sind meine Worte. Mit einem Zitat Christa Wolfs kehre ich nun zu ihren Texten zurück:

"Ist es denn das Ziel der Emanzipation, kann es überhaupt erstrebenswert sein, daß die Frauen werden wie die Männer, also dasselbe tun dürfen, dieselben Rechte wie sie bekommen und sie auch immer mehr wahrnehmen können, wo doch die Männer selbst Emanzipation so sehr nötig hätten?"[1]

Der Anspruch, anders zu sein, heißt nicht, daß man dieses Anders-Sein akzeptiert. Für Frauen ist es ein Experiment in Weiblichkeit, wenn sie behaupten, sie seien anders. Ich halte Christa Wolfs Denken für eine Unterstützung dieser These.

Das Geschlecht des Denkens

In diesem Rahmen widme ich mich nun dem frauenspezifischen Aspekt des Denkens von Christa Wolf. "Parler n'est jamais neutre"[2] lautet der Titel eines Buches von Luce Irigaray, womit gemeint wird, daß es keine Geschlechtslosigkeit des Sprechens gibt. Ich erkenne in den Texten Christa Wolfs die Kraft des Denkens, und zweifellos ist dieses Denken geschlechtsbedingt. Ich werde die Aufmerksamkeit auf die Punkte in Wolfs Werk lenken, die mit den Argumenten in "Parler n'est jamais neutre" übereinstimmen.

Als ich Christa Wolfs Werk las, war ich weder von den erzählerischen Qualitäten noch von der Erzählung selbst beeindruckt, genausowenig wie von der Ausstrahlung der Charaktere oder der gesamten Atmosphäre der Texte. Es war vielmehr das in den Texten hervortretende "**Denken**", das bei mir einen bleibenden Eindruck hinterließ. Selbstverständlich gibt es keine hervorragenden literarischen Texte ohne einen außergewöhnlichen Intellekt. Was aber Christa Wolfs Werk so einzigartig macht, ist die Tatsache, daß "Denken" als ein Prozeß, eine Aktivität vermittelt wird. Margret Brügmann – meine Kollegin im Zentrum für Frauenstudien an der Universität Nijmegen – machte das Werk Christa Wolfs in den niederländischsprachigen Ländern bekannt, und ich zitiere sie:

"The mixture of beautiful wordings and thoughts gives me insight into the world. Reading her texts enjoys and fascinates me ...

Her prose has what I would call 'a powerfull subtility' and this over and over again surprises and moves me."[3]

Was mich an diesem Zitat besonders interessiert, ist die "kraftvolle Subtilität". Die Kraft von Wolfs subtilem Denken fällt durch den inneren Monolog der Autorin sofort ins Auge. Das erzählerische Rezept der Christa Wolf ist das "Denken der eigenen Situation", und sie benutzt es meisterhaft. Eine innere Stimme schwebt zwischen Denken und Sprechen hin und her; mal ist sie nach innen, mal nach außen gerichtet; jedenfalls ist diese Stimme zwar sehr deutlich, gleichzeitig aber auch sehr vage. Ganz bestimmt aber ist die Stimme weiblich.

Die Stimme ist der Ausdruck einer intensiven kognitiven Konzentration. Meistens ist die Stimme klar, aber es gibt Intervalle der Langsamkeit, des Verständnisses – der Sorge – der Wiederholung – des Zauderns – der Entschlußunfähigkeit. In der Tat, Denken ist – was man auch immer behaupten mag – nicht gleich Urteilen oder Entschlußfähigkeit.

Indem sie den Vorgang des Denkens aufzeigt, eröffnet sie auch die Innerlichkeit einer Intellektuellen, eine der wenigen Einsichten, die die Geschichte der Literatur und Philosophie uns je vermittelt hat. Dieser Aspekt ist um so wichtiger, als "Lesen" als Dialog zwischen Schriftsteller und Leser betrachtet werden kann. Patsy Schweickart sagt hierzu:

"The reader encounters not simply a text, but a 'subjectified object': the "heart and mind" of another woman. She comes into close contact with an interiority – a power, a creativity, a suffering, a vision – that is not identical with her own."[4]

Diese Begegnung konfrontiert uns mit der Tatsache, daß lesende Frauen immer dem Bewußtsein und der Subjektivität schreibender Männer ausgesetzt gewesen sind. Darüber hinaus lenkt diese Begegnung die Aufmerksamkeit auf die Bedeutung von Frauen als schaffenden Künstlerinnen. Im Werk Christa Wolfs tritt die Leserin in einen Dialog mit einer anderen Frau und begegnet außerdem einer Innerlichkeit, die in ein höchst kompliziertes Substrat eingehüllt ist.

Denken – als Kontinuität und Hingabe einer weiblichen Existenz – wird in Christa Wolfs Werk als **Erlebnis** vermittelt. Im Lichte des französischen Feminismus des Unterschieds interpretiere ich dies als eine geschlechtliche Art des Denkens, als einen Aspekt der "geschlechtlichen Differenz" im Werk der Christa Wolf. Christa Wolfs Denken wird als Gefühl empfunden, und ihr Fühlen wird als Gedanke empfunden.

Die Erfahrung ihres Denkens vertreibt den Dualismus zwischen Denken und Fühlen in das Reich des phallischen Mythos.

In den (inneren) Monologen Christa Wolfs verflüchtigen sich vitale Gedanken (oder handelt es sich um Schlußfolgerungen?). Sie sind und bleiben vital, verfliegen aber trotzdem. Sie sind nicht erstarrt. In "Störfall" zeigt sich dies sogar im Aufbau der Paragraphen. Diese Art der Offenheit stellt hohe Anforderungen. Die traditionellen Mechanismen der Überredung und Verführung in Texten fehlen hier. Vielmehr verlangt der Text eine relativ reine Form der Aufmerksamkeit, ohne den Leser jedoch zusätzliche Argumente zum Erwecken oder Fesseln der Aufmerksamkeit anzubieten. Das Ganze ähnelt einer offenen Betrachtung. Die Struktur eines jeden Textes kann mit der Position Kassandras verglichen werden. Es handelt sich um Frauen wohlbekannte offene Immunität oder immune Offenheit, wie Irigaray sie definiert hat.

In diesem Kontext ist die **Ernsthaftigkeit** jeder Protagonistin beeindruckend. Wir – Frauen – sind neu im Spiel. Selbstverständlich sind wir ernste Menschen. Wegen der Ernsthaftigkeit ihrer Charaktere wird Christa Wolf in den vielen Kritiken zu ihrem Werk, die ich in jüngster Zeit in niederländischen und französischen Zeitungen gelesen habe, sehr oft als eine pessimistische und trübsinnige Autorin beschrieben. Für mich ist dies schwer verständlich. Man will denken – oder auch nicht. Man will spielen – oder nicht. Ernsthaftigkeit ist eine unbedingte Voraussetzung für soziale Existenz. Für viele Frauen ist diese Haltung eine natürliche Form des intellektuellen Realismus. In dieser Hinsicht zeigt Christa Wolf eine Art Mut, den sie mit all denjenigen Frauen teilt, die nie aufhören, sich selbst Fragen zu stellen und sich über Dinge zu wundern. Sie stellen Fragen, hören nie auf, Fragen zu stellen, und dies viel mehr, um weiterleben zu können, als um die gestellten Fragen zu beantworten. Für Frauen hat dieser intellektuelle Realismus nichts mit Pessimismus zu tun. Es handelt sich schlicht und einfach um den Kampf gegen die Nicht-Existenz.

Für mich war es manchmal sehr schwer, Christa Wolf zu lesen – einfach nur zu lesen. Es hat ziemlich lange gedauert, bis ich mein Problem verstand. Ich kämpfte mit den in den Texten vorkommenden **Pronomina**. Als ich schließlich die treibenden ich, ihr, mich, er als Konstruktion des Eindrucks eines zerstreuten Bewußtseins – ein dem Feminismus der Unterschiede in den Frauenstudien wohlbekanntes Phänomen – zu verstehen lernte, konnte ich damit leben und konnte ich lesen, was ich vorher nicht verstanden hatte. Diesen Punkt werde ich gründlich ausarbeiten.

Frauen leben in einem dichten Netz sozialer Beziehungen, und oft hat es den Anschein, als ob sie/wir ihre/unsere Aufmerksamkeit gleichzeitig über das ganze Netz verteilen. Luce Irigaray hat komplizierte "Tricks" angewandt, um in ihre Texte eine Art verteiltes Bewußtsein einzufügen. Christa Wolf erweckt denselben Eindruck anhand viel einfacherer Mittel. In den Fällen, in denen mehrere Personen in ihrer Geschichte auftreten, entwirft sie nie das ganze Bild von einem Stand- oder Gesichtspunkt aus, aus der Sicht einer einzigen Person. Sie schafft die Welt als ein Netz oder ein Labyrinth, in dem jeder Knotenpunkt der gleichen Aufmerksamkeit bedarf. Deshalb ist es logisch, daß ich nicht ohne weiteres verstehe, was sie meint, wenn sie schreibt ich, sie, mich. Treibende Verdichtungspunkte der Aufmerksamkeit, überall und nirgends anwesend, keine Grenzen monolithischer Identitäten oder starker Egos. Es gibt keinen Kritiker, der den Wert und das hohe Niveau von Christa Wolfs geschlechtlichem Denken anzweifelt. Dies ist wie ein Sieg – aber dieses Wort ist nicht so weiblich – für das weibliche Bewußtsein.

Allen Frauen in Christa Wolfs Werk gemeinsam ist ihre **Marginalität**, ihr Nichtimstandesein, ihr Widerwille, die Logik, die dem bestehenden militärisch-industriellen Komplex eigen ist, zu verstehen. Ich paraphrasiere aus "Störfall":

> "Wo scheiterte unsere Entwicklung, die der Menschheit – wo scheiterte sie so schrecklich, daß wir den 'Wunsch zu genießen' mit dem 'Wunsch zu vernichten' verbanden? Anders gesagt, was ist die Angst, die diese jungen Männer völlig von dem abhält, was wir 'normale Menschen' Leben nennen. Diese Angst muß so schrecklich sein, daß sie statt sich selbst lieber das 'Atom' befreien."

Wir "normalen Frauen" mögen am Rande leben, aber wir wissen sehr genau, daß es auf der anderen Seite der Begrenzung nichts mehr zu gewinnen gibt. Die jungen Männer im Zentrum der Macht – der nuklearen Macht – bestimmen nicht länger die Norm.

Diese Haltung und dieses Selbstbild stellt Frauen autonomer dar als jemals vorher. Vielleicht sind sie in ein dichtes soziales Netz eingeschlossen, das ihr Bewußtsein prägt, aber sie sind nicht länger ein Anhängsel ihrer Männer – weder politisch noch gefühlsmäßig.

Das letzte, was ich zu Christa Wolfs "geschlechtlichem Denken" verdeutlichen möchte, hat mit der Diskussion über die **Hoffnung** als Gegensatz zur **Katastrophe** (oder dem alltäglichen Elend) zu tun. Diese Kombination von Hoffnung und Tod in Christa Wolfs Werk ist sehr beunruhigend. In Christa Wolfs Darstellung beider Aspekte herrscht oft ein gespanntes Klima vor. Man kann es durchaus mit der Spannung eines Thrillers oder einer Tragödie vergleichen. Dieses Klima ist voller Schönheit und Kraft, aber man weiß, daß etwas geschehen wird. In diesem Fall weiß man auch, daß eine Frau verletzt werden wird. Eigentlich hasse ich – als Leserin – diese Art der Spannung im Werk Christa Wolfs. Aber ich erkenne und schätze die Wiederauferstehung einer starken und verwundbaren Weiblichkeit, die wir in ihren Büchern erleben.

Zum Schluß

Ich habe Wörter benutzt wie "Macht", "Konzentration", "Identität", "Sicht", sogar "Emanzipation" und "Sieg". Das Lesen von Christa Wolfs Werken hilft mir zu glauben, daß es einmal möglich sein wird, unsere eigenen Wörter zu benutzen.

Anmerkungen

1 Zitiert von Anne Herrmann in "The Transsexual Anders in Christa Wolf's 'Self-Experiment' ", Genders, n3 fall 1988, S. 43-56, S. 45 aus Wolf "Die Dimension des Autors: Gespräch mit Hans Kaufmann" in Lesen und Schreiben: Neue Sammlung, Darmstadt, Luchterhand, 1980, S. 93.

2 Luce Irigaray, "Parler n'est jamais neutre", Paris, Les Editions de Minuit, 1985.

3 Margret Brügmann in: Lover, december, 1981.

4 Patsy Schweickart in: Flynn, E.A. & Schweickart, P.P.: "Gender and Reading. Essays on Readers, Texts, and Contexts." Baltimore/London, The John Hopkins University Press, 1986, S. 52.

Angela Drescher

In der blauen Höhle
Mutter- und Tochter-Beziehungen in Büchern von Christa Wolf

"... sie wünschen sich beide im gleichen Augenblick dasselbe: Die Zeit möge von jetzt an stillstehen" (GH 157). Und: "Jetzt dürfte der Sommer nicht mehr aufhören" (S 39). Zwei Beschwörungsformeln eines "Verweile doch", die inständig und zugleich erschrocken vor der Maßlosigkeit des Wunsches und im Wissen um unausbleibliche Gefährdungen im Abstand von zwanzig Jahren von zwei Prosafiguren gedacht werden; einmal gilt die Bitte dem Zusammensein mit einem Mann, das zweitemal wird das Glücksgefühl ausgelöst vom Auftauchen einer Tochter.

Rita Seidel, die zum erstenmal erfahren hat, wie weit ein Leben werden kann, wenn eine Liebe und eine sinnvolle, anerkannte Tätigkeit zusammentreffen, die sich am Ende vor die Wahl gestellt sieht, eines von beiden zu verlassen, und die eine dem herkömmlichen Rollenbild widersprechende Entscheidung trifft, diese Rita könnte die jüngere Schwester der Ellen sein, jener Frau Mitte vierzig, die zwanzig Jahre später mit dem Gefühl fertigwerden muß, nicht mehr gebraucht zu werden von der Gesellschaft, und sich zurückgeworfen sieht gerade auf Familie und Freunde. Rita geht vom Dorf in die Stadt, von der Geborgenheit in einen verwirrenden, beklemmenden Lebensraum, wo aber "Außerordentliches" auf sie wartet, wie sie meint; Ellen zieht sich mit ihrem Mann nach Mecklenburg zurück, weil ihr beinahe alles recht gewesen wäre, "was sie aus der Stadt herausgebracht hätte, wo ihr beinahe nichts mehr recht war" (S 14). Vergleicht man beide Bücher im Lichte gegenwärtiger Prozesse, dann ist in ihnen und zwischen ihnen auf eine beklemmende Weise Geschichte der DDR komprimiert, eines Landes, das auszog, unter Mühen und mit hohen Ansprüchen, gegen Bedrohungen und Schwierigkeiten eine gerechte, moralische und solidarische Gesellschaft aufzubauen, wobei es sich auch in bisher nicht dagewesenem Maße der Energien der Frauen bediente, und das jetzt – wie Literaten schon seit längerem, seit dreißig Jahren genaugenommen, signalisiert haben – in eine Lage geraten ist, in der es sich das Scheitern dieser Hoffnung – man befinde sich in einem "geistig-moralischen Notstand"[1], sagt Christa Wolf – schonungslos klarmachen muß, um mögliche Kräfte zu einem Neuanfang freisetzen zu können, Kräfte, die sich besonders unter so kompromißlos wie leidenschaftlich denkenden Frauen finden, denen es in dreißig Jahren nicht gelungen ist, Einfluß auf die Struktur des politischen Denkens und Handelns der patriachalisch fundierten Gesellschaft zu gewinnen.

Ritas Opfer damals ist nicht genutzt worden, sie wird sich von neuem einsetzen müssen, und trotz unübersehbarer Warnzeichen ist auch eine Ellen immer noch latent bereit, weiter zu hoffen und Verantwortung zu übernehmen; "sie brauche eigentlich das Getümmel" (S 147), vermutet gerade die Tochter von ihr. Neben beiden, sie skeptisch beobachtend, stehen damals Manfred, ein desillusionierter Intellektueller, der jede Hoffnung aufgegeben hat und die DDR und die Frau verläßt, und heute Sonja, die Tochter, Vertreterin einer von vornherein illusionslosen Generation: "Für den Bruchteil von Sekunden sah Sonja vor sich die Spur von Schritten, spürte den Zwang, in dieser Spur gehen zu müssen, ein Leben lang" (ebd.). Ihr, der Stimme der nachfolgenden Generation, die von den Ritas und Ellens erzogen wurde und die vor allem Erfahrungen mit den Mangolds und den kleinen rechthaberischen Männern zu machen hatte, wird nicht einmal der kurze, ungetrübte, maßlos verlangende Glücksmoment der Müttergeneration gegönnt. Was ihr bleibt, ist die Schlußfolgerung: "Das nicht. Eher ausbrechen, um jeden Preis" (ebd.). Zehn Jahre später, in "Störfall", denkt eine dieser Töchter präziser: "... warum sollte es nicht eine Chance für eine ganze Kultur sein, wenn es möglichst viele ihrer Mitglieder wagen können, der eigenen Wahrheit ohne Angst ins Gesicht zu sehen? Was ja heiße, die Bedrohung nicht dem äußeren Feind aufzubürden, sondern sie da zu lassen, wo sie hingehöre, im eigenen Innern." (St 103)

Jeder Schriftsteller hat Erklärungsmuster, die er kontinuierlich ausbaut oder in Phasen des Umbruchs heranzieht, sie präzisierend oder in Frage stellend. Die Formulierung ihrer eigenen Situation und die der Gesellschaft war für Christa Wolf, seitdem sie anfing zu schreiben, mit Überlegungen zu ihrer Generation verbunden. Mag sein, das Argumentieren im Generationszusammenhang lag in den fünfziger Jahren nahe und war üblich, weil selten zwischen den Generationen so kräftige Zäsuren gesetzt wurden wie durch Beteiligung oder Nichtbeteiligung an Faschismus und Krieg; mag auch sein, das Generationsgefühl bot einen zusätzlichen Halt, da man sich in kollektive Erfahrungen einbezogen sah und gemeinsam etwas Neues beginnen konnte. Christa Wolf argumentiert in dieser Frage neuerdings sozialpsychologisch. Sie geht heute – im Gegensatz zu den sechziger Jahren – von den Negativerfahrungen aus. Als "nachwirkendes Defizit" bezeichnet sie, daß sich ihre Generation als Jugendliche mit niemandem identifizieren konnte. In dieses ideelle Vakuum stieß das Angebot der neuen Gesellschaft, durch aktive Teilnahme am Aufbau die potentielle Schuld abzutragen und durch die Annahme des klaren marxistischen Denkmodells das theoretische Rüstzeug für ein grundsätzlich "anständiges", "vernünftiges" Leben zu erhalten. In einem

Staat, in dem Verfolgte des Naziregimes die Regierung bildeten, also moralisch legitimierte Personen, in dem Kriegsverbrecher verurteilt wurden, Nazis nicht wieder zu Ämtern und Einfluß gelangten – anders als im damaligen Westdeutschland –, konnte ein junger Mensch seinen Leistungs- und Erneuerungswillen gebraucht, konnte er die Grundlagen für die Verwirklichung der wunderbaren Utopie vom "vernünftigen Zusammenleben der Menschen" (DI 398) geschaffen sehen. "Die moralische Eindeutigkeit war verführerisch", schrieb Uwe Johnson 1970, "... es reichte für Vorschüsse, zu entrichten in Vertrauen."[2] An gleicher Stelle erklärte er weiter, daß der DDR-Bürger zu seinem Staat ein Kind-Vater-Verhältnis eingegangen sei und man alle Belastungen eines solchen Verhältnisses im Umgang miteinander antreffen würde. "So reden Erwachsene von jemand, der einst an ihnen Vaterstelle vertrat. Sie reden von der DDR mit einem Abstand, der auch Achtung zu verstehen gibt, mit einer Vertrautheit, die eher aus intimer Kenntnis denn aus ungemischter Zuneigung gewachsen ist. Sie fordern den ehemaligen Vormund in die Rolle des Partners ..."[3]

Christa Wolf kommt in einem Interview 1988 zu ähnlichen, aber in Hinblick auf die Charakteristik ihrer Generation erweiterten Feststellungen: "Natürlich übernahmen sie (die Kommunisten und Antifaschisten, A.D.) eine Vorbildrolle, es bildete sich ein Lehrer-Schüler-Verhältnis heraus, sie waren die absolut und in jeder Hinsicht Vorbildlichen, wir diejenigen, die in jeder Hinsicht zu hören und zu lernen hatten. ... auf die Dauer hat es beiden Teilen nicht gutgetan. Die Älteren kamen nie in die Lage ..., daß sie das Bedürfnis, ja den Zwang in sich verspürten, ... ihre eigene Art zu leben, an dem andersgearteten Anspruch der Jungen zu überprüfen. Wir damals Jungen waren zu lange in Vater-Sohn, Mutter-Tochter-Beziehungen eingebunden, die es uns schwermachten, mündig zu werden."[4]

Christa Wolf hat mehrfach den Teufelskreis beschrieben, in den sie und andere Menschen ihrer Generation geraten waren: sie hatten sich die marxistischen Ideen mit dem Eifer der Jugend, zu dem der der Frischbekehrten kam, einverleibt. Daß es sich um eine stalinistische, dogmatische Deformation dieser Ideologie handelte, die System hatte, wurde ihnen erst allmählich bewußt. Zunächst glaubten sie in Fällen, in denen die Realität das Wunschbild allzu deutlich Lügen strafte (am 17. Juni 1953, 1956 in Ungarn, bei den Enthüllungen des XX. Parteitags der KPdSU), daß man mit einer gründlichen Analyse des Vorgefallenen die Wiederholung solcher Fehlreaktionen verhindern könnte und daß sie andererseits innere Vorbehalte, die, wie man sie gelehrt hatte, aus "kleinbürgerlichen Denkrelikten" stammten, unterdrücken müßten. In einem Brief an Georg Maurer schrieb Gerhard Wolf z. B. 1957: "Durch die Diskussionen um Bloch bin ich etwas verwirrt in verschiedener Hinsicht. Ganz abgesehen vom direkten politischen Anlaß der Diskussion geht es dabei ja um Grundfragen der marxistischen Philosophie überhaupt."[5] Die vorsichtige Formulierung wird nicht nur am Medium Brief und an Gerhard Wolfs Vorliebe zu Understatements liegen – "etwas verwirrt", das konnte man sich noch zugeben.

Das Bedürfnis nach sicherer Übereinstimmung war in dieser Generation nach dem Schock des Mißbrauchs und der Verhetzung im Faschismus tiefer verwurzelt und mit mehr Mißtrauen gegenüber dem eigenen kritischen Denken belastet als in anderen. "Man 'weiß' übrigens alles schon viel eher, als man es aussprechen kann. Und dann braucht man noch längere Zeit, um darüber schreiben zu können"[6], sagt Christa Wolf heute. Das muß man differenzieren, ist jedoch dabei wirklich allein auf die schriftlichen Äußerungen angewiesen. Bis etwa 1964 ist sie in Rezensionen und Artikeln bemüht, die widersprüchlichen Erfahrungen ihrer Generation in selbstgezogenen Grenzen des Infragestellens kritisch, aber positiv zu formulieren bzw. sofort dem "Kapitel 'Konflikt und Überwindung' " (DI 393) zuzuordnen. Gleichzeitig engagiert sie sich für eine neue, vertrauensvolle, bevormundungsfreie Jugendpolitik, d. h. für die jüngere Generation der Rita Seidel. Die Grenzen der Einflußnahme und die inneren Hemmnisse der eigenen Generation – die sich, wie das als Folge von Verdrängungen zu geschehen pflegt, verstärken werden – schon spürend, fängt sie an, von den Jungen, von der wirklich schuldlosen Jugend, lernen zu wollen, ohne zu beachten, daß auch sie natürlich vom allgemeinen Bazillus des angepaßten Denkens befallen war.

In der Prosa aber, im "Geteilten Himmel", scheint das kritische Wissen weit deutlicher durch als in der Publizistik. Mit Manfred Hertfurth schafft sich Christa Wolf eine Figur, die ihrer Generation angehört, die ihre Zweifel aussprechen und ausleben darf, ohne eine negative Figur sein zu müssen. Rita, die jüngere, unbelastete, natürlich optimistische, ist sein sympathisches, aber blasses, naives, wenig aktives Gegenbild. "Irgendwo zwischen ihr und mir fängt die neue Generation an. Wie soll sie begreifen, daß man uns alle frühzeitig mit dieser tödlichen Gleichgültigkeit infiziert hat, die man so schwer wieder los wird?" (H 57) denkt Manfred von ihr. Während Christa Wolf in öffentlichen Reden noch zu vermitteln und einzusehen sucht, läßt sie Manfred im Roman sagen: "Was ihr braucht, sind ungebrochene Helden. Was ihr hier findet, sind gebrochene Generationen. Ein tragischer Widerspruch. Und ein antagonistischer." (H 193)

Die Hoffnung also delegiert sie an Rita als Vertreterin der ungebrochenen Generation; sie erweist sich – im Gegensatz zu Manfred – als fähig, Widersprüche und Konflikte, an denen sie ebenso leidet wie er, zu ertragen und als überwindbar anzunehmen – eine ersehnte, wünschbare Haltung. Manfred ist nach zwei Niederlagen verzweifelt und verläßt das Land, ohne mit dem Konfliktdruck fertig zu werden – (man erinnere sich an Uwe Johnsons Beschreibung der Flüchtlingsmentalität): "Das Leben, das er hinter sich gelassen hatte, das er beschimpfte, verließ ihn nicht mehr. ... Es ging jetzt nur noch darum, die schale Enttäuschung über sich selbst – dem Druck des härteren, strengeren Lebens nicht standgehalten zu haben – loszuwerden ..." (H 247); Rita geht gefestigt aus ihrem Konflikt hervor, sie kann es nur noch nicht formulieren, ausgerechnet ein Lehrer faßt ihre Gedanken zusammen: "Sozialismus – das ist doch keine magische Zauberformel. ... Die reine nackte Wahrheit, und nur sie, ist auf die Dauer der Schlüssel zum Menschen." (H 254)

Die Frage bleibt, wodurch Ritas Zuversicht gespeist wird. Sie hat in der Stadt verschiedene Männer getroffen, die mit schwierigen Lebenssituationen und ungerechter Behandlung fertigwerden mußten. An ihnen orientiert sie sich und lernt, selbst Verantwortung zu übernehmen und z. B. ein von Dogmatikern angegriffenes Mädchen zu verteidigen. Sie hat aber auch – und das ist eine tiefere Wurzel – Familienbindungen, die sie in großer Verzweiflung auffangen. Für Manfred ist das Elternhaus ein Gefängnis, den Vater haßt, die Mutter verachtet er. Seine Familie ist so verstrickt in gegenseitige Haßgefühle, daß auch ehrlich-sehnsüchtige Regungen Manfred nicht mehr helfen. Unfähig zu verzeihen und zu lieben, versinkt er stattdessen in Sentimentalität. Das Sehnsuchtsmotiv aber ist der "warme, anheimelnde Lichtkreis der Lampe über dem Familientisch" (H 125). Dieses Motiv durchzieht die Erzählung; anfangs widerspiegelt es nur Ritas Gefühle, an dieser Stelle aber verdeutlicht es kontrastierend die Verstörung und Gefährdung des Mannes. Manfred nimmt in dieser Szene probeweise die Trennung von seinen Eltern zurück und verrät sich und Rita damit. Ihn kann das elterliche falsche Tröstungsgebaren nur gefährden; Rita weiß hinter ungeschicktem Mitgefühl der Mutter Zuneigung. Auf die Frage der Mutter, ob sie glücklich sei, kann sie nach ihren neuen Erfahrungen in der Stadt nur denken: "Ach Mutter, darum geht es nun nicht mehr. Ist es nicht vielleicht auch diese Frage, die ihr immer noch für möglich haltet, die uns von euch trennt ... den ... immer Gutmeinenden, immer Nichtsbegreifenden ..." (H 222) Sie löst sich mit diesen sehr vagen Vorwürfen, die die Schwere der tatsächlichen Konflikte nur erahnen lassen, wehmütig von der Mutter; der gefühlsmäßige Halt erleichtert es ihr, ihre Entscheidungen zu treffen, aber sie hat es aufgegeben, die Mutter daran beteiligen zu wollen. Problematisiert wird diese Mutter-Tochter-Beziehung von der Autorin nicht.

"Der geteilte Himmel" ist, um den anfänglichen Vergleich aufzunehmen, das Buch einer Tochter, mit dem sie sich gegen die von der Generation der angenommenen Eltern installierten Lebensbedingungen und Denkmechanismen zu wehren beginnt. Sogar in der Schreibweise ist das Loslösen aus der Tochter-Haltung zu bemerken: stilistische und kompositorische Anleihen bei Anna Seghers, der gegenüber sie sich damals vor allem noch als Lernende fühlte, fallen gerade deshalb auf, weil sie in der sich auszuprägen beginnenden psychologisierenden, indirekteren Erzählweise aufgesetzt sind.

Die kontroverse Reaktion auf die Erzählung beweist, daß sie trotz der zaghaften, noch halbherzigen Kritik einen Nerv getroffen hatte. Noch wurde versucht, sie als kritische, aber kooperative Partnerin aus der jüngeren Generation zu akzeptieren und sie sogar in die Machtstrukturen einzubinden – der gängige Weg, den Willen schwieriger, hoffnungsvoller Kinder umzulenken. Doch spätestens ab Mitte der sechziger Jahre wurde deutlich, daß sie sich in diese Rolle nicht fügte; ihre fortwährenden Konflikte mit dogmatischer Intelligenz- und Kulturpolitik kulminierten auf dem 11. Plenum des ZK der SED und führten zu den Restriktionen gegen "Nachdenken über Christa T.". Zum erstenmal zurückgeworfen auf literarische Stellungnahmen, versicherte sie sich in essayistischen Auseinandersetzungen mit Anna Seghers und Ingeborg Bachmann, zwei Orientierungsfiguren, die ambivalenten Seiten ihres Denkens und Schreibens entsprachen und ihr ermöglichten, über die aktuellen beengenden Konflikte hinauszudenken. Wenn sie nun über ihre Generation schreibt, reflektiert sie deutlicher den Prozeß der Differenzierung, sogar Polarisierung zwischen denen, die, zu äußerer Verantwortungsfülle gelangt, ihr innerlich nicht mehr gerecht werden können, und den anderen, die endlich Vorstellungen von einem humanen, demokratischen Sozialismus entwickelten und begannen, ihn kritisch und unnachgiebig einzufordern. Über sich schreibt sie: "... in diesen Auseinandersetzungen, in denen ich mich lange abmühte, meine Angreifer davon zu überzeugen, daß ich doch dasselbe wollte wie sie, wuchs mir eine hilfreiche Einsicht: Ich begriff auf einmal, daß ich *nicht* dasselbe wollte wie sie, daß sie sich durch mein Buch bedroht fühlten und darum so heftig reagierten."[7]

Seit "Kindheitsmuster", jenem Buch, das ihren Töchtern gewidmet ist, beginnt die Auseinandersetzung mit der nachfolgenden, der Tochter-Generation, für die die ihre mitverantwortlich ist, strukturbildendes Element zu werden. In den Texten mit Gegenwartshandlung, die nach der zweiten, 1976 durch die Ausbürgerung Wolf Biermanns hervorgebrochenen Krise entstanden, wieder in einer Zeit, in der es zunächst "absolut keine Wirkungsmöglichkeit mehr zu geben schien" (DII 422), ist dieser Generationsvergleich noch wichtiger geworden. Es wurde schon angedeutet: der schmerzlich-klärende Widerpart, der Manfred für Rita war, ist Jan im "Sommerstück" für Ellen nicht. Es nutzt nicht, daß sie versucht, probeweise "auf Abstand von ihm zu gehen", weil er ihr "zu nahe" ist und sich auf manche Reibungen nicht mehr einlassen will. "Wie es dazu gekommen ist", sagt er, als von ihrem gesellschaftlichen Engagement in den fünfziger Jahren die Rede ist und davon, wie die, die sich ehemals einig waren, sich mehr und mehr zerstritten, "das müßte man auch mal genauer untersuchen." (S 151)

Dieser Satz fällt in dem Kapitel, in dem es nicht um den erweiterten Kreis der Freunde auf ihrer "Insel", sondern allein um den inneren Kreis der Familie geht. Einen Augenblick sieht Ellen Jan und natürlich sich selbst mit den unbestechlichen, kritischen Augen der Tochter. "Ellen dachte, daß Jan immer häufiger sagte, man müsse einer Sache einmal genauer nachgehen, ohne es dann wirklich zu tun. Zum erstenmal stieg vor ihr das Bild von einem Graben auf, der sich zwischen den Generationen hinzog, auch zwischen ihrer eigenen Generation und der ihrer Töchter" (ebd.). Bezeichnenderweise kommt Ellen viel später zu dieser Einsicht als die Tochter Sonja, und sie ist ihr kaum gewachsen, sie verscheucht die Vorstellung.

Es ist ein bitter-schönes Kapitel geworden. In einer frühen Fassung wurde die erwartungsvolle Heimkehr der Tochter problemfreier beschrieben: die Tochter hatte Sorgen, kehrte zurück in Mutters Küche, sprach sich aus, fand Trost und Verständnis und – was ausgesprochen ist, ist überwunden. Diesem Kapitel merkte man an, daß es vor "Störfall" geschrieben war, in dem die Tochter gerade in dieser Auffassung nicht mehr mit der Mutter übereinstimmte und sie nur "mit ihren neueren Einsichten nicht erschrecken wollte" (St 106).

Diese Heimkehr ist anders. Sonja, "der einzige Vertreter der werktätigen Bevölkerung in dieser Familie" (S 146), sehnt sich danach, in der "blauen Höhle", der blaugestrichenen Küche der Eltern anzukommen, und sich zu ihnen an den Tisch, unter die tief herabgezogene Lampe zu setzen. – Da ist es wieder, das Sehnsuchtsmotiv; man kann es auch in "Kindheitsmuster" finden (z. B. K 50f.). Wie jedesmal hält der Zauber nur einen Augenblick; im Grunde hat es Sonja gewußt, sie ist – wie Ellen zu Jan – auf Abstand zu den Eltern, besonders zur Mutter gegangen.

In diesem Text, in dem eine Gruppe von Intellektuellen durch das gierige Ausleben einer Alternative des gemeinsamen Zusammenlebens in natürlicher Umgebung versucht, die tiefen Enttäuschungen, das Gefühl des Scheiterns ihres gesellschaftlichen Engagements zu betäuben, und dabei die verschiedenen Resignationsstufen der Elterngeneration, der Generation Manfreds, aber auch Ritas, offenbar werden, in diesem Text steht Sonja für das illusionslose Lebensprogramm der Kinder. Sie erliegt nicht einen Augenblick dem Trugschluß, man sei auf dem Lande in eine Idylle geraten; sie läßt sich allerdings auch nicht ein auf das Landleben, sie bleibt die von außerhalb.

Es gibt biographische Parallelen zwischen Mutter und Tochter, die darauf schließen lassen, daß moralische Grundsätze weitergegeben und angenommen wurden. Wie früher die Mutter kann sich Sonja jetzt nicht genug um ihr Kind kümmern, und das belastet sie. Aber nicht nur auf solche Probleme – die Kinder werden zur Unzeit, während des Studiums, geboren – reagieren sie ähnlich. Es gibt auch ähnliche Hemmungen. Die Radikalität im Denken der Mutter ist der der Tochter vergleichbar, wurde aber nach quälenden Erfahrungen duldsamer und gelähmt. Auch die Tochter verhält sich nicht wirklich so unnachgiebig und ehrlich gegenüber der Mutter, wie sie es verbal fordert; sie begründet es mit Schonung.

"An der Stärke des Schmerzes kann man die Stärke der Hoffnung messen, die immer noch dagewesen sein muß" (S 178). Ellen meint die gesellschaftliche Utopie, für die sie sich seit ihrer Jugend aufgerieben hatte. In einem vergleichbaren Maße hat Sonja diesen Hoffnungen nie angehangen, obwohl ihr Ziel im Grunde wohl ähnlich aussieht, denn es wird von ihr gesagt, daß sie mit ihren Freunden um die gleichen Fragen "wie vor einem Vierteljahrhundert ihre Eltern mit ihren Freunden" (S 151) streite. Was ist in diesem Vierteljahrhundert vor sich gegangen, worin liegen die Unterschiede zwischen den Generationen?

Im Gegensatz zu den Eltern sind die Kinder in verfestigte Strukturen hineingeboren, in die sie sich einzufügen haben, und dagegen sperren sie sich, auch indem sie nicht von sich verlangen, die Nöte und Schwierigkeiten der Eltern zu verstehen. Die grundsätzlich anderen Generationserfahrungen, anderen Hoffnungen, anderen Ängste – "unterscheiden nicht die Objekte ihrer Angst die Generationen mehr als alles andere?" (St 103) – werden behauptet, aber vorerst nicht analysiert. Die Tochter bleibt in der Rolle der Irritationsfigur für die Mutter und in der des Hoffnungsträgers.

Beides findet man im "Störfall" wieder. Hier ist die Erzählerin – beabsichtigte Steigerung? – allein. Mit Freunden und Kindern wird nur telefoniert. In zwei Bemerkungen deutet die Erzählerfigur noch einmal das ganze Konfliktfeld des Verhältnisses der Generationen an – die erste weist gleich zu Anfang auf die vorangehende Generation, die zweite, gegen Ende, auf die folgende. Die Erzählerin versucht, auch an diesem Tag, der unter der furchtbaren Nachricht des "Störfalls" steht, an einem Manuskript weiterzuschreiben, "eingedenk jener beneideten Zunftgenossen, die – Tod, Verderben, Untergang und Bedrohung vieler Art um sich – die Linie, die sie, schreibend, irgendwann einmal angesetzt hatten, unbeirrt weiter verfolgten, wortebesessen, auf ein Ziel hin, zu dem der Abstand sich niemals verringern will" (St 29). Ich habe an dieser Stelle immer an Anna Seghers gedacht, von der es Christa Wolf mehrfach für wichtig hielt zu erwähnen, daß sie selbst in der Gefährdung der französischen Emigration am "Siebten Kreuz" und an "Transit" geschrieben hat und wie sie unbeirrbar auf das einmal als richtig erkannte Ziel Kommunismus hin lebte. Die Lebenslinien der Generation Christa Wolfs fallen anders aus, und doch erweist sie der Vorgängerin durch weitere indirekte Verweise ihre Reverenz: die Erzählung "Crisanta" handelt von einem mexikanischen Mädchen, das eine unbestimmte Sehnsucht in sich trägt. Sie wird viel hin und her gestoßen, denn obwohl sie "nicht allein stand im Leben"[8], hat sie doch keine Eltern und keine Familie. Als sie mit ihrem eigenen Kind auf dem Markt sitzt und sie beide mit dem Rebozo schützen will, fällt ihr auf einmal "der Ort wieder ein, an dem sie als Kind gewesen war. Das unvergleichliche, unbegreifliche tiefe und dunkle Blau. Das war der Rebozo ... und was dahinter strömte, ihr Volk."[9] Ausgerechnet das Sonja-Kapitel erhält durch diesen – vielleicht unbewußten – Bezug zusätzliche Dimension. Diese gefährdete Tochter, die glaubt, daß nur sie "in der Gefahr (war), von (dieser gefährlichen Unordnung) verschlungen zu werden" (S 148), hat immerhin diese blaue Höhle, um sich zurückzuziehen, nur lernt sie es eben an diesem Abend, das Unheimliche, Bodenlose, Zwiespältige im gewohnt Heimeligen auszuhalten. Das schlichte, warme Glücksgefühl der Crisanta kann sie trotzdem noch mit ihrem Kind und bei ihren Eltern erleben und die Werte des "einfachen" Lebens in ihrem Kreis vor allem wahrnehmen; die gesellschaftliche Dimension des Glücks – wenn man hoch greift, das Volk, in dem Crisanta sich einfach aufgehoben fühlt –, das die Eltern einst glaubten gemeinsam mit Vater Staat und Mutter Partei erreichen zu können, ist ihrer Generation nicht nachvollziehbar.

Dennoch erscheinen die Töchter als Hoffnungsträger, weil sie von einer Stufe der selbständigen, unvoreingenommenen Meinungsbildung und innerer Freiheit ihre Lebensweise entwickeln können, der sich die Mutter erst nach mühsamen Anstrengungen über Desillusionierungs- und Resignationsschwellen hat nähern können. Den Unterschied im Umgang mit gesellschaftlichen Erfahrungen zwischen ihr und Anna Seghers verdeutlicht Christa Wolf mit jenem zuvor zitierten Satz aus "Störfall" – "unbeirrt hat sie eben nie schreiben können"; für mich schließt sich eine andere Feststellung an, mit der sie den Vergleich zur Tochter-Generation fortschreibt: "Ich habe begriffen, daß irgendwann – vielleicht nicht auf einmal, vielleicht endgültig erst heute – die Taue gerissen sind, die unser Lebensnetz an gewissen Halterungen befestigt hatten. Taue, die man nicht nur Sicherungen, auch Fesseln nennen konnte. Die vor uns würden für immer von ihnen gehalten und an sie gebunden sein; die nach uns haben die Taue gekappt und sehen sich, losgelöst, frei, zu tun und zu lassen, was ihnen beliebt. Wir würden uns nie mehr auf jene Bindungen verlassen können, sie aber auch, und sei es als Sehnsucht nach ihnen, nie ganz loswerden." (St 88)

In der Realität scheint die Reihe jetzt doch an die, die die Taue gekappt haben, an die Sonjas, gekommen zu sein. Sie müssen "diese ganzen verfestigten Strukturen noch einmal aufbrechen" (S 151), und sie können ihre Chance vielleicht besser nutzen als damals die Elterngeneration, weil sie, in einem kritischeren Verhältnis zu den Eltern, ungehemmter, unbeschädigter aufwachsen konnten. Sonja kann sich wohl auch dieser Hoffnung nicht hingeben, eine ihrer Fragen gehört hier an den Schluß: "... vielleicht sind in jeder

Generation die, die die Positionen haben, nicht die, die etwas verändern können?" (ebd.)

Anmerkungen

Zitiert nach:
H – Der geteilte Himmel, Berlin und Weimar 1975
K – Kindheitsmuster, Berlin und Weimar 1976
St – Störfall. Nachrichten eines Tages, Berlin und Weimar 1987
S – Sommerstück, Berlin und Weimar 1989
D – Die Dimension des Autors. Essays und Aufsätze. Reden und Gespräche 1959-1985, Band I und II, Berlin und Weimar 1986

1 Christa Wolf, Überlegungen zum 1. September 1939, Rede gehalten in der Akademie der Künste Berlin (West) am 31.8.1989.
2 Uwe Johnson, Versuch eine Mentalität zu erklären, in: U.J., Berliner Sachen, Frankfurt/M. 1975, S. 53.
3 ebd., S. 52.
4 Gespräch mit Christa Wolf, in: Therese Hörnigk, Christa Wolf, Berlin 1989, S. 12f.
5 Was zählt, ist die Wahrheit. Briefe von Schriftstellern der DDR, Halle/Sa. 1975, S. 63.
6 Gespräch mit Christa Wolf, a.a.O., S. 35f.
7 ebd., S. 37.
8 Anna Seghers, Erzählungen 1945-1951, Berlin und Weimar 1977, S. 244.
9 ebd., S. 270.

Sigrid Weigel

"Blut ist im Schuh"
Die Bedeutung der Körper in Christa Wolfs Prosa

Es ist offensichtlich, daß in der Literatur Christa Wolfs die Körper immer mehr an Bedeutung gewonnen haben, daß der Körper als Wahrnehmungs- und Ausdrucksorgan – zumindest seit der Mitte der siebziger Jahre – zu einem der Leitmotive ihres Schreibens geworden ist. Thematisch stehen das **Schicksal** des Körpers in einer Geschichte, die sich am Fortschritt orientiert, ebenso wie die **Möglichkeiten**, die sich aus einer stärkeren Bezugnahme auf den Körper und seine Sinne ableiten ließen, im Zentrum der Erzählungen 'Kein Ort. Nirgends' (1979), 'Kassandra' (1983) sowie der Aufzeichnungen unter dem Titel 'Störfall. Nachrichten eines Tages' (1987). Der Körper erscheint dabei einerseits als Leidtragender einer Geschichte, die Wolfs Schreibarbeit besonders gern an ihren Umbruchssituationen aufsucht – am Übergang von einer matriarchalen zu einer patriarchalen Gesellschaft in 'Kassandra', während der Etablierung einer bürgerlichen Gesellschaft und ihrer spezifischen Außenseiter in 'Kein Ort. Nirgends' und im Zeitalter einer sich verselbständigenden Technologieentwicklung heute in 'Störfall' – er erscheint als gleichsam abgetrennte, überforderte und funktionalisierte Existenz des Menschen, die sich in Form von Krankheiten und Ausfällen zu Wort meldet; ihm werden dabei aber auch Ausdrucksmöglichkeiten zugesprochen, die die Grenzen der Sprache zu durchbrechen vermögen, so daß die 'Sprache' des Körpers als eine andere Art Sprache erscheint.

Die Sprache des Körpers in der Erzählung 'Kassandra'

In Kassandras Hinweis auf die Zeichen ihres Körpers – "Wie jedem Menschen gab mir der Körper Zeichen; anders als andre war ich nicht imstande, die Zeichen zu übergehn." (K67) – wird die Verbindung von Körper und Sprache am deutlichsten formuliert. Mit der Rede von den Zeichen des Körpers wird dieser als Mitteilungsorgan verstanden, das quasi sprachliche Funktionen übernimmt: Der Körper als Sprache. Wird die Mitteilungsform des Körpers hier mit dem Zeichencharakter der Sprache verglichen, so geht es zugleich darum, daß mit dem Körper etwas zur Sprache kommt, das im Medium der Worte gerade nicht artikulierbar ist:

"Meine Muskeln sind verhärtet. Ich hatte das Gefühl, mit meinem Körper jene Stelle abzudecken, durch die, für mich nur spürbar, andre Wirklichkeiten in unsre Welt der festen Körper einsickerten. Die die fünf Sinne, auf die wir uns verständigt haben, nicht erfassen, weshalb wir sie verleugnen müssen.

Worte. alles, was ich von jener Erfahrung mitzuteilen suchte, war und ist Umschreibung. Für das, was aus mir sprach, haben wir keinen Namen. Ich war sein Mund, nicht freiwillig. Es mußte mich erst niederzwingen, eh ich verlauten ließ, was es mir eingab." (K121)

Das, wofür es keine Worte gibt und das stattdessen durch und mithilfe des Körpers zum Ausdruck gebracht wird, erhält deshalb in der verbalen "Umschreibung" – einer Um-Schreibung bzw. Übersetzung von der Körperartikulation in die Sprache – auch den Namen "es": "was es mir eingab". Wenn dieses "es" mit andren Wirklichkeiten außerhalb der Welt der festen Körper und jenseits der Wahrnehmung der fünf Sinne – sehen, hören, riechen, schmecken, tasten[1] – in Verbindung gebracht wird, außerdem mit dem "Angst-Gedächtnis" (K120), dann ist die Sprache des Körpers als **andere Sprache** zugleich auch eine **Sprache des anderen.** Auch wenn dies nicht direkt mit der psychoanalytischen Vorstellung vom Unbewußten verbunden wird, so verweist doch die Rede vom Gedächtnis auf diese Dimension. In dieser Textpassage der 'Kassandra', in der gleich im Anschluß dann tatsächlich vom 'anderen' gesprochen wird, ist dieses andere zudem mit einer **kulturgeschichtlichen** Perspektive verbunden. "Es ist das andere, das sie zwischen ihren scharfen Unterscheidungen zerquetschen, das Dritte." (K121)

Es, das andere, das Dritte – all dies sind Umschreibungen für das aus der logischen Struktur der Sprache ebenso wie aus der akzeptierten Wirklichkeit, jener Welt der Tatsachen, der Ereignisse und der festen Körper, Ausgeschlossene, das – gemäß der Geschichtsdeutung des Kassandra-Monologs – am historischen Ursprung der griechischen Antike einem heroischen Geschichtsverlauf geopfert wurde, einem Geschichtsverlauf, der auch als Sieg männlichen Denkens und Handelns beschrieben wird. Dieser Zusammenhang hat zu einer Lektüre Anlaß gegeben, die den in der Erzählung bearbeiteten Mythos als "Konflikt von weiblicher Körperwahrheit und männlichem Verdikt" begreift. So Gerhard Neumann in seinem Beitrag über 'Die Archäologie der weiblichen Stimme', in dem er die oben zitierte Textstelle als Beleg anführt für die Rückkehr "zu einer aus dem Körper erfahrenen Wirklichkeit, die im Klang der Stimme sich öffnet."[2] Er interpretiert dabei die Stimme nicht nur als wesentliches "Körperzeichen", als Gegensatz zu einer "männlichen", vom Körper abgelösten Schrift, sondern verbindet sie mit Naturzeichen, mit dem Weiblichen und mit subversiven Qualitäten. "Die Welt der Frauen: geprägt von Naturzeichen, von der lebendigen, uncodierten Erinnerung des 'Gedächtnisses', von der Stimme des Körpers und ihrem verklingenden Ton."[3] Neben der genannten Passage erhält dafür die Szene vom sogenannten Berührungsfest eine zentrale Bedeutung, jene Szene vom Leben im "Zeitenloch", in der Wolf versucht hat, dem Dritten – "Zwischen Töten und Sterben ist ein Drittes: Leben" (K134) – in einem Bild als konkrete Utopie Gestalt zu verleihen. Darin werden die Frauen, "der Schrift nicht mächtig" (150), als vor oder außerhalb der Schrifttradition stehend beschrieben, weshalb sie andere Überlieferungsformen, andere Möglichkeiten erproben, wie sie "Botschaften hinterlassen könnten".

Indem die Handabdrücke der Frauen in Ton als schriftlose Botschaften und die Sprache des Körpers als "uncodiertes Gedächtnis" zusammengenommen als Perspektive einer anderen, und zwar weiblichen Ausdrucksweise gelesen werden, erscheint es so, als sei damit schon eine Sprache für das andere gefunden. Das aber wäre eine Sprache, die nicht mehr auf Umschreibungen angewiesen ist. Besonders in der Rede von der "weiblichen Körperwahrheit" wird der Körper zu einer Instanz, der im Gegensatz zur Schrift Wahrheitsfähigkeit zugeschrieben wird, – ebenso in der Frage, "in welcher Weise der Körper und seine Erfahrungen zum Garanten der Identität, zur Instanz der Wahrheit, zum Bürgen sozialer Verwirklichung werden können."[4]

In dieser Vorstellung von Körperwahrheit oder von einer Identität garantierenden Körpersprache – schon die Rede von Zeichen oder Botschaften legt die Deutung von Entzifferbarkeit und Eindeutigkeit, Qualitäten, die sich mit dem Codecharakter sozialer Sprachsysteme verbinden, nahe – ist der Körper nicht mehr Medium zwischen den Worten und jener anderen Erfahrung, die mit "es" oder Drittes nur umschrieben war, ist er nicht mehr am Übergang zwischen der Sprache und dem aus ihrer logischen Struktur Ausgeschlossenen situiert. Hier ist er zum Garanten einer Sprache geworden, in der jenes andere sagbar und Identität und Wahrheit hergestellt werden. Der grundlegende Widerspruch zwischen dem Mitteilungscharakter von Botschaften und der willkürlichen Artikulation mit und durch den Körper erscheint damit in einer Synthese aufgehoben.

Nahegelegt wird eine solche Lektüre dadurch, daß in Wolfs Erzählung sowohl in der Darstellung des "Dritten" in konkreter, positiver Gestalt als auch im Verweis auf das "Dritte" als dasjenige, was "sie (die Griechen, S.W.) zwischen ihren scharfen Unterscheidungen zerquetschen" (K121), der Körper eine wichtige Rolle spielt.

Wird in Wolfs Text einerseits das "Berührungsfest" mit einer Atmosphäre "ungebundenen Daseins" und mit Freude verbunden – es ist sogar vom "prallen Leben" die Rede, das den jungen, vom Krieg beschädigten Männern "Farbe, Blut, auch Lust" zurückgab (K149) –, wobei die Körper nicht explizit als solche benannt werden, sondern eher von der Tätigkeit der Hände und Köpfe und vom Reden und Erzählen berichtet wird, und wird andererseits der

Körper, durch den jenes andere zur Sprache kommt, eher als leidender präsentiert, so wird die Körper-Sprache in anderen Szenen der Erzählung durchaus ambivalent dargestellt: z. B. erscheint der Körper im Anfall bewegungsunfähig, verbunden mit einem "schmerzfreien Zustand" gesteigerten Bewußtseins (K46), oder als "verbrecherischer Körper, in dem die Todesstimme ihren Sitz hatte", wobei dieser "Wahn-Sinn als Ende der Verstellungsqual" bezeichnet wird (K69). Da die Befreiung aus der Verstellungsqual hier mit einer Unterwerfung der willkürlichen Existenz unter die Äußerungen des desorganisierten Körpers und insofern mit einem Identitätsverlust verbunden ist, so ist es nicht verwunderlich, daß an anderen Textstellen Körper und Denken einen Gegensatz im Konflikt zwischen Angst-Schwäche und Willens-Stärke bzw. Bewußtsein bilden. Zu Beginn der Erzählung, der mit dem Lebensende, d. h. mit der Todesszene der Kassandra zusammenfällt, fragt die Heldin sich in bezug auf ihre Todesangst: "Wird der Körper die Herrschaft über mein Denken übernehmen. (...) Ich will die Bewußtheit nicht verlieren, bis zuletzt" (K26). Die Stärke des Bewußtseins steht gegen den Körper, dessen Herrschaft in diesem Kontext als "Rückfall in die Kreatur" (K27) deutlich negativ konnotiert ist.

Mit eindeutig positiver Besetzung ist vom Körper nur einmal die Rede, und zwar in Bezug auf die Lust, die Kassandra beim Anblick Myrines verspürt. Die Schwäche des Körpers erhält hier eine andere Bewertung, da sie zugleich die Schwäche für eine Person bedeutet: "Wieder der heiße Stich durch mein Inneres. Wieder die Schwäche für einen Menschen, ganz" (K9). Doch da diese Art von Lust in der Erzählung Wolfs bekanntermaßen sonst nicht zur Sprache kommt – es sei denn in negativer Gestalt in der Mörderlust des Griechen Achill –, wird der Körper in der "Kassandra" überwiegend als Leidtragender, als Schmerzensleib zur Sprache gebracht. Die Sprache des Körpers als andere Sprache bzw. Sprache des anderen ist hier somit nicht vollständig mit der Sprache des Unbewußten gleichzusetzen, mit einer Sprache, die zwar verschiedene Artikulationsweisen kennt (etwa den Traum, den Versprecher und eine sehr differenzierte Sprache des Leibes), die stets aber mit dem Begehren des Subjekts in irgendeiner Verbindung steht. Ihr Wissen um die erzählerische Abwesenheit eines nicht-einheitlichen Körpers, der nicht unter dem Zeichen des Wahn-Sinns, sondern dem des Eros in einer Auflösung von Identität und sozialem Zusammenhang ins Spiel käme, hat Wolf durch das Sappho-Zitat signalisiert, das sie ihrer Erzählung als Motto vorangestellt hat: "Schon wieder schüttelt mich der gliederlösende Eros,/ bittersüß, unbezähmbar, ein dunkles Tier." (K5)[5]

Die Wahrnehmungen und Artikulationen des Körpers sind uneindeutig sowohl im Hinblick auf Lust und Schmerz als auch unter dem Gesichtspunkt ihres Ausdruckscharakters, eben gerade weil der Körper am Übergang[6] zwischen der Welt der festen Körper und dem Nicht-Sichtbaren situiert ist und weil seine Funktionen diesen Übergang für das Subjekt im komplexer Weise organisieren. Je nach Perspektive, historischer und subjektiver Konstellation, je nach den strukturierenden Deutungs- und Diskursmustern wird dieser Übergang unterschiedlich begrifflich gefaßt; und jeweils stehen dabei andere Funktionsweisen und Merkmale des Körpers – auch andere Körperteile wie z. B. das Herz oder das Hirn, der Bauch oder der Kopf, die nicht selten als metaphorischer Sitz bestimmter Eigenschaften oder Fähigkeiten des Subjekts gelten – im Mittelpunkt des Interesses. Dabei ist nicht nur die Darstellung des Körpers und seiner leiblichen Funktionen einer Geschichte der wandelnden Diskursivierung und zunehmenden Kolonisierung des Körpers unterworfen, sondern auch und gerade die Vorstellung von den nichtsichtbaren Teilen und Funktionen des Körpers, vom sogenannten Körperinneren, unterliegt wandelnden imaginären und begrifflichen Darstellungen, während er zugleich gerne als Ort derjenigen Dimensionen begriffen wird, die sich der rationalen Erklärung und faktischen Beschreibung entziehen. Die Rede von der Seele, dem Geist, Gemüt oder der Psyche des Menschen oder das Verständnis des menschlichen Körpers als Maschine (wie in der Aufklärung) und seiner Psyche als Apparat (wie bei Freud) oder als Wunschmaschine (wie in der Psychoanalyse des "Antiödipus") beinhalten begriffliche und metaphorische Versuche des sprachlichen Zugriffs auf das Nicht-Sichtbare und Nicht-Greifbare, wobei sich die Praxis metaphorischer Darstellung mit der Entwicklung der Humanwissenschaften von den leiblichen auf die psychischen Vorgänge verlagert hat.

Auch der Körper also hat eine Geschichte, auch die Korrespondenzen zwischen Welt- und Körperbild sind historischen Wandlungen unterworfen. Und wie Barbara Duden in ihrer faszinierenden Studie 'Geschichte unter der Haut'[7] entwickelt hat, sind nicht nur die Soziogenese und Diskursgeschichte des Körpers, sondern auch Körperwahrnehmung und -gefühl historischen Veränderungen unterworfen. So geht sie beispielsweise davon aus, daß die Vorstellung, einen Körper zu "haben", historisch relativ jung ist und an die Konstitution des modernen Körpers gebunden ist.

Insofern der Körper also nicht außerhalb der Geschichte steht, kommt auch in der Bezugnahme auf den Körper in 'Kassandra' der grundlegende Widerspruch der Erzählung, jener zwischen der Historisierung des Mythos und der Psychologisierung und Aktualisierung der Heldin[8], zum Tragen. Die Szenen vom Leben der Frauen im "Zeitenloch" entwerfen eine Utopie und referieren dabei auf Vorstellungen über eine vorschriftliche, prähistorische leibliche Existenz, während die Körper-Sprache der Kassandra eine Geschichte der Aufklärung voraussetzt, in der die desorganisierten Artikulationen des Körpers und der Stimme, gerade weil sie sich dem herrschenden Sinn entziehen, als Wahn-Sinn bezeichnet werden. Da Wolf das, was sich in der Körper-Sprache (des Wahnsinns) artikuliert, als 'Drittes', das dem Denken in Gegensätzen geopfert wurde, begreift, könnte man den beschriebenen Vorgang als Rückkehr des Verdrängten verstehen. Das Verdrängte kehrt allerdings immer in veränderter Gestalt zurück und ist nicht identisch mit dem, wogegen sich der Vorgang der Verdrängung zunächst richtete und was sich ja gerade, als Effekt der Verdrängung, dem Gedächtnis/Wissen und der Sprache/Schrift entzieht. Mit der Rückkehr des Verdrängten kommt daher jene andere Sprache bzw. Sprache des anderen zum Ausdruck.

Um das Verhältnis von Sprache und Körper in der Geschichte theoretisch zu fassen, lohnt sich ein kurzer Blick auf die dialektische Konstruktion des Sinngebungsprozesses bzw. der Sprache bei Julia Kristeva und Walter Benjamin, weil beide in ihrer subjekt- bzw. kulturgeschichtlichen Betrachtung von Sprache auf den Körper Bezug nehmen.[9]

In seiner dialektischen Betrachtungsweise der Sprache beschreibt Benjamin das Verhältnis zwischen dem Zeichencharakter der Sprache, ihrer kommunikativen Funktion, und ihrem mimetischen Moment, ihrer magischen Unmittelbarkeit, als historisches. Die magische Natursprache, eine gleichermaßen erkennende wie benennende Sprache, bezeichnet er als "paradiesische Sprache der Menschen", von der diese mit der Vertreibung aus dem Paradies, die von ihm als mythische Ursprungsszene der Geschichte und als "Sündenfall der Sprache" gelesen wird, abgetrennt wurden, während die Sprache zum bloßen Zeichen, zum Mittel wurde, um etwas außer sich mitzuteilen. Doch ging das mimetische Vermögen des Menschen nicht gänzlich verloren, sondern es ist im Laufe der Entwicklung in Sprache und Schrift hineingewandert und hat darin ein "Archiv unsinnlicher Ähnlichkeit" geschaffen, so daß die magische Seite der Sprache heute nurmehr blitzartig oder im Nu, als Moment oder vorbeihuschendes Bild in Erscheinung treten kann. Unmittelbarkeit erscheint jetzt vor allem als Momentaufnahme, in der Form von Korrespondenzen, z. B. zwischen dem Gewesenen und der Jetztzeit, zwischen mythischen Bildern und der modernen Symbolwelt, zwischen dem Unbewußten und der Außenwelt. In seiner Aufmerksamkeit für die Wahrnehmung und Entzifferung von Korrespondenzen kommt bei Benjamin dabei der Leib vielfach ins Spiel: z. B. in der Konstellation des Erwachens, in der Konzeption der 'mémoire involontaire' (bei der sinnliche Wahrnehmungen das unwillkürliche Gedächtnis aktivieren) oder in der Konzeption vom 'Leib- und Bildraum', bei der er davon ausgeht, daß die leibliche Wirklichkeit des Menschen in "jenem Bildraum zu erzeugen (ist), in welchem die profane Erleuchtung uns heimisch macht."[10] Der Körper erhält damit in der Theorie Benjamins keine eigene Sprache, sonden er gewinnt darin – allerdings als Leib und nicht als immer schon imaginärer oder symbolisierter Körper – am Übergang zwischen Unbewußtem und Geschichte Bedeutung.

Die vorsprachlichen bzw. vorsymbolischen Artikulationen der präödipalen Phase, uncodierte Äußerungen von Stimme und Körper, werden von Kristeva als 'semiotische chora' bezeichnet und mit der Beziehung des Kindes zum mütterlichen Körper in Verbindung gebracht, womit die Körperlichkeit des Semiotischen in der Dimension der Subjektgeschichte ein Effekt des leiblichen und triebbestimmten Charakters der Mutter-Kind-Dyade ist. Nach dem Eintritt des Subjekts in die Sprache bzw. das Symbolische verschwinden diese Artikulationen nicht gänzlich, sondern sie werden in veränderter Form als "eine Art 'zweiter' Rückkehr der Triebfunktionalität in das Symbolische" wirksam, als Übertretung des thetischen Charakters der Sprache, als Einbruch in die mit jeder Aussage verbundene Identifizierung, bzw. als Einbruch in das Symbolische. Da der Eintritt in die Sprache mit einer Trennung vom Körper der Mutter verbunden ist, kehrt die Leiblichkeit des Semiotischen in der Sprache in der körperlichen Materialität der Sprache zurück: in Rhythmus, Gestik, Stimme etc.[11] In Analogie zu dieser Konzeption beschreibt Kristeva die Geschichte des abendländischen Monotheismus als Errichtung des Prinzips "einer symbolischen, väterlichen Überich-Gemeinschaft", in der sowohl die Frauen als auch die Körper verdrängt werden.

"Die monotheistische Einheit ist gewährleistet aufgrund einer radikalen Trennung beider Geschlechter, und eben diese Trennung ist die Bedingung dafür. Denn ohne diesen Abstand zwischen den Geschlechtern, ohne diese Lokalisierung des polymorphen und verkrampften, begehrenden und lachenden Körpers beim anderen Geschlecht, wäre es auf symbolischer Ebene unmöglich gewesen, das Prinzip eines Gesetzes zu isolieren – das Eine, Sublimierende, Transzendierende, Garant des ideellen Strebens der Gemeinschaft."[11]

Körper und Verkörperung, Körper-Sprache und Sprach-Körper

In der Sprache selbst erscheint der Vorgang der Symbolisierung als Entleibung, in der die Heterogenität der körperlichen Artikulationen durch die Identifizierbarkeit sprachlichen Sinns ersetzt wird. Andererseits aber wird in der Sprache, vor allem in der Metaphorik oder allgemein in bildlichen Beschreibungen gerne auf den Körper Bezug genommen, um abstrakte und nichtmaterielle Dinge anschaulich und vorstellbar zu machen, um Ideen oder Nichttatsächliches zur Darstellung zu bringen, zu verkörpern, was letztlich auf eine erneute Entleibung hinausläuft, da das Bild des Körpers hier zum Zeichenkörper für eine andere Bedeutung wird. Insofern sind Körper-Sprache und Sprach-Körper in ein komplexes System von Symbolisierungen und Materialisierungen, von Verkörperungen und Entleibungen eingebunden. Für literarische Texte stellt sich neben der Frage nach dem Körperbild und -konzept, welches sie entwerfen, und nach ihrer spezifischen Rede über den Körper, deshalb immer auch die Frage danach, auf welche Weise sie in ihrer Bedeutungsproduktion mit den Funktionen dieses komplexen Bezugssystems verfahren.

In der Prosa Christa Wolfs kommen sehr vielfältige Momente und Motive dieses Zusammenhanges zur Darstellung. Dabei erhalten die Körper allerdings eine größere Bedeutung für die thematische Ebene als für die Schreibweise oder Textpraxis. Die Texte, die seit bzw. nach 'Kindheitsmuster' (1976) publiziert wurden, lassen sich als eine unabgeschlossene Serie von Reflexionen über den **Körper**, das **Unbewußte** und das **Geschlecht** in der **Geschichte** lesen. Die Kritik an Sprache und Erzählung, die bereits in 'Nachdenken über Christa T.' (1968) formuliert wurde – "Daß sie sich vor den Festlegungen scheute" (CT163) –, führte Wolf, gleichsam über eine Archäologie des Subjekts, zum Interesse an dieser anderen, dunklen Seite der Geschichte, wobei sich aus den verschiedenen Prosatexten durchaus kein einheitliches Bild ihrer Bedeutung ergibt.

Während z. B. die Konstellation des **Erwachens** im letzten Absatz von "Kindheitsmuster" noch mit der Gewißheit verbunden ist, "beim Erwachen die Welt der festen Körper wieder vorzufinden", womit sich für die hier zum Ende des Buches als Ich auftretende Erzählerin die Möglichkeit verbindet, sich der Traumerfahrung zu überlassen und sich nicht gegen die Grenzen des Sagbaren aufzulehnen (KM378), ist den Hauptfiguren in 'Kein Ort. Nirgends' eben diese Gewißheit abhanden gekommen – "Die Angst im Morgengrauen, nach dem frühen Erwachen." (KON138) –, und zwar im Kontext einer in jeder Hinsicht schmerzhaften Erfahrung. In der Konzentration auf die trügerischen Erinnerungsbilder und –geschichten im autobiographischen Roman scheint der Körper noch den Fluchtpunkt für eine untrügerische Sprache darzustellen, – wenn man nur bereit und fähig wäre, sie wahrzunehmen.

"Die Sprache unserer Organe, die wir nicht entschlüsseln können, weil wir eisern entschlossen sind, Körper- und Seelengedächtnis voneinander zu trennen. Die Einsichten, die zufließen, während die Ärzte Todesangst vermuten und das Wort 'Erleichterung' nicht gelten lassen würden." (KM322)[12].

Dieser Glaube an den Einsichten-Gehalt dessen, was dem Subjekt vom Körpergedächtnis zufließt, mag damit zusammenhängen, daß die Vorstellung vom Körper hier eng an die der **'festen Körper'** gekoppelt ist. Ausgelöst durch das Wort Körper folgt im Text nämlich eine Assoziation, die eine Verschiebung zu den Eigenschaften physikalischer Körper enthält, so daß in der Rede über die festen Körper die Leiblichkeit der Körper-Sprache verschwindet, während in der metaphorischen Rede vom Fließen aus den anstößigen oder angstbesetzten Körperflüssen entschlüsselbare Einsichten geworden sind, der fließende also in einen festen Körper transformiert wurde.

Leiblichkeit und Sprache in 'Kein Ort. Nirgends'

In der Erzählung über die fiktive Begegnung Kleists und Günderrodes dagegen – es ist der Text Wolfs, der den Körper am vielfältigsten und vieldeutigsten zur Sprache bringt und der am wenigsten in eine klare Botschaft mündet – in 'Kein Ort. Nirgends' geht es bereits in der Anfangspassage um die vergessene **Leiblichkeit**, genauer um die Blutspur, die die körperlosen Gestalten der Überlieferungsgeschichte hinterlassen haben. "Die arge Spur, in der die Zeit von uns wegläuft. Vorgänger ihr, Blut im Schuh. Blicke aus keinem Auge, Worte aus keinem Mund. Gestalten, körperlos." (KON5)

Ausgehend von diesem Einsatz ist in der Textur der Erzählung eine Blut-Spur ausgelegt, in der die Schrift mit der Sprache der Körper in Beziehung tritt. Das Blut und die Farbe Rot werden dabei zum Symbol für Leben und Tod der Figuren – " 'Rot – Lebensfarbe und Todesfarbe.' Gedanken ohne Zusammenhang, "heißt es aus der Perspektive Günderrodes (130) – und auch für die Leiblichkeit oder Entleibung von Leben und Schrift. Dabei wird auch auf die Materialität des Schreibvorganges selbst reflektiert, und zwar im Bild von den schmerzenden Händen, aus denen das Blut gewichen ist: "Wer spricht?/ Weiße Handknöchel, Hände, die schmerzen, so sind es meine"(6). Das "Wer spricht?" verweist auf die Ungewißheit, wem diese Hände angehören, noch der Erzählerin oder schon ihrer Figur Kleist, in deren Gedanken die ihren ohne klare Grenzziehung übergehen.

Das Blut spielt auch eine Rolle im Zusammenhang einer symbolträchtigen Traum-Szene, in Günderrodes Traum von ihrer Wunde am Hals, aus der Blut tritt, nachdem Savigny ein Reh getroffen hatte, derselbe Mann, dessen Hand im Traum auch die Wunde zu schließen und zu heilen vermag und dessen Hand sie selbst verletzt hatte (9f.). Während in diesem Traum-Bild das Blut Symbol für die als tödlich empfundene Liebe ist, bezeichnet es in anderen Textpassagen, in metaphorischen Wendungen, die als ebenso tödlich empfundene Ausdrucks- und Sprachverzweiflung Kleists. Gegen das Postulat eines "unblutigen Denkens" (17) steht z. B. seine eigene Spracherfahrung, in der eine glänzende Ausdrucksfähigkeit – "Druckreife Sätze, Herr Hofrat, es ist ein Laster. Ein jeder fein scharf gemacht als Guillotine für seinen Vorgänger." (18) – als ebenso mörderisch erlebt wird wie das Schweigen:

"Er weiß es ja, was seine Rettung wäre: die Stimme in sich knebeln, die da reizt und höhnt und weitertreibt, auf die wunden Punkte hin. Und wenn er sie zum Schweigen brächte? Eine andre Art von Tod. Woher nur die Selbstgewißheit, daß es seine Schuldigkeit ist, jenen Mächten, die mit allen Wassern, auch mit Blut, gewaschen sind, ihren Namen zu entreißen?"[13]

Dieser Konflikt wird von den beiden Hauptfiguren so total erlebt, daß er auch ihre Körper ergreift. Im Text der Erzählung verbindet und überkreuzt sich, um dies zur Darstellung zu bringen, die Zeichen-Spur des Bluts mit anderen Wortketten, einerseits mit der des Herzens, andererseits mit der durch das Wortfeld von Tod tötend, sterben und absterben gebildeten, aber auch mit der Rede vom Mörderischen.

Eine zentrale Bedeutung für die Beziehung von Körper und Sprache erhalten die Leibmetaphern in Wolfs Erzählung. Solche Wendungen wie die von den "Zügeln, die ins Fleisch schneiden" (11), von den "hundert Widerhaken in ihrem Kopf" (29), davon, daß es ihn zerreißt (42), vom Menschen, "der hautlos unter die Leute muß" (50), von dem Wunsch, "den Apparat in seinem Kopf abzudrehn" (52), vom zerfetzten Herzen (55), vom "Knäuel in seinem Kopf" (69), vom "festgefahrenen Kopf" (113) oder das Tasso-Zitat "Ich fühle mir das innerste Gebein zerschmettert" (106) beschreiben Empfindungen, die in gleichsam leiblicher Gestalt erlebt werden und, so beschrieben, konkreter vorstellbar sind, als wenn sie mit Benennungen wie Spaltung, Entfremdung o.ä. festgelegt würden. Die Leiblichkeit derartiger Erfahrungen wird gerade deshalb herausgestellt, weil diese als Effekt eines bestimmten Sprach- und Denksystems verstanden werden:

"Ich kann die Welt in gut und böse nicht teilen; nicht in zwei Zweige der Vernunft, nicht in gesund und krank. Wenn ich die Welt teilen wollte, müßt ich die Axt an mich selber legen, mein Inneres spalten, dem angeekelten Publikum die beiden Hälften hinhalten, daß es Grund hat, die Nase zu rümpfen: Wo bleibt die Reinlichkeit. Ja, unrein ist, was ich vorzuweisen habe. Nicht zum Reinbeißen und Runterschlucken. Zum Weglaufen, Günderrode." (107/8)

Neben solchen Körpermetaphern, die der sinnlichen und leiblichen Präsentation von Gedanken und Empfindungen dienen und sich vor allem auf Kopf, Herz und Fleisch beziehen, verwendet der Text auffällig viele eingeschliffene Redewendungen, in denen auf Körperteile Bezug genommen wird, wobei besonders häufig die Hände oder Füße im Spiele sind: zu Füßen legen, unter der Hand, an die Hand nehmen, – aber auch zu Herzen nehmen. Im Kontext der Erzählung, die eine ununterbrochene Körper-Rede in Gang hält, werden die in solchen umgangssprachlichen Metaphern gleichsam verschwundenen und verbrauchten Körperteile wieder sichtbar gemacht.

Damit ist in 'Kein Ort. Nirgends' die Körper-Sprache der Figuren eingebettet in ein ganzes Geflecht von Beziehungen zwischen Körper und Sprache. Zudem wird deutlich, daß selbst noch jene andere Ausdrucksweise, **die Sprache des Körpers**, in den Vorgang der Symbolisierung einbezogen ist. So gibt es z. B. etliche Hinweise auf **codierte** Formen der **Gestik**: das Fingerzeichen Savignys etwa, mit dem er sich mit Günderrode heimlich, aber unter aller Augen, verständigt (20), oder die Berührung mit der Hand, die die Rede begleitet (35). Häufig sind dies Gesten, die eine im buchstäblichen Sinne verschwiegene Beziehung zwischen den Rednern herstellen, die zwar ungesagt bleibt, aber doch für jeden verständlich ist, eine heimlich-öffentliche Sprache sozusagen, die als schlechter Ersatz für die "unterdrückte Sprache ihrer Körper" erscheint, als "Trauer über die allzu frühe Zähmung der Glieder durch Uniform und Ordenskleid." (124)

Den Gegenpol dazu bildet die Symptomsprache des Körpers, die sich durch die Verstellung hindurch Ausdruck verschafft, die also als Einbruch in den Zwang der sozialen Verhaltensweisen beschrieben und überwiegend im Gesicht lokalisiert wird, als Rotwerden oder Stottern bzw. Sprachhemmung, wobei die gefärbten Wangen Günderrodes ihre untersagte Liebe zu Savigny andeuten (18) – der untersagte Ausdruck wird in eine andere Sprache verschoben –, während dagegen im Gesicht von Clemens Brentano Schamröte sichtbar wird und er in dieser Verfassung als "endlich unverstellt" bezeichnet wird (96). Diese Sprache ist um das Motiv der Maskerade (33) oder der Verstellung angeordnet, die das soziale Szenario der Teegesellschaft charakterisiert. In der Form von Schweißausbrüchen, Herzschlägen u. ä. wählt die Körper-Sprache sich in Wolfs Darstellung aber auch andere Körperteile als das Gesicht, um etwas zu artikulieren, ohne es in eine eindeutige Mitteilung oder Aussage zu bringen.

Nur die **Blicke**, die in der Erzählung gewechselt werden, sind durchweg bedeutungsvolle Blicke; z. B. werden sie als verratend, besorgt, verstehend, als forschend, verschmitzt oder nackt bezeichnet. Und darüber hinaus sorgt eine geschlechtsspezifische Dramaturgie der Blicke – jenes spezialisiertesten, treibhausmäßig entwickelten Sinns des modernen Europäers – für die Präsentation des komplizierten und verschwiegenen Beziehungsgeflechts im Personal der Wolfschen Teegesellschaft zu Beginn des 19. Jahrhunderts.

Die Bewegungen dieser Gesellschaft werden auch als regelförmige, gesellige Inszenierung vorgestellt, in der die Hauptfiguren topographisch als Außenseiter situiert sind. Dies korrespondiert mit der Erzählstruktur des Textes, die zu Recht mit einer Tanzfigur verglichen wurde.[14] Besonders die Dramaturgie der Stimmführung, die Bewegung der Stimmen, die auseinandertreten und sich wieder nähern, die sich berühren und vermischen, gibt der Erzählung eine rhythmische Struktur. Und der **Rhythmus** vermag nicht nur, der Sprache eine körperliche Qualität zu verleihen; indem er die Bewegungen der Körper in Raum und Zeit betrifft, situiert er den Körper am Übergang zwischen Subjekt und Geschichte, zwischen **sozialer** und **leiblicher** Existenz. Er bezieht sich nicht so sehr auf die Geschichtlichkeit des Körpers, dafür aber um so mehr auf die Körper in der Geschichte.

Als Gangart (KON 125), Rhythmus oder Tanz (z. B. K138) wird dieses Motiv von Wolf häufiger verwendet, am deutlichsten in der 'Büchner-Preis-Rede'. Dort geht es um Rosettas Schritte, deren "Füße lieber aus der Zeit" gingen (LS 329), weil die Zeit niemals "nach dem Takt ihrer Füße gegangen" ist (LS 327). Die Gangart als eine Figuration, die Widersprüche zwischen den in der historischen Zeit geltenden Gesetzen und den Körpern der Subjekte, ihrer leiblichen Existenz beschreibt. Sie ist Teil eines Versuches, die Sprache auf die in ihr verdrängten Körper zurückzubiegen.

Anmerkungen

1 In der im Text folgenden Aufzählung der Sinne vergißt Wolf allerdings das Schmecken: "Was nicht sichtbar, riechbar, hörbar, tastbar ist, ist nicht vorhanden." (K121) Womit sich die Frage stellt, ob das Vergessen des oralen Sinns hier mit der auffälligen Abwesenheit von Sexualität im Text Wolfs im Zusammenhang steht.

2 In: Erinnerte Zukunft. 11 Studien zum Werk Christa Wolfs. Hg. v. Wolfram Mauser. Würzburg 1985, S. 258.

3 Ebenda, S. 247/8.

4 Ebenda, S. 238.

5 Eben dieser Körper entzieht sich ja der Sprache; es wäre allenfalls in einer Meta-Sprache über ihn zu schreiben. Ihn zu schreiben, forderte eine andere Sprache, womit man sich wieder am Ausgangspunkt der Problemstellung befindet.

6 In diesem Sinne ist der Titel 'Übergang' von Anne Dudens Prosa-Band zu verstehen, in dessen Schreibweise der Körper als Medium und Wahrnehmungsorgan erscheint. Berlin 1982.

7 Ein Eisenacher Arzt und seine Patientinnen um 1730. Stuttgart 1987. Das Buch enthält in seinem ersten Teil eine Diskussion der umfangreichen Forschung zur Geschichte des Körpers.

8 Vgl. dazu meinen Beitrag: Vom Sehen zur Seherin. Christa Wolfs Umdeutung des Mythos und die Spur der Bachmann-Rezeption in ihrer Literatur. In: Christa Wolf. Text und Kritik H. 46. Hg. v. H.L. Arnold. München 1985, S. 67-92.

9 Vgl. dazu meinen Beitrag: 'Leib und Bildraum' (Benjamin). Zur Problematik und Darstellbarkeit einer weiblichen Dialektik der Aufklärung. In: Christine Kulke/Elvira Scheich (Hg.): Politische Konstellationen der Moderne – Vernunft, Weiblichkeit, Wissenschaft. (Im Druck)

10 Walter Benjamin: Der Sürrealismus. In: Gesammelte Schriften. Hg. v. Rolf Tiedemann/Hermann Schweppenhäuser. Frankfurt/M. 1980. Bd. II.1, S. 310. Außerdem wird hier auf seine Sprachaufsätze, das Baudelaire-Buch, das Passagen-Projekt und seine Thesen über den Begriff der Geschichte Bezug genommen.

11 Julia Kristeva: Die Revolution der poetischen Sprache. (1974) Frankfurt/M. 1978. Das Zitat auf S. 78.

12 H.v.m.

13 Diese Passagen verweisen auf Büchners 'Dantons Tod'.

14 Fehervary, Helen: Christa Wolfs Prose. A Landscape of Masks. In: New German Critique, Nr 27, Fall 1982, S. 57-88.

Therese Hörnigk

Sommerstück – Ein Theater der Frauen?

Als "Sommerstück" im Frühjahr 1989 erschien, wurde es vielfach als symptomatische literarische Wortmeldung in einer Zeit gelesen, da Geschichte stillzustehen schien. Es wurde vornehmlich rezipiert als erzählerische Verarbeitung einer in "gestockten Widersprüchen" ausharrenden, subjektiven Erfahrung geschichtsloser Zeit oder als schmerzhaft durchlebte Gegenwartswahrnehmung angesichts eines mit Macht sich behauptenden pragmatischen Gesellschaftsfunktionalismus. Die dem Buch beigefügte Anmerkung zu den teilweise zehn Jahre zurückliegenden Entstehungsdaten des Textes verweist auf latent vorhandene, anhaltende Zweifel, auf den durchlebten Zustand zwischen "Hoffnung und Hoffnungslosigkeit" (S. 80).

Betrachtet als Text, der parallel zu "Kein Ort, Nirgends" geschrieben wurde, kann "Sommerstück" auch als Beleg für die Gleichzeitigkeit von Ungleichzeitigem gelten. Zur Erinnerung: 1978 war der "Gesprächsraum Romantik" nach der Biermann-Ausbürgerung und den bekannten Folgen für Christa Wolf im konkreten historischen Augenblick die adäquateste Möglichkeit, Distanz zur eigenen Lebenssituation zu gewinnen. Die Zuwendung zu den romantischen Dichtern, die sich ihre Stirnen an den gesellschaftlichen Mauern "wund(ge)rieben"[1] und als erste den "Riß der Zeit"[2] erfahren hatten, bezeichnete sie damals eine Art "Selbstrettung", die ihr half, die tiefe Verletzung in Produktivität umzusetzen, indem sie Antwort auf die Frage suchte: "Wo hat sie eigentlich angefangen, diese entsetzliche Gespaltenheit der Menschen und der Gesellschaft?"[3] Angesichts der eskalierenden atomaren Aufrüstung in Ost und West plädierte sie 1983 im Bewußtsein höchster Gefahr, daß Literatur "Widerstandspositionen"[4] artikulieren müsse. "Kassandra" ist der Beleg solchen ästhetisch geformten Widerstands. Mit dem 1985 im Aufbau-Verlag herausgegebenen Band "Ins Ungebundene gehet eine Sehnsucht" schien die literarische Auseinandersetzung mit der deutschen Romantik abgeschlossen. Danach schrieb sie "Störfall". 1989 taucht nun – eingekleidet in einen Gegenwartsstoff – das Muster romantischer Weltbeziehung als Gegenstand literarischer Aneignung wieder auf. Sowohl der Themenkreis als auch Motivwahl und Erzählstruktur erinnern an den in "Kein Ort. Nirgends" behandelten Zusammenhang von gesellschaftlicher Stagnation und individueller Bewegungsunfähigkeit, von gesellschaftlicher Verzweiflung und Scheitern in der Literatur.

In "Sommerstück" verbringt eine kleine Gruppe gleichgesinnter Menschen – vorwiegend Intellektuelle und Künstler, Privilegierte in der Gesellschaft vor allem durch die Art ihrer Arbeit – die Sommer auf dem Lande, so die literarische Versuchsanordnung. Es sind befreundete Schriftstellerinnen, die mit ihren Familien den Selbstversuch vom Leben in einer Freundesgemeinde unternehmen. Verwandtschaft und Nähe, emotionale Verbundenheit mit den Dichterexistenzen aus der deutschen Restaurationsperiode des vergangenen Jahrhunderts klingt an. Gleich den romantischen Vorgängern sind auch diese hier auf der Suche nach alternativen Lebensformen, nach Räumen lebbarer Humanität. Um erlittene Verletzungen und durchlebte Handlungsunfähigkeit zu kompensieren, suchen sie nach alternativen Lebensformen in der Harmonie und Gemeinschaft ländlicher Abgeschiedenheit. Mit dem Um- und Ausbau der Landhäuser entwickeln sie neue Kreativität. Die Widersprüchlichkeit solchen Lebenskonzepts gerät dabei nicht aus dem Blickfeld. Einerseits fungieren Gärten und Häuser als Instrumente, "sich auszugraben", wie es in "Nachdenken über Christa T." heißt, andererseits bleibt das Bewußtsein über die eingenommenen Gastrollen präsent. Die gestreßten Stadtmenschen partizipieren am Leben der Dorfbewohner im Grunde als Beobachter oder als Nutznießer – durch Inanspruchnahme handwerklicher Dienstleistungen, den Aufkauf alter Möbel oder als Fundus literarischen Rohmaterials.

Mit der Sicherheit der selbstgewählten Gemeinschaft schafft sich die kleine Gesellschaft variantenreiche Spielsituationen, Feste unterschiedlichster Art werden gefeiert, Feste, die sich als Legenden in der Erinnerung erhalten haben. Das Motiv der Feste als Gelegenheiten, den individuellen Standort spielerisch zu erkunden, taucht in Christa Wolfs Prosa mit auszumachender Regelmäßigkeit immer wieder auf, ob nun als Kostümfest in "Nachdenken über Christa T.", als Kinderfest in "Kindheitsmuster", als geselliger Kreis in "Kein Ort. Nirgends" oder als Lebensfest der Frauen in den Idabergen in "Kassandra". In "Sommerstück" signalisieren die Feste emotionale Höhepunkte. Vor akribisch genau geschilderter Kulisse agieren die Figuren in verschiedenartigen Positionen und Posen.

Eine dem Hölderlinschen Gang aufs Land nachempfundene Kompensation übermächtigen Endzeitgefühls von "bleierner Zeit" bestätigt abermals die in "Kein Ort. Nirgends" bereits anklingende Erfahrung, daß Nichtübereinstimmung mit der Lebenswelt dort den größten Schmerz verursacht, wo "Übereinstimmung stark ersehnt"[5] war. Ist dies ein Übel, um mit Kleist zu sprechen, das bei Christa Wolf mit den Jahren nicht sanfter, nur schneidender wird? Der Rückzug in die Idylle, jene stillen Orte zur "Sehnsuchtslandschaft"[6] geronnener Sinnbilder voller Harmonie und Schönheit, wird aus dem Abstand verloren betrauerter Zeit auf sein Ergebnis hin befragt. Retardierende Momente und Resignation sind nicht zu übersehen. Sehnsucht speist sich aus der in Erinnerung verklärten Vergangenheit, evoziert Ausweichen in schwärmerisch anmutende spätromantische Esoterik ebenso wie Momente von Weltflucht. Gleichzeitig werden mit dem Versuch, die Vereinzelung zu durchbrechen und nach neuen, produktiveren Lebensformen Ausschau zu halten, schon längst erstickt geglaubte Visionen wachgerufen, bleibt im antizipatorischen Lebensentwurf ein Stück erinnerter Zukunft aufgehoben.

"Damals, so reden wir heute, haben wir gelebt. Wenn wir uns fragen, warum der Sommer in der Erinnerung einmalig erscheint und endlos, fällt es uns schwer, den nüchternen Ton zu treffen, der allein den seltenen Erscheinungen angemessen ist, denen das Leben uns aussetzt. Meist, wenn der Sommer zwischen uns zur Sprache kommt, tun wir so, als hätten wir ihn in der Hand gehabt. Die Wahrheit ist, er hatte uns in der Hand und verfuhr mit uns nach Belieben. Heute, da die Endlichkeit der Wunder feststeht, der Zauber sich verflüchtigt hat, der uns beieinander und am Leben hielt – ein Satz, eine Formel, ein Glauben, die uns banden, deren Schwinden uns in vereinzelte Wesen verwandelte, denen es freisteht, zu bleiben oder zu gehen: Heute scheinen wir keine stärkere, schmerzlichere Sehnsucht zu kennen als die, die Tage und Nächte jenes Sommers in uns lebendig zu halten," heißt es (S. 7/8) in der Exposition des Textes. Muster romantischer Weltbeziehung kommen auf den Prüfstand. Die Erkenntnis, daß Widersprüche und Konflikte, denen sie in der Stadt auszuweichen trachteten, den kleinen intellektuellen Zirkel in dörflicher Beschaulichkeit rasch eingeholt haben, färbt die Erinnerung. Sinnliche Wahrnehmung, nachgeahmte Rustikalität vermag die vorhandene Entfremdung nicht aufzuheben. In jedem Dorf reproduzieren sich im Kleinen die Probleme der Welt, aus der sie sich zurückziehen wollten, Landschaften verändern sich auch hier nach den Prinzipien der Nützlichkeit, landwirtschaftliche Höchsterträge fordern ihren Tribut. Der allenthalben zu beobachtende Wertewandel hat vor den ehemals festgefügten Dorfgemeinschaften nicht Halt gemacht. Ländliche Traditionen sind längst in Auflösung begriffen. Episoden aus dem Leben der Ortsansässigen klingen wie Paradigmen individueller Schicksale und Lebensentwürfe, denen die Brüche deutscher Geschichte tief eingeschrieben sind. Vergangenheit und Gegenwart verschmelzen miteinander. Faschismus und Stalinismus haben ihre Spuren in Haltungen und Denkmustern der Menschen hinterlassen, alte Narben brechen auf, neue Wunden schwären.

Christa Wolf hat ihrem "Sommerstück" keine genauere Genrebezeichnung beigefügt. Der Text ist nach dem Muster eines vielschichtigen Gewebes strukturiert. Er setzt sich aus Situationsschilderungen, Reflexionen und Träumen, biographischen Versatzstücken, Monologen und einem rekonstruierten Dialog, novellistischen Episoden um Menschen und Schicksale zusammen, die Historie lebendig werden lassen. Der Titel assoziiert Theatermetapher und Bildbeschreibung gleichermaßen. Ich denke an Genrebezeichnungen aus der Malerei und an Stücke und Novellen von Gorki, Tschechow, Turgenjew, an Goldonis "Sommerfrischler" oder auch an Tiecks Gartengesellschaft in "Phantasus". Der Kunstgriff, dessen sich Christa Wolf bedient, ist die erzählerische Konstruktion von Spielsituationen innerhalb eines in 19 Kapitel gegliederten epischen Textes, dessen theaterspezifische Momente unübersehbar sind. Im Gegensatz zu dem in großen Teilen einem Kammerspiel ähnlich gebauten Prosastück "Kein Ort. Nirgends", wirkt "Sommerstück" streckenweise wie ein multipersonales offenes Schauspiel.

Erzählerisch gestaltete Rollenspiele und Interaktionen der Figuren beleuchten gesellschaftlich bedingte Handlungszwänge oder Determinationen, denen die literarischen Figuren unterworfen sind oder die sie selbst produzieren. Eine Spiel im Spiel-Konstruktion – das von den Agierenden als Gesellschaftsspiel inszenierte Theaterstück – verfremdet unter Zuhilfenahme von Maskenspiel und Verkleidung die konkrete Lebenssituation, um sich ihrer erneut zu vergewissern oder spielerisch den Versuch zu wagen, ganz man selbst zu sein (S. 144) bzw. niedergehaltene Leidenschaften oder unausgelebte Wünsche zu verifizieren.

Das Kompositionsprinzip markiert einen der wichtigsten Standards Wolf'scher Schreibweise. Bühnenmetaphern und Rollenspiele der Figuren, eingesetzt zur nachhaltigen Kennzeichnung und Erkennung entfremdeter Lebensverhältnisse, finden sich schon in "Nachdenken über Christa T." thematisiert: "An jenem Abend hat sie sich selbst und uns alle zwingen wollen, ein paar Schritte, ein, zwei Jahrhunderte zurückzutreten, um uns deutlicher zu sehen. In hundert, nein, in fünfzig Jahren werden auch wir als historische Figuren auf der Bühne stehen. Warum so lange warten. Warum, da es doch unvermeidlich ist, nicht mit ein paar Schritten selbst auf die Bühne springen, erst mal ein paar Rollen durchprobieren, ehe man sich festlegt, diese und jene als Zumutung zurückweisen, andere mit geheimem Neid schon besetzt finden – endlich aber eine annehmen, bei der alles auf die Auslegung ankommt, also von mir selbst abhängt?"[7]

"Sommerstück" ist eine mehrschichtige Prosa. Mit seinem Geflecht von poetischer Fiktion und authentischer Erfahrungsverarbeitung bietet der Text Vieldeutigkeit an. In der Personnage kulminieren bzw. kreuzen sich Linien und Temperamente, Erfahrungsmuster und Wahrnehmungsweisen. Die Individuen haben sich mit einer akuten Sinnkrise auseinanderzusetzen, die die gesamte Gesellschaft erfaßt hat, in der die Theorien sich längst von der Praxis abgehoben und lange festgefügt scheinende Orientierungen ihre Wahrheiten verloren haben, das Gefühl von Betrogen-worden-sein übermächtig wird, die eintrainierte Fähigkeit zum Umgang mit Schizophrenie Alltag geworden ist. Vor dem Hintergrund abhanden gekommener Wahrheiten macht sich

Interessenverlust bemerkbar. Woran kann sich der einzelne in einer von den Medien beherrschten Welt noch halten, wie kann er vor dem Hintergrund der subjektiven Erfahrung unerbittlich vergehender Lebenszeit dennoch Sinn finden? Diese Frage scheint als Subtext deutlich hervor. Im zeitlichen Umkreis von "Sommerstück" entstandene essayistische Zeugnisse wie das unter dem Titel "Berührung" erschienene Nachwort zu Maxie Wanders Frauenprotokollsammlung "Guten Morgen, du Schöne" (1977) oder ein Gespräch mit Elke Erb aus dem gleichen Jahr enthalten verwandte Denkfigurationen. Wie tragen heutige Menschen ihre großen und kleinen Konflikte aus, wie tolerazfähig sind sie und welche Probleme führen zu Ausbrüchen? Welche Rolle spielen Neid, Mißtrauen, Eifersucht und Egoismus? Wird hier nicht angesichts der großen globalen Probleme lediglich auf kleiner Flamme gekocht, wenn Einfühlung in andere, Entwicklung von Imaginationsvermögen oder Training von Zivilcourage als zentrale Motive herausgestellt werden?

Wie in allen vorhergehenden Texten der nunmehr sechzigjährigen Christa Wolf spielen Frauen die tragenden Rollen. Die weiblichen Persönlichkeitsprofile sind am genauesten ausgeprägt und erkundet. Weibliche und männliche Wahrnehmungsweisen unterscheiden sich, wenn auch die ausgeprägte Polemikhaltung gegenüber patriarchalisch bestimmten Gesellschaftsverhältnissen mit ihren festgefügten Herrschaftsmechanismen, wie wir sie aus "Kein Ort, Nirgends" oder "Kassandra" kennen, hier einer gelasseneren und teilweise selbstironischen Betrachtungsweise gewichen ist.

Nach dem Willen der Autorin sollte der Text nicht als Schlüsselerzählung gelesen werden – der nachgestellte Satz, daß alle Figuren mit lebenden oder toten Menschen nicht identisch seien, sowie sich die beschriebenen Episoden mit den tatsächlichen Verläufen der Vorgänge nicht deckten, ist vielen Lesern jedoch wenig glaubwürdig. Allzu eindeutig erscheinen Indizien für Orte und Personen, die zu enttarnen, deren "wahre" Identität hinter den literarischen Figuren zu entdecken, viele Leser und Kritiker zu dechiffrieren reizt. Hinzu kommt, daß die 1988 erschienene Chronik "Allerleirauh" von Sarah Kirsch sich in dieser Frage wie eine Lesehilfe ausnimmt, denn sie benennt die demselben Erlebnisraum entstammenden Figuren konkret.

Wichtiger als die bei genauerem Hinsehen aber tatsächlich zu entschlüsselnden Figuren Ellen, Jan, Irene, Clemens, Bella, Luisa, Antonis, Jenny, Steffi und andere sind die ihnen beigegebenen, durch soziale und psychologische Merkmale strukturierten Lebensmuster, sind m. E. allerdings wirklich die Positionen und Rollen, die sie einnehmen, ihr soziales Rollenverhalten, die psychologischen Motivationen sowie die nach mehreren Seiten hin durchforschten Beweggründe ihrer Handlungen. Die erzählerische Aufmerksamkeit gilt den Interaktionen, die die Qualität der Beziehungen vor allem der weiblichen Akteure zueinander offenbaren.

Das Erzählmuster ist bekannt. Eine als Erzählerin agierende, gleichzeitig als Akteurin des Geschehens beteiligte und Betroffene Ich-Figur vergegenwärtigt Erinnerungsbilder und Episoden, geht auf Spurensuche, um sich gewissermaßen autokathartisch des eigenen Standortes zu versichern. Die Art des Nacherlebens und Reflektierens ist unverwechselbar, ebenso wie die angeschlagene Tonart. Selbsterforschung und Rechenschaftslegung sind Grundkonstanten der mit dem Codewort "Schwesterlichkeit" zu umschreibenden Idealkonstruktion von einer gemeinschaftlichen Lebensvariante, "deren Gesetze Anteilnahme, Selbstachtung, Vertrauen und Freundlichkeit wären."[8]

""Sommerstück" kann als Beleg femininer Zeitgenossenschaft gelesen werden, insoweit die im Text strukturell hergestellte Identität zwischen Autorin, Erzählerin und Hauptfigur den Raum zur Entfaltung einer sich umfassend bekennenden weiblichen Perspektive schafft, der die ganze Aufmerksamkeit den Bewegungen nebeneinander und miteinander lebender Individuen in einer "Mischform" von Lebenszusammenhängen gilt. Im Mittelpunkt steht die erzählende Schriftstellerin Ellen, die das Geschehen als Mitbeteiligte kommentiert und es mit einer Fülle gedanklicher Assoziationen anreichert. Ihr bilanzierender Blick richtet sich weit in die Vergangenheit hinein, und sie prüft, sich des Uneingelösten versichernd, die Gegenwart in Hinblick auf das Erreichte und den Stand der Realisation einmal angestrebter Ideale und Utopien. In der Rolle der analysierenden Erzählerin führt sie ihre Mitspieler in die Handlung ein, in der sie selbst einen bestimmten Part übernommen hat. Sie ist die Zeugin, diejenige, die aufbewahrt, "was, als wir es noch sehen konnten, schon auf der Kippe stand, auf der Kippe zum Nichtmehrsein." (S. 100). Ihre Aufmerksamkeit konzentriert sich vor allem auf die personale Identität der Figuren. Grundstrukturen weiblicher Autorschaft werden offengelegt, passend in ein Raster, das Helene Cixous als Standort des weiblichen Ich benannt hat: Das Ich der Erzählerin ist heterogen, setzt sich aus mehreren anderen zusammen, Identitäten werden vermischt, Abstand und Nähe zu den Figuren und deren Rollenverhalten als Bestandteile des eigenen Charakters würdigen Pluspunkte oder kennzeichnen Defizite. Das Spielen mit unterschiedlichen Identitätsanteilen macht nicht zuletzt die Spannung des Textes aus. Weibliche Subjektivität artikuliert sich auf verschiedenste Weise in den unterschiedlichen Individuen vor vielfarbigen Horizontbezügen. In den Beziehungsfeldern der Figuren werden jene Punkte aufgesucht, an denen die gesellschaftlichen Verhältnisse in das scheinbar privateste, intimste Verhältnis eingreifen. Wiederholt tritt Ellen aus ihrer Bildbeschreibung als beteiligte und zugleich ihre eigene Situation reflektierende Figur heraus. Der Versuch, die Maske abzulegen, die ihr mit der Zeit ins Fleisch gewachsen ist, gelingt allerdings nur in wenigen Sequenzen.

Luisa, Bella, Irene, Littelmary, Jenny, Ellen und die anderen haben ihre Rollenpositionen eingenommen, um sich nach verschiedenen Richtungen hin zu positionieren oder zu erproben. Jede steht für sich in eigentümlicher Beziehung zu der Hauptfigur Ellen, die durch das Spiel mit den unterschiedlichen Identitätsanteilen die eigene Persönlichkeit besser zu erfassen, über die Unmittelbarkeit von Wahrnehmungen und subjektiver Erlebnisverarbeitung in der Konfrontation mit den anderen das Ich zu erweitern vermag. Selbsterfahrung entwickelt sich durch Interaktion mit der Umwelt. Außen- und Innenwelt bekommen gleichermaßen viel Anteile zugesprochen. Irene, eine der Hauptakteurinnen der Personnage in "Sommerstück", nimmt als psychoanalytisch Geschulte die Funktion einer Gegenspielerin zu Ellen wahr. Durch ihre Fähigkeit zur Selbstanalyse herausgehoben aus dem Figurenensemble, ist sie deren emphatisches Pendant, über sie wird der innere Bezugsrahmen mit all seinen emotionalen Komponenten und Bedeutungen wahrgenommen, gerade so, als ob die eine zeitweise die andere Person sein könnte, ohne daß die "als ob"-Position aufgegeben wäre. Das bedeutet, Schmerz oder Freude der anderen zu empfinden, deren Gründe wahrzunehmen, so wie sie sie wahrnimmt, jedoch ohne das Bewußtsein davon zu verlieren, daß es so ist, als ob man verletzt würde. In dem Augenblick, wo die "als ob" – Position[9] verloren geht, beginnt der Zustand von Identifizierung. Irene weiß wie Ellen um das Mißlingen des spielerischen Experiments. Beide eint ein freilich aus verschiedenen Gründen teilweise abhanden gekommenes Selbstvertrauen und die aus innerer Verwandtschaft herrührende Imaginationsfähigkeit. Luisa, die Naive mit der schönen Seele, benutzt die Klischees von Frauenrollen, um ihre Identität zu wahren. Ihre Natürlichkeit paart sich mit dem Sinn für Übernatürliches. Sie ist beladen mit der Fähigkeit sich einzufühlen, ja in andere überzugehen. Dies korrespondiert mit einer ausgeprägten Körpersprache, die die Ausgrenzung weiblicher Wünsche signalisiert.

Und da ist Bella, die Bewunderte, mit ihrem "süßen Hang zum Wort" (S. 118), deren Gedichte, hervorgequollen aus Verletzungen, mildernd wirken. Wiederholt wird der Zusammenhang von Leben und Schreiben aufgenommen. "Ich glaube, daß jeder Mensch manchmal Mitleid will. Selbst deine Großmutter, sagte ich, und dachte, wie ich dir, wenigstens jetzt, eine erwachsene Mutter wünschte. Das waren noch Menschen. Jedes Wort ein Diamant. Wenn sie schreibt 'verstoßen', wenn sie schreibt 'machtlos', da könntest du auch mit einem Vorschlaghammer nicht eine Stecknadelspitze zwischen ein solches Wort und die Wirklichkeit zwingen. Bei uns, da kannst du den Finger dazwischenlegen. Die ganze Hand. Ach, manchmal den ganzen Menschen, dich selbst./ – He, Schwester. Nun halt aber mal die Luft an. Nun gönn dir mal diesen Zwischenraum. Oder sollen dich deine Sätze mit Haut und Haar verschlingen./ ... Ja, sie sollen. Sollen sie doch. Zurückhaltend, wie du mich kennst, gebe ich mich auf. Rückhaltlos, wie du mich wünschst, bleibe ich bei mir. Und nun lege ich meine Hand zwischen diese beiden Sätze, und, solange du es noch kannst, lege die deine dazu." (S. 214)

Der rekonstruierte Dialog mit der todkranken Steffi am Ende des Buches beleuchtet zentrale Gedanken: Hoffnungspotential erwächst aus der Stärke des Schmerzes. "Verstehen, das war meine Rolle", bestimmt Steffi – schon in der Vergangenheitsform – ihren Platz. Verstehen schließt das Empfundene oder Geahnte auszusprechen mit ein, indem es ihm Worte und Klang gibt, rückt es ins öffentliche Bewußtsein. Die Auseinandersetzung mit Steffis Tod ist für die Erzählerin notwendige Trauerarbeit und zugleich Herausforderung zu intensiver Selbstanalyse, so daß Abschied und Aneignung miteinander verschmelzen.

"Sommerstück" kann als ein Buch gelesen werden, in dem gelebte Beziehungen zu Menschen und Verhältnissen gedanklich durchgespielt, auf den Prüfstand gebracht, Soll und Haben bilanziert, und Wertvorstellungen und Modalitäten von Lebensvarianten auf ihren Bestand hin befragt werden. Bewahrenswertes aufzuheben oder sich als überflüssig erwiesenen Ballasts zu entledigen. Partnerbeziehungen, Erfahrungsräume von Kindern und Enkeln, Möglichkeiten des Zusammenlebens von Freunden sind die Koordinaten dieser Versuchsanordnung des Nachdenkens über die sich verändernde Qualität von Geschlechterbeziehungen und generationsbedingt unterschiedlichen Sichtweisen, über Solidarität und die Grenzen lebbarer Gemeinsamkeiten in einer durch Entfremdung bestimmten Umwelt, die Enklaven vorweggenommener Utopien zeitweilig ermöglichen. Der Sommer bietet die geräumige Metapher, alternative Lebensmöglichkeiten und Wertegebäude nach allen Seiten hin zu durchmessen und mit der gemeinschaftlichen Lebenserfahrung in der Mitte des Lebens noch einmal neu zur Disposition zu stellen: "Gab es das also doch, wonach wir instinktiv gesucht hatten, als die falschen Wahlmöglichkeiten uns in die Zwickmühle trieben: eine dritte Sache? Zwischen Schwarz und Weiß, Recht und Unrecht, Freund und Feind – einfach leben?" (S. 73)

Die Geschlechter agieren im Text größtenteils in den ihnen zugeschriebenen traditionellen Rollenmustern – die Männer als Beschützer wie in der Episode der im Käfig verendeten Katze – und die Frauen als Bewahrerinnen des Lebens – wie etwa in der beinahe klischeeartig wirkenden Episode, in der die Frauen einen Korb mit neugeborenen Katzen finden, sie auf den Schoß nehmen und sie "Milch aus der flachen Hand lecken" (70) lassen. Antonis spielt den männlichen Part des regulierend in die Natur Eingreifenden, wenn er drei der Katzen töten will, da man ihrer sonst nicht mehr Herr werden würde. Den

Männerfiguren kommt Bedeutung hauptsächlich in den Beziehungen zu ihren Partnerinnen zu (Ellen – Jan, Clemens – Irene, Steffi – Joseph, Luisa – Antonis, Jenny – Anton). Auffällig ist, daß das Rollenbewußtsein der Geschlechter kein nennenswertes Konfliktpotential im Zusammenleben produziert. Antonis, der eifersüchtige Macho, Anton, der unangepaßte Aussteiger, und Jan, der liebenswerte, weil liebesfähige Mann, sie alle spielen ihre Rollen vornehmlich, indem sie sich um Haus und Hof kümmern, während die Frauen in der Küche wetteifern. Die Küche ist – ganz wie auf alten Bildern – das Kommunikationszentrum der Familie und ihrer Gäste.

Die männlichen Figuren Jan, Antonis, Joseph und Clemens sind im Grunde abgerundete Charaktere, die im großen und ganzen einheitlich und gesichert in ihren geistigen Standorten erscheinen. Dagegen sind die weiblichen Figuren weniger kompakt im Verständnis von gesicherten Lebensperspektiven. Sie sind weit mehr mit Zweifeln und Unsicherheiten behaftet als die Männer, sie sind offener und geheimnisvoller zugleich, weitaus stärker innenbestimmt gegenüber den außenbestimmten Männern. Und sie sind risikobereiter als die Männer. Die streitbare und aufbruchsbereite Bella gibt einen scharfen Kontrast zu dem selbstgenügsamen, auf die Ruhe seiner Rente wartenden Clemens, der, das sei allerdings zugestanden, mit seiner Rentnerreiseerwartung eine typische DDR-Erscheinung (hoffentlich als bleibende Vergangenheitserfahrung) repräsentiert. Das Leben auf dem Lande versinnbildlicht, unterstrichen durch die erzählerische Aufmerksamkeit für scheinbar banale, dennoch zum Leben unerläßliche (zumeist den Frauen zufallende) Arbeiten in Haus und Garten, den Wert von Tätigsein jenseits der in der Stadt längst entfremdeten Verrichtungen, dort, wo sich die "Unlust am geschriebenen Wort" (S. 37) eingestellt hat. Eine vormals angenommene Funktionsbestimmung, nämlich, mit Schreiben eingreifend wirken zu können, wird hinterfragt. Korrespondenzen zu dem wenige Jahre später in den "Voraussetzungen einer Erzählung" und schließlich in "Störfall" aufscheinenden Aufmerksamkeiten für die unspektakulären, scheinbar nebensächlichen, alltäglichen Verrichtungen klingen an. "Das Auswischen der Stuben, immer noch gegen diesen inneren Widerstand. War es nicht falsch, sogar lächerlich, ihre Zeit derartig zu verschwenden. Sollte man nicht, anstatt den Ofen abzuwischen, die Sätze notieren, die einem im Kopf herumgingen. Andererseits: Wieso sollten die Sätze wichtiger sein als ein sauberer Ofen. Und hatte sie nicht, dachte Ellen, in den letzten ein, zwei Jahrzehnten einen großen Teil ihrer Zeit falsch angewendet?" (S. 21)

Das Sympathische ist, daß die Erzählerin sich zu ihrem generationsbedingten Blickwinkel – dem der Älteren – bekennt und dabei die Gültigkeit einmal gesetzter ethischer und moralischer Wertsysteme wiederholt in Frage stellt, sich des Wertes oder Unwertes eingefahrener Denk- und Verhaltensmuster versichert: etwa, wenn sie angesichts der Eigenständigkeit der vierjährigen, intellektuell etwas überfrachtet wirkenden Enkeltochter zu der Erkenntnis veränderter Autoritätsdurchsetzung kommt, weil der Grundsatz: "was vernünftig ist, muß doch auch richtig sein" sich längst als falsch erwiesen hat und der Einsicht gewichen ist, daß "sich der Mensch – wenn auch in anderer Weise und in anderer Richtung" (S. 37) verändert hat, als einstmals gedacht. Denk- und Urteilsweisen werden überprüft, geben Anlaß zu Kritik und Selbstkritik, beispielsweise in der besonderen Aufmerksamkeit, die dem Kreis um die Töchter, ihren Lebenserfahrungen und Konzepten gewidmet ist: "Jenny, auf der Ofenbank, betrachtete die anderen, die Älteren, die ihr unheimlich waren, undurchdringlich und unbekannt. Sah ihre großangelegten und kleinlichen Manöver, sich vor sich selber und vor den anderen zu verbergen. Sich in den Posen der Bescheid- und Besserwisser, der Erfahrenen, der Eltern, Lehrer, Richter festzulegen, ihren weichen Kern zu umpanzern." (S. 69)

Nostalgie klingt an mit der Erfahrung, nicht mehr in der Weise gebraucht zu werden, wie einmal in früheren Jahren, als die Erzogenen schnell zu Erziehern gemacht wurden und die Lebenswelt noch operativer beeinflußbar schien. Die utopischen Visionen einer humanistischen sozialistischen Gesellschaft in historisch überschaubaren Dimensionen haben sich nicht realisiert, die Modelle sind unvollendet geblieben und die Individuen versuchen, diesem mit Wehmut konstatierten Umstand je nach charakterlicher Konstellation und Temperament beizukommen. Die einen haben resigniert, andere trachten noch immer danach, aus der Vergangenheit Bausteine für Zukunftserwartung aufzuheben. Ihre Suche nach der "dritte(n) Sache" könnte vor dem Hintergrund existentieller Lebenskrisen als Standortbestimmung oder erneute Ortssuche gedeutet werden. Eines ist sicher: Das Hauptinteresse hat sich auf die Bewegung verlagert, das Ziel ist in weite Ferne gerückt.

Die Generationserfahrung der Jüngeren ist durch das Motiv der Unterstellung besetzt. Ihre Optik relativiert den immer mitschwingenden Anflug von Weltschmerz, etwa wenn von den Mittvierzigern der Vorwurf gegen die Älteren erhoben wird, alle Plätze besetzt zu halten, den Nachfolgenden die Türen vor der Nase zugeschlagen zu haben und alle Privilegien mit Beschlag zu belegen. Inmitten gleichermaßen als alternativlos empfundener Wahlmöglichkeiten können sie sich dem Vorwurf der Jüngeren kaum entziehen. Unfähigkeit zum Handeln erscheint wie eine Schuld, esoterischer Rückzug erweist sich für die einen als Selbsttäuschung, für die anderen als Kapitulation (S. 95), denn "Zurück zur Natur" kann auch hier nicht als Losung *vor* einer Revolution gedeutet werden.

In dörflicher Beschaulichkeit inmitten der relativ unbeschadeten Umwelt setzt bei jung und alt ein Sensibilisierungsprozeß für die sonderbaren

Erscheinungen der Natur ein. Der Blick ist nicht einer, der sich die Natur zu eigen macht, sie instrumentalisiert, er ist ein Blick des Staunens vor den Wundern ebenso wie vor den in ihr enthaltenen Grausamkeiten, die Schrecken auslösen – erinnert sei an die Maulwurfepisode oder das widernatürliche Verhalten der Tiere beim Brand des Bullenstalls. Warnzeichen wie ein angeschossener Rehbock, eine in einen Käfig gesperrte, verendete Katze, Feld- und Stallbrände signalisieren das Ende einer Epoche. Es sind gerade die Unberechenbarkeiten, die neue Wahrnehmungssensitivitäten auslösen.

Angesprochen auf den Sachverhalt, daß die Beziehungen der Geschlechter in ihrer Prosa, soweit es sich um Liebesbeziehungen handelt, wie etwa bei Vera Brauer und Pawel aus der "Moskauer Novelle", Rita und Manfred aus dem "Geteilten Himmel" oder Kassandra und Aineias, immer zu Geschichten von Trennungen werden, betonte Christa Wolf 1988 in einem Gespräch, daß es ihr ja immer vor allem um die Erkundung von *Liebesfähigkeit* gehe, ob Menschen fähig sind, "sich einander als gleichberechtigte Verschiedene zu lieben, ohne daß einer die andere unterdrückt, ausbeutet, sich auf ihre Kosten hocharbeitet. Ohne daß einer dem anderen sich unterwirft, abhängig von ihm ist, seine 'Liebe' um jeden Preis braucht, um eine innere Leere auszufüllen."[10] Liebe bekommt in diesem Verständnis etwas übergreifend Metaphorisches, ist die Ebene, in der sich Verlust von Menschlichkeit am direktesten ausmachen läßt.

Dieser Aspekt von Geschlechterbeziehungen steht auch in "Sommerstück" im Vordergrund des Interesses. Es geht um die Produktivität von Verbindungen, um Bedingungen von deren Haltbarkeit, um gegenseitige Beschädigungen und Verletzungen und um psychologische Strukturen von Individuen, individuelle Verhaltensweisen, die aus frühkindlichen Erfahrungen einer Zivilisation herrühren, die Solidarität und Zusammenhalt bedingen und zugleich das Moment der Zerstörung in sich zu bergen scheinen. Relevanz behalten Fragen nach der Rolle des Individuums in den sich überlagernden Zeitschichtungen, oder nach den Auswirkungen individueller Verschiebungen im Rahmen geschichtsmächtiger Verknüpfungen. "Sicher, früher oder später werden Mann und Frau wie Verwandte, aber das kommt ganz von selbst, wenn die Leidenschaft sich gelegt hat. Jan schwieg. Irgendwann an diesem Tag würde er Ellen ins Haar fassen, ihren Kopf nach hinten ziehen. So? Hat die Leidenschaft sich gelegt?" (S. 22) und an anderer Stelle: "Er habe sie gefragt, woran sie schon wieder denke. – Sie denke schon wieder an gar nichts. Übrigens habe sie Abstand genommen. Endlich sagte Jan. Aber wovon? – von dir, sagte Ellen. Auch von Dir, Damit ich dich besser sehen kann. / Denke sie manchmal, er sei ihr zu nahe? – Manchmal schon. Manchmal könne es schon lästig sein, immer ganz genau gesehen zu werden. Niemals ein Rad schlagen dürfen. Für keines der kleinen Kunststückchen bestaunt zu werden, und sei es wenigstens zum Schein. Manchmal, mein Lieber, würde ich ein bißchen Illumination diesem genauen Licht schon vorziehen, daß du's weißt. / Das sagte Ellen, und Jan erwiderte, wie immer: Ja, meine Liebe: Dafür ist es nun zu spät. / Es muß doch möglich sein, dachte Ellen, zu schreiben, ohne etwas oder jemanden dabei zu verletzen." (S. 30).

Abschiede kommen ins Blickfeld, die mit Altern zusammenhängen, mit bewußter Verarbeitung vergehender und vergänglicher Lebenszeit. "Älterwerden heißt, es geschieht, was du niemals für möglich gehalten hättest". Dieser in "Störfall" eher nebenhin gesprochen wirkende Satz der Erzählerin wird in "Sommerstück", dem in der Reihe Wolf'scher Texte wohl persönlichsten Prosastück, thematisiert. Der Gedanke zieht sich als zentrales Motiv durch das ganze Buch, dessen sehr emotional gefärbte Tonlage Bekennermut evoziert und zugleich auf Assoziationsbereitschaft setzt, Identifikationsmöglichkeiten anbietet und zum Widerspruch herausfordert.

"Sommerstück" beinhaltet ein Stück Lebensbilanz und signalisiert Zeitgenossenschaft. Es kann als Buch des Übergangs gelesen werden, das Krisenbewußtsein und Endzeitgefühl verdeutlicht, aber auch Entschlossenheit demonstriert, die Stärke des Schmerzes in den Zeiten der Umbrüche und geschichtlichen Wandlungen produktiv zu machen.

Die Zeit selbst füllt als Thema des Erzählens einen zentralen Raum aus. Es geht um Nachdenken über Handlungsverläufe und -spielräume, um Selbsterforschung und Sichtung der Mechanismen, um Realisierungsmöglichkeiten von Individuen, ihre Lebenszeit optimal zu nutzen, um Ideale und Illusionen und um deren Vergänglichkeit, um Freundschaften und Feindschaften, die ein Beispiel für Toleranzvermögen oder Konflikthaftigkeit von Beziehungen sind. "Die Häuser sind abgebrannt. Die Freundschaften sind lockerer geworden, als hätten sie auf ein Signal gewartet. Der Schrei, der uns in der Kehle saß, ist nicht ausgestoßen worden. Aus unserer Haut sind wir nicht herausgekommen, anstelle der Netze, die wir zerrissen, haben sich neue geknüpft. Spinnwebfein oder dick wie Stricke. Wieder haben wir Zeit gebraucht, sie zu bemerken." (S. 108)

Unter dem Beifall von fünfhunderttausend Menschen begrüßte Christa Wolf auf der großen Berliner Demonstration für Meinungs- und Pressefreiheit vom 4.11.89 die Tatsache, daß die Verhältnisse in der DDR im Prozeß eines gesamtgesellschaftlichen Umbaus vom "Kopf auf die Füße gestellt" worden sind. Oben und unten haben ihre Plätze im Wertesystem gewechselt. Aus dem "langweiligsten Land der Erde", wie es bei Volker Braun einmal hieß, ist endlich wieder ein interessantes geworden. Zu den wichtigsten Ergebnissen eines Aufbruchs aus stalinistischen Strukturen in diesem Herbst gehört die Erfahrung, daß viele längst Verstummte und Resignierte sich zu Wort gemeldet und ihre Stimme gegen den Schlaf der Vernunft erhoben haben. Die in Bewegung geratene Geschichte veranlaßte auch Christa Wolf zu öffentlichen Stellungnahmen, Aktivitäten in Untersuchungsausschüssen, politischen Meinungsäußerungen, die noch vor einem halben Jahr kaum denkbar gewesen wären. Ihre Vision im Herbst 1989 lautet: "Stell dir vor, es ist Sozialismus und keiner geht weg". Eine Vision, die ihr noch kurze Zeit zuvor schwerlich in den Sinn gekommen wäre.

Die endlich in Bewegung geratene Geschichte eröffnet neue Möglichkeiten, viele bedeckt gehaltene Gefühle, Triebe, Sehnsüchte, Ängste bei sich selbst zuzulassen und sie nun auch öffentlich zu artikulieren mit dem Ziel, Veränderungen auf einen demokratischen Sozialismus hin einzufordern, ohne eingegangene Bindungen, die prägend waren und über oft zerreißende Konflikte nicht abzubrechen. Vor kurzem hat Christa Wolf, eine Metapher Anton Tschechows aufnehmend, davon gesprochen, daß es an der Zeit sei, "den Sklaven tropfenweise aus sich herauszupressen". In diesen Wochen, so ergänzte sie angesichts des sich allerorten artikulierenden Reservoirs an Handlungsbereitschaft und Umwandlungsentschlossenheit, "pressen viele von uns den Sklaven literweise aus sich heraus."[11]

Von vielen schon längst als leider unabänderlich und als beklagenswert angesehene Zustände von Gesellschaftsstagnation und Vereisung, von Heuchelei, Schönfärberei und Amtsanmaßung eines zentralistischen Sozialismus sind innerhalb kürzester Zeit aufgebrochen. Fortwirkende stalinistische Strukturen und Denkweisen werden offengelegt und analysiert, Spuren von Entmündigung aufgedeckt, ein Aufbruch in Richtung auf einen demokratischen Sozialismus wird in Angriff genommen. Training des aufrechten Gangs, Volker Brauns Ernst Bloch zitierende Gedichtzeile, ist wieder angesagt.

"Sommerstück", größtenteils geschrieben zu Beginn der achtziger Jahre, zur Publikation überarbeitet in den späten achtzigern, steht für eine Literatur in scheinbar angehaltener Zeit. In die Krise gekommene Wertsysteme sind ɩit atemberaubendem Tempo verabschiedet worden und mit ihnen die ·herheit eingefahrener Wege.

ungen

Volf, Fortgesetzter Versuch. In: Die Dimension des Autors, Berlin und Wei- Bd. I, S. 342.

f, Projektionsraum Romantik. In: Die Dimension des Autors, Bd. 2, S. 423.

Ursprünge des Erzählens. In: Die Dimension des Autors, Bd. 2, S. 466.

n, "Sie, Kleist, nehmen das Leben gefährlich ernst." In. Christa Wolf, g. Klaus Sauer, Neuwied 1983, S. 21.

6 Heinrich Mohr, Produktive Sehnsucht. In: Christa Wolf. Ein Arbeitsbuch, Berlin und Weimar 1989, S. 57.
7 Christa Wolf, Nachdenken über Christa T., Halle 1974, S. 139/40.
8 Sarah Kirsch, Allerleirauh, Stuttgart 1988.
9 Carl R. Rogers. Eine Theorie der Psychotherapie, der Persönlichkeit und der zwischenmenschlichen Beziehungen, Köln 1987, S. 37.
10 Gespräch mit Christa Wolf. In: Therese Hörnigk, Christa Wolf, Berlin 1989, S. 42.
11 Christa Wolf. Das haben wir nicht gelernt. In Wochenpost, Nr. 43/1989, S. 3.